新结构经济学丛书

新结构经济学
思与辩

王勇 ◎ 著

图书在版编目(CIP)数据

新结构经济学思与辩/王勇著.—北京:北京大学出版社,2017.5
(新结构经济学丛书)
ISBN 978-7-301-28295-3

Ⅰ.①新… Ⅱ.①王… Ⅲ.①结构经济学—研究 Ⅳ.①F019.8

中国版本图书馆 CIP 数据核字(2017)第 078548 号

书　　　名	新结构经济学思与辩 XINJIEGOU JINGJIXUE SI YU BIAN
著作责任者	王　勇　著
责 任 编 辑	任京雪　叶　楠
标 准 书 号	ISBN 978-7-301-28295-3
出 版 发 行	北京大学出版社
地　　　址	北京市海淀区成府路 205 号　100871
网　　　址	http://www.pup.cn
电 子 信 箱	em@pup.cn　　QQ:552063295
新 浪 微 博	@北京大学出版社　@北京大学出版社经管图书
电　　　话	邮购部 62752015　发行部 62750672　编辑部 62752926
印 刷 者	北京大学印刷厂
经 销 者	新华书店
	880 毫米×1230 毫米　A5　10.125 印张　227 千字 2017 年 5 月第 1 版　2019 年 11 月第 2 次印刷
印　　　数	4001—7000 册
定　　　价	45.00 元

未经许可,不得以任何方式复制或抄袭本书之部分或全部内容。
版权所有,侵权必究
举报电话: 010-62752024　电子信箱: fd@pup.pku.edu.cn
图书如有印装质量问题,请与出版部联系,电话: 010-62756370

推荐语

呈现在读者面前的这本书是我国发展经济学界青年学者王勇经多年深入思考,在参与学界的各种讨论中形成的优秀学术成果。我相信,展读本书对广大经济理论工作者和关心中国经济学科发展以及中国未来发展前景的广大读者大有裨益。

——**林毅夫**,北京大学新结构经济学研究中心教授、主任,前世界银行首席经济学家

政府与市场的关系是一个永恒的经济学话题,两百年来经济学界的主流观点也在不断演变,王勇教授的思考独辟蹊径、令人深思。

——**黄益平**,北京大学国家发展研究院金光经济学讲席教授、副院长

自林毅夫老师的新结构经济学框架提出以来,迅速成为经济学界一个讨论的焦点。王勇教授作为新结构经济学研究中心的学术副主任,经历了新结构经济学这十来年的成长历程。本书凝结了他与合作者对新结构经济学的思考,我郑重向读者推荐。十年前经济学的上空好像只有几朵浮云,新古典自由主义的光芒照耀着我们;2008年金融危机一声惊雷,经济学的上空突然乌云密布,我们仔细打量,原来一直

照亮着我们的只是房间里的一盏油灯,冲出这明亮的房间,我们看到了黑暗,看到了乌云,也看到了深邃的天空。对世界的理解总是螺旋式上升的,推进我们理解的是新的问题,而提出问题是进一步研究的基础。王勇教授的这本书集中在经济学界对几个重大问题的争论方面,比如政府与市场的关系、产业结构和产业政策,正是新古典自由主义朗朗乾坤间的这几朵乌云。这几朵乌云说不定会引导我们推开那座老房子的大门,迎来对真实世界理解的飞跃!

——鞠建东,上海财经大学国际工商管理学院教授、院长,清华大学教授

王勇教授是芝加哥大学经济系培养出来的我国新一代经济学人之一。这部著作汇集了王勇对林毅夫教授所创建的新结构经济学的一些较全面和具体的理论解释,同时,也包含了其对中国经济改革和发展的独立思考,既有理论深度,又有现实意义,见解独到,文笔优美,通俗易懂,值得深入阅读。

——韦森,复旦大学经济学院教授、经济思想与经济史研究所所长

新结构经济学是林毅夫老师试图对经济增长文献与发展经济学做一个全面拓展的尝试。我对林老师的勃勃雄心及能把一个想法很快转化成北大一个实体中心的贯彻能力佩服得五体投地。王勇博士是林老师忠诚的追随者、重要的经济理论合作者,更是北京大学新结构经济学中心的学术骨干。林老师关于政府在经济发展中的作用与地位的阐述在国内引起了不少争议,其中包括与田国强老师、张维迎老师的多次争论。"有为政府、有效市场"到底是什么内涵?是不是具备可被证伪的科学性？如果有的话，有没有历史上的支持依据？有没有好的实证分析？与"有限政府"的提法是什么关系？两者相比哪一个更好？关于这些问题，王勇近来孜孜不倦地做了很多阐述，多半收在这个集子里。关心这些问题的读者们翻一翻这个集子就可以对这些问题有一个快速了解。我为王勇的执着与勤奋点个赞。希望有机会看到王博士更多的相关学术研究尤其是实证研究，从而把这一领域的理解提高一个层次。

——魏尚进，哥伦比亚商学院讲座教授，前亚洲开发银行首席经济学家

通过这本书，读者会看到受过严格西方经济学训练但却具备自己批判性的头脑，是如何使得王勇区别于一大批受训于美国一流高校的学者的。他对于有为政府在经济发展中的关键作用具有独到的眼光和独立思考，这些独到的眼光和思考充分反映在这本书里，而且必然会继续反映在王勇未来的学术研究成果中。

——文一，清华大学经管学院讲座教授，美国达拉斯联邦储备银行助理行长

王勇是我国发展经济学界的优秀青年学者，致力于新结构经济学的研究和推广。本书收集了近年来他对新结构经济学的思考成果，深度和广度兼备，值得每位对新结构经济学以及我国产业政策感兴趣的人士阅读。

——姚洋，北京大学国家发展研究院教授、院长

新古典宏观经济模型很难处理结构问题,王勇博士追随林毅夫教授,结合中国经济结构性特征,进行了很多有创见的思考,本书值得一读。

——袁志刚,复旦大学就业与社会保障研究中心教授、主任

王勇教授是致力于经济发展和结构变化的理论与经验研究的优秀学者。本书阐明了他对经济发展中的政府和产业政策的深刻见解,而这正是新结构发展经济学的核心命题。

——张军,复旦大学经济学院教授、院长

序 一

我 2012 年从世界银行任期结束回国工作后,倡导的作为发展经济学第三波思潮的新结构经济学,受到了国内各界尤其是经济学界的高度关注,引发了诸多讨论,让我深受鼓舞。

发展经济学是因两次世界大战之后,为满足许多新摆脱殖民地、半殖民地地位的发展中国家现代化建设的需要,而从现代经济学中独立出来的一个子学科。第一波思潮结构主义,主张发展中国家采用进口替代战略,以政府主导的方式直接配置资源,发展发达国家当时拥有的那些资本和技术密集型的现代化大产业。遵循这种政策建议的国家在早期取得了一段时间的投资拉动的增长后,经济便普遍陷入了停滞状态,危机不断,和发达国家的差距继续拉大。

从 20 世纪 80 年代开始,经济学界便开始反思结构主义政策失败的原因,由此催生了发展经济学的第二波思潮——新自由主义,主张按"华盛顿共识",以"休克疗法"推行私有化、市场化、自由化等激进的改革措施,建立像发达国家那样的市场经济体制。但其结果却是使众多发展中国家经济面临崩溃,经济增长速度较之前缓慢,危机发生较之前还更为频仍。

第二次世界大战后,亚洲"四小龙"和日本是少数追赶上发达国家的成功经济体。从20世纪60年代开始,亚洲"四小龙"开始推行出口导向战略,重点发展传统的劳动密集型加工业,并利用工资优势承接发达国家转移过来的劳动密集型产业,吸引外国资金和技术。当时的主流理论认为,实行这种发展战略的经济体将永远落后于发达国家,但它们却实现了经济的快速腾飞,成为追赶上发达国家的新兴工业化经济体。

20世纪80年代,中国、越南、柬埔寨等社会主义国家启动改革,采取的是一种务实的渐进式的双轨制,即对原有违反比较优势的大型国有企业继续给予转型期的保护补贴,同时放开传统的、受抑制的劳动密集型轻工业的准入,并设立经济特区和工业园,改善基础设施和营商环境,因势利导促其发展。当时的主流理论认为,这种双轨制是最糟糕的转型方式,但是这些国家却在转型中取得了稳定和快速的发展。

迄今,没有一个发展中国家是根据主流理论制定的政策而实现成功发展的。少数取得稳定、快速发展的成功经济体,推行的政策以主流理论来看却是错误的。新结构经济学试图从发展中、转型中国家自身的成败经验来总结出一套新的经济发展和转型理论。

新结构经济学的核心思想是:每个时点上的生产力和产业结构是由该时点的要素禀赋及其结构决定的,作为上层建筑的制度安排则需与之适应。不同发展程度的国家,要素禀赋状况各异。在发展中国家,资本较为稀缺,劳动力与自然资源相对丰富;在发达国家,资本相对丰富,劳动力资源相对短缺。要素禀赋结构在每个时点是既定的,但随着时间的推移,要素禀赋及其结构将发生变化。新结构经济学的分析逻辑是,任何经济体在每一时点的要素禀赋结构是该经济体在此时点的总预算,而要素禀赋结构决定着要素的相对价格,并由此决定在那个时点具有比较优势的产业。

新结构经济学认为,结构主义的失败在于不了解产业结构是由要素禀赋结构内生决定的,误认为发展中国家市场中的资本密集型的现代化大产业发展不起来是市场失灵所致,因此主张由政府直接动员和配置资源来优先发展资本和技术密集型的现代化大产业。但发展中国家的资本相对短缺,在这类产业上没有比较优势,此类产业的企业在开放竞争的市场中缺乏自生能力,只有在政府的保护补贴下才能建立起来并继续生存。所以,结构主义强调的市场失灵,是对发展中国家资本密集型先进产业为何不能发展壮大的误判。新自由主义的失败则在于,对政府失灵的原因缺乏正确的认识。发展中国家存在的市场扭曲,是政府为保护赶超战略下缺乏自生能力的企业而存在的。若取消保护补贴,缺乏自生能力的企业必将倒闭,进而引发失业和动荡,经济发展无从谈起。同时,一些资本密集型现代化大产业是国防产业的基础。为避免社会动荡和损害国防安全,转型中国家推行了"华盛顿共识"的改革,取消保护补贴后,实施隐蔽的保护补贴,但其效率更低。新结构经济学为渐进式双轨制改革为何成功也提供了合理的解释:给予原来优先发展的产业部门中缺乏自生能力的企业以必要的保护,有助于维护经济和社会稳定;放开对原先受抑制的、符合比较优势部门的准入,有利于实现经济可持续增长。进而符合比较优势的部门的快速增长积累了资本,原先缺乏自生能力的企业逐渐获得了自生能力,当传统部门的企业具备自生能力时,再取消保护补贴,就可以实现向市场经济的过渡。

新结构经济学认为,一个经济体按要素禀赋结构的特性来发展具有比较优势的产业是经济取得稳定、快速、包容发展的最佳途径。企业会按要素禀赋结构所决定的比较优势来选择技术和产业的前提是要素价格必须能够充分反映各种要素的相对稀缺性,而这种价格体系只有在充分竞争的市场中才能存在,而所有的有效市场是按照比较优势发展经济的前提。随着技术的创新和产业的升级,硬的基础设施和软的制度环境必须随着产业和技术水平提高的需要而不断完善,因此,在市场经济中,政府必须发挥积极有为的作用,以克服在经济转型升级中必然存在的外部性以及改善硬的基础设施和软的制度安排的协调等市场失灵问题。

发展中国家软、硬基础设施普遍不足,但是,政府的资源和执行能力有限,只能针对所要发展的符合比较优势的产业的需要来完善软、硬基础设施,也就是政府在经济发展过程中必须针对特定产业的"产业政策"才能发挥"有为政府"所应该有的作用。从历史经验来看,许多产业政策是失败的,但是,尚没有不用产业政策而成功追赶发达国家的发展中国家,也没有不用产业政策而继续快速发展的发达国家。我们不能因为有些产业政策的失败而否定产业政策的必要性。

新结构经济学认为,绝大多数产业政策失败是因为政府所要支持的产业违反了比较优势,这些产业缺乏自生能力,需要政府长期的保护补贴,这就导致了资源错配,滋生了寻租和腐败行为。成功的产业政策应该通过因势利导使企业进入具有"潜在比较优势"的产业,这种产业符合要素禀赋结构的特性,要素生产成本在国际同行业中处于较低的水平。但在国际竞争中,由于电力、交通基础设施、金融、法制等软、硬基础设施不完善,导致了企业的交易成本和总成本太高而缺乏竞争力。产业政策的目标就是,通过改善基础设施、金融、法制环境等以降低交易成本,并给予先行企业一定的激励以补偿其外部性,将具有潜在比较优势的产业快速发展成为具有竞争优势的产业。

新结构经济学诞生不久,已得到经济理论工作者的广泛关注。呈现在读者面前的《新结构经济学思与辩》是我国发展经济学界青年学者王勇经多年深入思考,在参与学界的各种讨论中形成的优秀学术成果。其主要贡献在于:第一,运用通俗易懂的语言,深入地阐述了新结构经济学的基本思想、分析框架、核心观点及政策内涵,有助于广大经济理论工作者更加全面、准确地认识和看待新结构经济学;第二,提出了对新结构经济学主张的产业政策的深刻见解,并指出经济学家们应果断抛弃"产业政策究竟应不应该要"的意识形态纠缠,着力研究如何帮助制定和执行正确有效的产业政策;第三,总结了各类有限政府的不同内涵,阐释了新结构经济学中的"有为政府"的界定,探讨了新结构经济学中"有为政府"的"动态变迁"与"改革"内涵,分析了"有为政府"与"有限政府"的主要区别,澄清了一些学者对"有为政府"的误解;第四,分享了作者对相关经济发展问题的独到思考,并结合有关经济专题,展示了新结构经济学的分析方法。

我相信,展读此书对广大经济理论工作者和关心中国经济学科发展以及中国未来发展前景的广大读者大有裨益。希望更多的经济理论工作者关注中国实践,注重理论创新,为繁荣我国哲学社会科学贡献力量。

林毅夫

2017年4月

序 二

王勇教授出版第一本文集,盛情约我作序,自欣然应允。多年来,王勇既是我一生教过的最优秀的学生,也是我学术研究和个人生活中知根知底、无话不谈的知心朋友。为他的新书作序,我们都觉得是义不容辞和当为的事情。

1998年,我从悉尼大学留学归国执教于复旦大学经济学院,所教的第一门课程就是96级世界经济系的"比较经济学",王勇即是我所教课程的第一拨学生。从国外留学加盟复旦大学后,我最早在国内开始试讲"比较制度分析"(comparative institutional analysis),而不是国内乃至国际上一些大学都开设多年的"比较经济体制"(comparative economic systems)。讲授的主要内容,是哈耶克的经济社会思想、诺思的制度变迁理论,以及那时在国际上才刚刚开始出现的博弈论制度分析的前沿进展,因而课程的内容也比较富有思辨性且艰涩难懂。在我的课堂上,我尝试采取开放式的教学手段,在每堂课后,总是鼓励同学们把自己的所学、所悟,写成短文交给我批改,下次上课时再带给他们,因此同学们在每次上我的课时,就比较活跃和兴奋。无论是课堂上的提问,还是所写的对制度经济学理论乃至对中国经济社会现实问题的讨论短文(期末并不计入最终考试分数),我发现王勇是提问题最多、最尖锐和深刻,且一学期写作论文短文最多的学生。那时我也发现,他英语、数学和中文功底都极好。我当时就感觉到,且多年来一直相信,这小伙子是个可造之才,将来一定会成为一位出色的经济学家。

由于我那时才刚回国,还是单身,学校临时安排我住在杨浦区凉城一间只有 29 平方米的教师公寓中。课后,我常常邀请一些我所教的本科生和研究生,到我的蜗居陋室聊天,并经常给他们炒土豆丝和其他一些简单的小菜。大家一起吃饭,偶尔也喝几盅小酒(很少)。那一学期,王勇是来我家次数最多的同学之一,且我们师徒常常聊到深夜。和同学们海阔天空地聊经济学动态以及中国和世界经济体制及制度的演变的那段时光,也是我一生中最美好、最愉快的一段时光。我那一学期的讲课稿,随即也就变成了我的第一本学术专著《社会制序的经济分析导论》(上海三联书店 2001 年版)。其中的许多观点和思想,尽管是我在国外多年思考的结果,但很多也是在与 96 级世界经济系的同学们以及我那学期所教的一个研究生班同学的交流和碰撞中形成并不断加深的。

学期结束后,王勇来到我家,征求我对他下学期选课的意见和建议,我几乎不假思索地就说:"你要在将来成为一位杰出的经济学家,就到数学系去选课吧!"并建议他,若有可能,再选修一些高级微观和高级宏观经济学的课程(那时我们经济学院还有点开不大出来),要学主流、主流再主流。又一个学期结束了,王勇又来我家问我,最后一个学年选什么课,记得我当时建议他在有可能的情况下还是去数学系听课。

一年半后,王勇以优异的成绩从复旦大学经济学院毕业,便问我毕业后的打算和职业选择,我又几乎不假思索地告诉他,去北京大学中国经济研究中心(CCER)读研究生,并为他向林毅夫教授和中心的老师写了强烈推荐的信。

2000年,王勇以优异的成绩直升进入 CCER 后,师从林毅夫教授、宋国青教授和当时中心诸多国内外著名的大牌经济学家(许多都是我一生的好友),这更进一步打下了他现代经济学的坚实基础。同时,他继续选修了不少北京大学数学系的高级课程,并在2003年以优异的成绩从 CCER 拿到了经济学硕士学位。自 CCER 硕士毕业后,林毅夫教授和我都同时建议他到美国名校继续攻读博士学位,并几乎一致强烈主张他去芝加哥大学这一当代经济学思想最前沿和诺贝尔经济学奖得主最多的经济学教育重镇读书(尽管美国另外的非常著名的大学给了他全额奖学金和更优厚的条件)。在充分征求了毅夫教授、CCER 的其他老师和我的意见后,2003年王勇进入了芝加哥大学经济系,开始攻读经济学博士学位,更进一步地接受了当代经济学最严格、最艰苦无疑也是最前沿的理论训练。

到芝加哥大学求学后,王勇获得了芝加哥大学经济系博士资格考试价格理论第一名(Martin and Margaret Lee 奖),主攻宏观经济学与微观经济学,尤其是经济增长与政治经济学方向。曾担任 Gary Becker 教授与 Lars Peter Hansen 教授的助教。博士二年级论文研究的是中国经济增长与改革的倒逼机制,指导老师为 Robert E. Lucas,并且担任了 Nancy Stokey、Roger Myerson、

Gary Becker、Kevin Murphy 等教授高级宏观(收入理论)与高级微观(价格理论)课程的助教。在写作博士论文阶段,王勇师从 Nancy L. Stokey、Roger B. Myerson、Gary Becker、Lars Peter Hansen、Robert E. Lucas 五位当代经济学界的大师级经济学家。在博士生指导委员会中,又有四位诺贝尔经济学奖得主和一位芝加哥大学《政治经济学杂志》(*Journal of Political Economy*)的主编来做导师。更可赞的是,在 2006 年参加美国经济学会的年会期间,经王勇的安排和引见,我曾在芝加哥大学经济系古色古香的办公大楼里分别拜访了这五位当代经济学的大师,他们几乎全都交口称赞王勇的学习努力、刻苦和研究的优异成绩,以及他进行经济学研究的禀赋。尤其是在与 Myerson 近两个小时的深入交谈中,他更是高度赞扬王勇在芝加哥大学数年艰苦的经济学训练和取得的优异成绩。

经过在芝加哥大学数年艰苦和严格的现代经济学训练,且在数位大师和数位诺贝尔经济学奖得主导师的直接指导下于 2009 年获得经济学博士学位后,王勇赴香港科技大学经济系任教,正式开始了他的经济学教学和研究生涯(尽管在芝加哥大学读书期间王勇已经给本科生讲授过微观经济学和宏观经济学的基础课程)。之后王勇请假一年,到世界银行担任常驻研究员,与林毅夫教授进行密切的合作研究,并且在之后数年一直担任世界银行访问学者与咨询专家。在国内外几所名校多年严格的规范经济学训练,对国际上经济学理论的前沿进展与动态的把握和理解,以及纯正和流利的英语,使王勇在香港科技大学的课程备受欢迎,也使他获得了香港科技大学商学院Franklin杰出教学奖,并成为2013年度香港科技大学最受学生欢迎的十位教授之一。近几年来,王勇也开始在国际英文期刊上陆续发表文章,并在国内外中文财经平面和网络媒体上发表学术文章、经济学随笔和时评。

就在王勇在香港科技大学经济学的教学取得广泛的赞誉并且其经济学研究和发表开始崭露头角的时候,大约在2015年4月份,我突然收到他的一封邮件,说林毅夫教授从世界银行荣任副行长和首席经济学家归来后,为了进一步推进和传播他所创立的新结构经济学,准备在北京大学国家发展研究院的建制内成立一个新结构经济学研究中心,盛情并殷切地希望他能够回到北京大学帮助创建这个中心,并让其主要负责学术研究和联络工作。接着,在王勇来复旦大学做一场学术讲演之际,他来到我的办公室,我们促膝深聊了他的选择。无论是在邮件中,还是在来复旦时我们的深入面谈中,我都强烈支持他回北京大学执教并参与林毅夫教授所发起的新结构经济学研究中心的建设和学术研究事务。这两三年来,王勇协助林毅夫教授亲自主持举办了数次新结构经济学夏令营和冬令营,并组织了多次国际、国内学术研讨会,并到国内和国际的许多大学以及国际机构宣讲了自己的学术论文,尤其是对林毅夫教授所创立的新结构经济学的理论创新和推广做了大量工作。于是就有了收录这本书的多篇文章。

这本书的主旨和中心议题是新结构经济学的理论论辩及现实研究,其中的许多文章在发表前和发表后我都多次读过,当时也曾提出过一些修改意见和建议,因而我可以说对这部著作的主要理论观点、见解和论辩逻辑都非常熟悉了,对林毅夫教授和王勇以及新结构经济学研究中心的许多青年经济学人的研究观点也大都赞同。尤其是对林毅夫教授和王勇对新结构经济学持之以恒、坚定不移的理论探索以及对经济学框架的理论建构和拓展由衷地感到钦佩并为之折服。

对于新结构经济学的理论内容和创新,林毅夫教授在他的《新结构经济学》(北京大学出版社 2013 年版)一书中,乃至王勇在他这本书第一部分的"'新结构经济学'的新见解"一文中,都做了全面的介绍,我这里就不赘言评论了。这里只想指出,就我个人的理解而言,新结构经济学的基本理念还是市场经济和现代经济学的基本理论,而核心问题是讨论如何在市场经济条件下孕育一国的经济增长。经济学作为一门研究市场经济交易和经济如何运行的学问,本身就是以市场经济制度的存在为前提的。人类社会数千年的演变史也充分证明,只有市场经济才是人类社会迄今为止所发现的能够最有效地增进人民社会福祉的资源配置制度。如果像空想社会主义所憧憬的那样,消灭了私有财产制度、消灭了企业,而完全实行计划经济,那实际上也就没有经济学存在的必要了。就此而论,林毅夫教授所提出和王勇等所论证的以比较优势、企业自生能力、符合比较优势的产业升级乃至有为政府为基本理论构架的新结构经济学,与这个经济学界乃是整个社会的共识并不矛盾。新结构经济学实际上还是在现代经济学的理论语言和理论框架下研究一个政府如何与市场协调,一国如何更好、更快速地实现经济增长。另外,通过这些年大范围地阅读世界历史和市场发展史,我们也可发现,到目前为止,那种少数极端奥地利学者所设想的没有经济运行、没有政府,或主张政府只是作为市场的"守夜人"的状况,像经济学中的完全竞争一样,只是一种理论假设。从古埃及、古希腊、古罗马帝国、近现代欧洲、北美洲、中国的秦汉到晚清,乃至今天的中国,几乎找不出任何国王及政府不干预乃至不参与和控制经济的例子。且一个国家的经济增长与一个国家的经济制度乃至在现代经济和政治制度下有为政府的作为密切相关。只不过到了现代社会,在法治和有限政府的现代政治制度框架中,世界各国主要不再是完全依靠国王或政府领导人个人绝对的、专断的和至高无上的绝对权力来任意指挥、命令和干预社会经济过程,而是在一些预先制定的宪法规则、法律制度框架以及在权力制衡之中来有为地"管理"和"调节"社会经济过程。政府在一国经济发展中要"有为",总是用财政政策、货币政策、产业政策、汇率政策、环境政策乃至社会福利政策等来管理经济社会的运作,这是无可置否的现实,如何当为,这正是新结构经济学要研究的根本问题。因此,如果在市场经济基本制度以及现代法治、民主政治的框架下,从理论上来看林毅夫教授所创立的新结构经济学的理论框架,包括林毅夫教授所提出的有为政府的政策建议,无疑都是对的和有现实指导意义的。

由于政府与市场的关系实际上是世界各国经济增长乃至世界经济发展的一个中心问题,而以新古典经济学为主流的现代经济学乃至在国际经济学理论期刊上发表的绝大多数论文,实际上都是假设在一个法治化的政府体制和政府只运用财政政策和货币政策(甚至缺少产业政策、环境政策、福利政策乃至汇率政策)来干预市场的理想框架下,一国的经济到底如何运行,企业和个人如何进行最优选择,因而西方现代经济学理论的主体框架中实际上有一个"政府体制空缺"和"法律制度空缺"的问题。这些年来,以科斯和诺思为代表的新制度经济学、布坎南的公共选择经济学,以及哈耶克的经济学理论在这些方面有些拓展,他们的一些理论也被吸收到了主流经济学的教科书中去了。就此而论,林毅夫教授所创建、王勇教授等经济学同仁所倡导和论证的新结构经济学的理论框架,若能在未来深入考虑并研究政府与市场的关系,研究有一个什么样的政府体制才能制定出更好的产业政策、才能制定出一国合宜的经济发展战略,因此将更有利于一国的经济增长,一定会有更大的理论创新和现实意义。

以上浅见,权作为王勇教授这本新作的个人序言。

韦　森

2017 年 4 月

序　三

　　王勇于2009年获得美国芝加哥大学经济学博士学位,然后执教于香港科技大学和北京大学。王勇与我所认识的很多在北美尤其是芝加哥大学训练出来的经济学家之间有一个很大的区别:他虽然受训于这个著名的新自由主义经济学的圣地和一代新古典经济学名师,并以极其优异的学习成绩毕业,但他却没有被"神圣"的、"固若金汤"的西方经济学理论大厦所禁锢,而是善于以自己独特的视角和头脑观察、思考、理解和研究中国经济奇迹——这个人类自工业革命以来最为伟大壮观的历史事件。

　　当国内外受西方经济学和人文学科熏陶出来的经济学、社会学、法学和政治学家们,用现存的西方自由市场经济学和普选民主理论来生搬硬套中国的经济现象或研究中国经济所遇到的问题时,他们要么总是得出中国经济必然崩溃的结论,要么认为中国经济没有什么东西值得研究,只不过是一个极其扭曲、拙劣模仿西方世界的残缺不全的经济体,保留了很多被西方经济学理论早已证明必然失败的计划经济时期的传统与"烂尾楼",是一个依靠不可持续的天量政府投资硬撑起来的"振兴假象",即便不崩溃也早晚会停止增长,成为一个低、中等收入的,永远充满各种政治、社会和经济危机与问题的三流发展中国家。

但是这些关于中国经济的悲观预言不断受到中国日新月异的发展奇迹的挑战与反驳。关于中国必将崩溃的预言已经持续了二三十年,中国不仅没有崩溃,而且在短短一代人的时间里迅速从一个人均收入只有撒哈拉以南非洲国家三分之一的贫穷农业国,变成了全球最大、最具活力的制造业中心和增长引擎,以至于目前全球十大贸易港口中有八个在中国,而且即使在由发达资本主义国家 2008 年的金融危机与财政危机导致的十年全球大衰退之后,还在继续以数倍于全球发达工业国平均增长率的速度增长。中国今天的专利申请数量正以惊人的速度爆发,已经高于美国和日本的总和,中国的基础设施工程技术正在全世界各个角落大显身手(无论是发达国家还是落后国家),中国的世界影响力和领导力与日俱增。与此同时,严格按照西方经济学理论从事制度和政策设计的无数发展中国家,无论是伊拉克、利比亚、阿富汗,还是乌克兰、匈牙利、罗马尼亚、巴西、阿根廷,甚至早就成为发达国家的希腊、意大利,但其经济表现却远远不如中国,纵然徒有更丰富的自然资源,更好的地缘政治条件,更慷慨的国际机构援助,更长久的独立与建国时间,更彻底的"市场化、私有化、自由化和去监管化"改革。

在这样惊人的事实与理论的反差面前,大多数受到西方经济学理论和社会学科影响的国内外学者仍然抱着西方文化和制度中心论的陈旧观念不放,仍然在打赌中国的崩溃,仍然执着地认为西方经济学理论对于中国预测的失败不是因为理论错了,而是因为中国的经济发展现象很不正常,资源配置扭曲,政府太强势,数据有问题,急需向美国体制学习、靠拢。他们把中国的转型先验地认定为向西方制度与文明无限逼近,否则必败无疑。这一点,就连很多有见识的西方学者和政治家也不认同。他们已经不断公开承认中国以自己独特方式开启的崛起之势不可阻挡,而不是行将崩溃,从而必须做好迎接"中国世纪"的准备。

　　这个巨大的反差和理论与事实不符的问题出在哪里?我认为出在以下几个地方:第一,西方国家的政治和经济体制并非按照西方理论所假设的条件那样运行的。现存西方经济学理论所假设的自由市场和小政府理想世界不仅从来没有存在过,而且在未来也不会存在。第二,因此,西方经济学理论本身对于理解西方现存的经济活动就具有很大的局限性,更别说发展中国家的经济学现象。他们无法预测和解释西方国家不断出现的经济和金融危机,无法指导如何制定有效的应付这些危机的政策。这些漂亮的数学模型与象牙塔理论是第二次世界大战以后一批应用数学家(或有此倾向的才子们)在办公室里推演出来的产物,而那个时候西方国家已经在这些经济学理论完全缺席的几百年重商主义、殖民主义、奴隶贩卖和丛林法则中崛起了,完成了工业化。因此这些理论(包括阿罗－德布鲁一般均衡模型)甚至不能解释西方国家自己的工业化历史,无法解释工业革命为何发生在英国这个欧洲的边陲岛国,而不是作为文艺复兴圣地的意大利,也不是17世纪政治制度和经济制度更加开明和先进的荷兰。这些理论也无法解释德国和俄国自19世纪中叶在集权体制下的迅速崛起。第三,因此,国内外很多学者对西方崛起的历史知之甚少,误以为西方国家是因为先进的民主制度和私有产权文化而崛起的,比如英国是因为有了大宪章运动和君主立宪的"光荣革命"而称霸世界,美国是因为有了《人权宣言》和华盛顿而超越大英帝国成为20世纪的全球霸主,日本是因为战败后成为民主国家才成为亚洲奇迹。殊不知这些国家当年无一例外都是按照马克思所描述的资本主义原始积累的规律,在强大的国家机器与军事实力驱动下和争霸世界的野心中崛起的。这些历史事实和规律根本没有也无法体现在现代西方新古典经济学模型和新制度经济学理论中。

从历史的角度衡量,中国目前的政治体制和经济制度虽然还有很多有待继续发展、进步、完善的空间,但是比起当年的大英帝国、德意志帝国、美利坚合众国、日本帝国崛起时采用的殖民主义政策、穷兵黩武的体制、巧取豪夺的丛林法则、帝国主义的炮舰外交来,已经文明千百倍,不可同日而语。中国完全是在美国和西方主导的国际秩序与贸易格局中崛起的,没有霸占和无偿获取过他国一寸土地和一粒资源,贩卖过一个奴隶和一克鸦片。中国人民和中国政府在这场伟大的民族复兴与经济壮举中付出的是自己的心血、智慧、汗水与能力。因此,如何总结中国崛起的经验,提炼能够解释中国发展的经济学理论,为还没有开启工业化的其他发展中国家提供参考,是每一位海内外华人的使命,也是时代赋予这一代学者的理论创新的巨大机遇。

中国作为一个工业化后发国家,需要向西方和所有发达国家虚心学习的地方有很多,但是学习是有窍门的。学得不好,反而弄巧成拙。比如千万不能把发达国家的发展结果误认为是它们当年发展的前提和原因,不能把它们建成的屋顶当作自己建设高楼的地基。而是必须认真研究它们当年走过的历史,揭开它们的墙角,挖开它们的地基,细察它们建筑的每一个细节和过程,反复论证探索,取其精华,去其糟粕,才能不仅复制它们的成果,而且还在此基础上创新。遗憾的是,目前国内部分高校人文学科却盲目模仿西方现存体制,很少认真研究西方当年走过的历史,尤其是工业化历史,因而看不到它们历史上的假冒伪劣产品如何泛滥、工伤事故如何频发、法律执行如何不公、民怨与社会暴动如何成灾、官员腐败如何流行,而只是想当然或道听途说地认为西方以前与今天一个样。但是西方的严肃历史学家并不这样认为。比如哈佛大学历史学家斯文·贝克特(Sven Beuckert)指出:"当年的大英帝国,作为第一个开启工业化的国家,并非是一个后来人们所描绘的自由、开明和廉政的国家。相反,它是一个军事开销庞大的、总是处于战争状态的、奉行干涉政策的、高税收的、债台高筑的、极端贸易保护主义的官僚集团和强权国家。它也绝对不是一个民主的国家。"

著名经济史学家乔尔·莫基尔(Joel Mokyr)也指出,在工业革命前夕和初期,"英国社会几乎没有什么法律和秩序来保护工业财产和人权,而是充斥着大量的抢劫和偷盗,以及由经济或政治上的民怨引起的地方暴动。……当时的英国并没有1830年之后(即第一次工业革命之后)的警察队伍那样的专业警力,法庭系统也笨拙而昂贵,并充满了不确定性和不公。因为没有官方正式的法律执行机制,整个英国依赖着民间残酷惩罚的威慑效应维持治安。惩罚大多是私人性的,犯罪预防大多是民间自己实施的:超过八成的犯罪惩罚是由被害人私下实施执行的"。

通过这本书,读者会看到,受过严格西方经济学训练但却具备自己批判性的头脑,是如何使得王勇区别于一大批受训于美国一流高校的学者的。他对于有为政府在经济发展中的关键作用具有独到的眼光和独立思考,这些独到的眼光和思考充分反映在这本书里,而且必然会继续反映在王勇未来的学术研究成果中。

文 一

2017 年 4 月

目　　录

001 / 导论

新结构经济学的新立论：核心概念与观点

025 / "新结构经济学"的新见解
041 / 论有效市场与有为政府：新结构经济学视角下的产业政策
054 / 详论新结构经济学中"有为政府"的内涵

新结构经济学的方法论：反思与感悟

087 / 以"常无"的心态研究新结构经济学：评林毅夫教授《本体与常无》

097 / 对阿罗-德布鲁一般均衡分析框架的反思
106 / 对"斯德哥尔摩陈述"的感评
115 / 再读《与林老师对话》有感
132 / 解读世界银行《经济增长与发展委员会报告》
137 / 从 2008 年金融危机中我们学到了什么

新结构经济学中的产业政策

153 / 新结构经济学中的"有为政府"
161 / 漫谈"产业政策"
172 / 我们需要继续研究产业政策吗？
177 / 产业政策大讨论：企业家、法治与产业政策
182 / 中国产业升级的主要成就与问题
185 / 崇明岛产业发展之忧乐

新结构经济学中的有为政府

193 / 什么是新结构经济学中的"有为政府"
197 / 有效市场与有为政府之我见
201 / 新结构经济学中"有为政府"的改革含义

新结构经济学与国有企业改革问题

207 / 中国国家资本主义与国有企业的命运

212 / 论国有企业改革的沉浮逻辑与结构变迁

新结构经济学与"中等收入陷阱"问题

221 / 为"中等收入陷阱"问题正名
231 / 新结构经济学视角下的"中等收入陷阱"问题

新结构经济学与中国宏观经济

239 / 有为政府与中国宏观政策
245 / 中国经济增长率到底有多少
250 / 为何中国的外商直接投资人均吸收量是印度的九倍?
255 / 北京奥运会开幕式巨额成本是否为合理的政府财政支出?
260 / 中国的收入税亟需调整

新结构经济学与政治经济学

267 / "体验"经济政策
272 / 内生宏观经济政策、技术引进与经济发展

293 / 后记

导　　论

　　如果从1996年进入复旦大学世界经济系读本科开始算起,迄今为止我学习经济学已有二十多年。现在呈现在各位读者面前的这本书,是我的第一本独著。它基本涵盖了我对新结构经济学与很多相关经济发展问题的思考,这次能够结集出版,对我意义非凡。

　　本书收集的主要是自2008年以来,我在各类财经媒体或者杂志上发表的与新结构经济学相关的学术性杂文与随笔。出版本书,我的目的主要有三个。第一,希望这本书能够以相对通俗易懂的非专业学术语言向广大经济学爱好者与研究者介绍新结构经济学的基本思想、方法以及在具体现实与政策问题上的运用;第二,希望这本书能够有助于澄清当前在国内对新结构经济学的认识普遍存在的若干重大误解;第三,希望在介绍与澄清的过程中,我能与读者一起思考、一起总结目前新结构经济学理论体系的主要缺点与不足,从而对未来的学术发展所要迫切解决的问题提出建设性的改进意见与研究思路。

新结构经济学的诞生

"新结构经济学"这个名词第一次被正式提出来,发生在林毅夫老师到世界银行担任首席经济学家一周年之际。更确切地说,是在 2009 年 6 月 2 日举行的世界银行发展经济学部第四次高级经济学研讨会期间,林老师作题为"新结构经济学:重构发展经济学的框架"的报告时首次明确提出的。后来该文的英文稿于 2011 年发表于 *World Bank Research Observer* 的第 26 卷第 2 期,成为新结构经济学的纲领性奠基之作。新结构经济学运用的是现代经济学的方法,主要研究的是经济结构的决定因素、动态内生变化以及对经济发展的各种含义,被认为是发展经济学自第二次世界大战结束后作为独立领域诞生以来逐渐兴起的第三波发展经济学的思潮。

新结构经济学诞生的时代背景是 2008 年国际金融与经济危机,这是继 1929—1933 年大萧条以来最为严重的一次经济危机。20 世纪的那次大萧条催生了强调"有效需求"不足的凯恩斯主义宏观经济学,对传统的市场理论提出了尖锐的质疑与挑战。而 2008 年的这一次危机,也迫使整个学术界对现有的主流理论进行反思,尤其是对 20 世纪七八十年代兴起并至今仍旧占据学术主导地位的新自由主义学术思潮的反思。比如,我们认识到,在过去的宏观经济学的研究中,对金融问题在整体经济运行中的重要性认识不足,对其系统性风险的研究也不够充分。在经济增长与发展经济学中,面对"中等收入陷阱"问题,面对拉美与东欧改革的失败,面对中国经济的强势崛起,现实的发展与主流的理论之间的背离与矛盾越来越突出。譬如,2008年世界银行花费600万美元历时两年形成一份《经济增长与发展报告》,全面回顾与评价了现代主流经济增长理论在过去半个多世纪对于帮助我们理解并促进世界上各个发展中国家在经济增长绩效方面所起到的指导作用。联合撰写这份报告的有三类专家:一类是包括罗伯特·索洛、保罗·罗默等人在内的经济增长理论的权威学者,一类是包括周小川在内的各国从事政策制定的财经高官,另一类是多位著名跨国企业的老总。由学、政、商这三界的国际精英得出的最终结论是:我们知道得太少了,现有经济增长理论的作用太有限了。

2008年6月,林毅夫老师正式到华盛顿特区的世界银行总部报到,担任高级副行长与首席经济学家,成为第一位担此要职的来自第三世界国家的学者。很快,林老师眷顾,邀请我2008年暑假到世界银行去实习,与他一起合作写论文。当时,我还在芝加哥大学经济系读博士,当年秋天就要上市场找工作,所以正在紧张地修改自己的求职论文。但我还是当年暑假就来到了世行。2008年北京奥运会开幕式的第二天美国NBC做了转播,而我和李志赟师兄就是在世行一起看的电视转播,觉得开幕式整体非常惊艳。那个暑假,我开始与林老师和短期到访的鞠建东老师一起合作酝酿一个具有多个产业(部门)的经济增长模型的研究。这个研究与我的求职论文虽然都是关于经济增长与发展,但却是完全不同的模型。当我开始着手建立修改这个模型的时候,特别是有了林毅夫老师和鞠建东老师的指点,我就发现自己已经停不下来了,因为实在太有意思了。我不断地推迟返回芝加哥大学的日期,尽管理智告诉自己其实应该早点回去继续认真修改我的求职论文并准备走向市场了。

这篇与鞠建东、林毅夫两位老师合作的文章,最后几经曲折终于发表于 2015 年的《货币经济学杂志》(*Journal of Monetary Economics*),题为 "Endowment Structures, Industrial Dynamics and Economic Growth",讨论了在经济增长过程中,资本积累本身如何推动产业不断升级、结构不断变迁。它提供了一个刻画要素禀赋结构如何在静态和动态上决定产业结构及其演化的增长理论模型,应该说这是新结构经济学领域中比较重要的一篇文章。为了将林老师之前一直所说的比较优势发展理论与国际贸易理论中的 H-O 模型更好地区分开来,我们这篇文章里特意考虑了封闭经济,从而关闭了 H-O 模型中依赖于国际分工的机制。

虽然我从很早开始就一直将经济增长理论作为自己的主要学习和研究领域,但是经济增长理论包罗万象,其中我对结构变迁(structural change),或者有时又称为结构转型(structural transformation)这一经济增长理论中的主流分支的文献理解与学习,最初却是从写这篇论文才真正开始深入的,因为都是关于多部门非均衡增长的动态分析。在与林老师的讨论中,我也反复不断地提起经济增长理论中关于结构转型与结构变迁的文献,反复讨论我们的文章机制与现有结构转型文献的区别,不知这是否对林老师最后决定选择"新结构经济学"这个名称在潜移默化中也有一丝丝边际影响呢?

当然,林老师提出新结构经济学这个分析框架和基本理念,绝对不是偶然的、突发的,而是建立在他之前就有的长期的现实观察与理论思考之上的。我个人认为,要理解新结构经济学的前世,有三本(篇)著作必须读。

第一本是由林毅夫、蔡昉、李周三位合著的《中国的奇迹:经济改革与发展战略》,由上海三联出版社于1994年出版。在这本书中,林老师与两位合作者首次系统地提出了比较优势发展战略,以此重点解释了中国经济改革前后为何经济绩效如此不同。林老师并不满足于当时绝大多数主流学者所提出的这只是由"计划与市场""国有与民营"的差别所导致的这个标准解释,而是更进一步,分析了"计划与市场""国有与民营"这些制度差别本身是如何内生出来的,它们之间的经济绩效之所以有差别本身又是如何内生出来的,从而将理论分析进一步推进到了要素禀赋结构与发展战略的层面上。

第二篇是林毅夫老师以2001年在芝加哥大学的D. 盖尔·约翰逊(D. Gale Johnson)首场年度讲座为基础,于2003年发表在国际学术杂志《经济发展与文化变迁》(*Economic Development and Cultural Change*)上的文章"Development Strategy, Viability and Economic Convergence",中文版以"发展战略、自生能力和经济收敛"为题发表于《经济学季刊》2002年第2期。在这篇文章中,林老师首度提出了自生能力(viability)这个概念,指的是企业所生产的产品或者所使用的技术的资本密集度是否与整个经济体的要素禀赋结构相匹配。如果宏观上政府推行重工业优先发展的赶超战略,那么在微观上就会建立、扶持与补贴那些不具备自生能力的企业,包括大量的国有企业。这就为以前的比较优势发展理论提供了一个在企业微观基础层面的对应理论概念。这个概念非常有用,因为它能够更好地帮助我们理解在不同的宏观发展战略下,企业行为与政府对企业的相关干预行为是如何内生、如何不同的。

第三本是林毅夫老师以 2007 年在剑桥大学所做的久负盛名的马歇尔讲座为基础,后来由剑桥大学出版社于 2009 年出版的著作《经济发展与转型:思潮、战略与自生能力》(Economic Development and Transition: Thought, Strategy and Viability)。中文版由北京大学出版社于 2008 年出版。在这本书中,林老师进一步将视野从中国扩展到了全球,从理论和实证上进一步讨论了在不同时期,不同的发展经济学国际思潮如何影响各个国家的政策选择、制度安排与微观企业行为,从而导致宏观发展上的不同绩效。我觉得,写作这本书的思考过程也为林老师 2008 年 6 月担任世行首席经济学家,更系统地思考国际层面的经济发展与政策问题提供了很好的理论准备。

当然,肯定有不少读者觉得时间宝贵,希望更直接地了解新结构经济学。如果想从总体上比较深入地了解新结构经济学,并且是接受过经济学硕士以上课程专业训练的读者朋友,那么我建议可以先从林毅夫老师的《新结构经济学:反思经济发展与政策的理论框架》(北京大学出版社 2014 年增订版)一书开始读起。2011 年的英文版可以从世界银行网站上免费下载。

新结构经济学的核心学术观点

很多学术界的朋友经常提出的问题是:与现有的经济学文献相比,新结构经济学究竟有哪些学术上的新创见与洞识?

这个问题极其重要,答案我相信是会随着新结构经济学研究的不断深入而变得越来越长、越来越专。探索将永无止境。林毅夫教授对此问题的回答在其多本专著中都有重要论述。就我个人理解,到目前为止,在理论层面上,新结构经济学可能至少在五个比较重要的方面的见解与现有的主流经济学的想法有着本质的不同,这五点归纳在本书开篇的"新结构经济学的新见解"一文中。

如果比较喜欢通过正规的数学模型来更加严谨地认识与讨论新结构经济学理论,我建议不妨从前面提到过的由鞠建东老师、林毅夫老师与我合作的发表于 2015 年《货币经济学杂志》(JME)上的那篇论文开始讨论。那篇论文主要是构建了一个数学模型,来解释内生的资本积累与要素禀赋结构的升级如何决定该经济体的产业结构的动态变迁与宏观经济增长。该模型假设满足福利经济学第一定理的无摩擦新古典环境,所以市场均衡已经是帕累托最优,不需要任何政府干预。这个模型可作为新结构经济学的一个基础模型框架,讨论了当要素禀赋结构内生变动时,在总体经济增长路径上的各个不同产业的产业周期动态演化路径、产业结构的动态内生变化等经济结构的动态问题。

如果从新结构经济学的视角对诸如产业政策等政府行为与政策干预进行学术研究,一种可能的方式就是在上述 JME 模型基础上再引入各种更加现实的市场不完美和结构性摩擦。林毅夫老师和我有另外两篇正在做的关于产业政策的学术论文,就是讨论在经济增长过程中,当产业具有马歇尔外部性、非竞争性市场结构等特征时,最优的政府政策干预、产业政策应该如何。那么,新结构经济学视角下的产业政策与现有主流文献中所讨论的产业政策究竟有何不同?本书的第一部分中的第二篇文章"有效市场与有为政府—新结构经济学视角下的产业政策"以及整个第三部分就在试图回答这个问题并且澄清外界对新结构经济学的产业政策方面的相关误解。

新结构经济学的争论

严格讲起来,与新结构经济学直接有关的学术争论应该至少包括 20 世纪 90 年代末林毅夫教授与张维迎教授之间关于国有企业改革的争论,以及 20 世纪初林毅夫教授与杨小凯教授之间关于后发优势与后发劣势的争论。事实上,这两个争论至今仍在继续。但如果我们将林老师在 2009 年 6 月 2 日举行的世界银行发展经济学部第四次高级经济学研讨会上做"新结构经济学:重构发展经济学的框架"的报告当成新结构经济学正式诞生的标志性事件,那么在此之后,与新结构经济学直接相关的社会影响最广泛、交锋最激烈的学术争论莫过于 2016 年发生在林毅夫教授与张维迎教授之间的那场产业政策之争,以及后来发生在林毅夫教授与田国强教授之间关于"有为政府"与"有限政府"的学术争论了。

林、张之间的产业政策之争其实至少可以追溯到 2014 年暑期在上海复旦大学韦森教授组织的那场纪念杨小凯逝世十周年的学术追思会。2016 年 8 月,在我的本科母校复旦大学又举办了"产业政策:回顾、反思与展望"的学术研讨会,是由我倡议发起并共同参与组织的,在这次研讨会上,林毅夫教授做了关于新结构经济学视角下的产业政策的主题发言,强调了产业政策的重要性。而没过多久,张维迎教授在另一个场合针对产业政策做出了非常不同的论述,认为应该废除一切形式的产业政策。这进而逐渐引发了包括学术界在内的全社会的大讨论。特别是 2016 年 11 月在北京大学国家发展研究院,由黄益平教授组织并主持了一期"朗润/格政"特别活动,邀请林毅夫与张维迎两位老师同时登台,就产业政策问题现场PK,实况直播,更是将这场辩论推向了高潮,英国《经济学家》等国际主流媒体都对此争论做了报道。

我本人作为新结构经济学的研究者,也很自然地卷入了这场争论。对于这场争论的学术质量与价值,学术界同行的评价褒贬不一。但不管如何,至少在客观上促使有关学者将相关学术文献与国外经验都趁机学习或者回顾了一遍,也促使全社会,包括市场人士与决策部门,都更加认真地思考了产业升级与政府角色的问题。也正是在这场大争论中,越来越多的人开始知道并了解了新结构经济学,知道了"有为政府"。但由于这场争论主要是在新闻媒体上进行,而不是在学术杂志上的书面交锋,所以难免会出现一些媒体记者或刻意或无意的失真、失准的报道,然后很快在网络上以讹传讹,甚至有不少学术界的职业经济学家都被媒体误导,对新结构经济学也产生了误解。为了正本清源,本书的第一部分的第二篇文章"论有效市场与有为政府:新结构经济学视角下的产业政策"以及整个第三部分专门结合我自己的相关研究和对于文献的理解,针对性地阐述了我对产业政策,尤其是新结构经济学所主张的和所批评的产业政策的理解,同时就一些具有代表性的常见误解做出了澄清。

经济学中市场与政府之间的关系是一个永恒的令人纠结的话题。新结构经济学在讨论经济发展时必然会涉及政府的作用,自然也包括产业政策。新结构经济学中的"有为政府"主张政府积极有为,很快也就变成了国内争论的另一个焦点,尤其是在中国仍旧存在大量不合理的政府干预与管制需要被取消与放松的现实背景下。据我观察,反对"有为政府"提法比较集中的一个群体是商界与市场人士,他们每每痛陈在做生意的时候被政府的"有为"折磨得苦,尽管其中相当一部分人士曾经从政府的扶持政策中得到过巨大的好处。在经济学术界,对于"有为政府"的反对更是强烈,其中赞成无政府主义的是少数,更多的反对者,在我看来主要是因为他们对于"有为政府"的概念与内涵不了解,甚至望文生义,没有理解清楚在新结构经济学中"有为""乱为"与"不作为"三者之间的逻辑关系。

其中,反对"有为政府"的一个代表性的经济学家是田国强教授,他不断批评"有为政府"没有限制政府干预的边界,批评"有为政府"的理念会动摇甚至阻碍中国的市场化改革大方向,进而提出应该提倡"有限政府"。同时,田教授对新结构经济学中的"有为政府"的含义与外延,以及相关理论逻辑也提出了学术性的批评与质疑,这在学术界产生了很大的影响。在很多不了解情况的人看来,如果"有为政府论"是个错误的理论,那么整个新结构经济学的本质就是错的。这就把这种误解产生的后果变得特别严重了。

因此,本书第一部分的第三篇文章"详论新结构经济学中的'有为政府'的内涵——兼对田国强教授批评的回复"与整个第四部分都专门就"有为政府"的问题做出了针对性的澄清与阐述,并且希望通过对相关各个理论概念严格的思与辩,使得新结构经济学中对于"有为政府"的论述在内部逻辑上更加严谨一致。我在文章中强调,在其政策含义上,新结构经济学的有为政府论不仅不反对必要的市场化改革,而且明确地支持并且论述应该如何因地制宜、因时制宜、因结构制宜地进行改革。

新结构经济学的方法论

经济学理论的最终目的不仅是理解世界,更是希望能够尽量改变世界。林毅夫老师提出,新结构经济学主张"知行一体",即只有能够帮助改造世界的经济学理论才是真正能够帮助我们正确认识世界的理论。只有把事情做成了,才说明你真正知道了。这就非常强调理论与实践相结合,强调理论对于现实实践过程的有用性。

在具体的研究方法上,新结构经济学主张继承现代经济学的研究方法论本体(理性选择),但是对于现实问题,尤其是发展中国家的问题,主张要秉持"常无"的开放心态,不被现有理论羁绊,直面现象,从现实中抽象出经济学的问题(决策者、决策者的目标、决策者的约束和决策者的选择空间)。这方面,林老师的《本体与常无》这本关于经济学方法论的著作做了最全面的总结。

"实事求是",说起来容易,做起来难。接受过现代主流经济学博士系统训练的学者,在当今互联网自媒体时代,面对各种民科论点与真知灼见鱼龙混杂的信息冲击,及时进行过滤与甄别的成本很高。面对自己所不了解的经济现象,如果没有下过功夫真正去实地了解真实现象及其背后的真实情况,就很难抛开主流经济学教科书与已有文献所带来的思维定式,通常也就很难真正去接受一种新的经济学学说,从而对任何新学说就具有天然的戒备心,甚至是敌意。此外,作为学者,面对学术发表的现实压力,如果自己论文的主张与潜在的大多数匿名审稿人不一致,那么文章被主流期刊接受的困难也将更大。而主流学刊的绝大多数匿名审稿人和杂志编辑都是主流理论的支持者甚至是倡导者,所以从事新结构经济学研究的学术发表在当前阶段,整体上也可能压力会更大一些。但是,我们相信,对的错不了,错的也对不了。最终被历史记住的经济学理论一定是能够对现实具有更好的解释力的经济学理论,衡量一个经济学理论成功的最终标准也是对现实问题的解释力的高低与稳健性。只有带着这样的信念,我们才能真正鼓起勇气以"常无"的开放心态和严谨的学术作风投入到对新结构经济学的学习、发展、实践的历史洪流中去。

本书的第二部分,就是阐述我对新结构经济学方法论的理解和与对当代主流经济学的反思。目前,由林毅夫教授领衔的北京大学新结构经济学研究中心的学术团队正在与以国际著名数学家田刚领衔的北京大学国际数学研究中心着手展开合作,举办联合学术讨论班,希望能够将更多的前沿数学工具应用到新结构经济学中,以更好地刻画结构的内生演化问题。

新结构经济学研究的范畴

作为发展经济学的第三波思潮,新结构经济学主要研究的是发展经济学的问题。当然,这里所指的是广义的发展经济学。本书选择性地收录了几个我正在从事的学术研究的主题,相信这些也是国内与国际学术界比较关心的重要问题。我试图结合这些具体的问题来阐述与展示新结构经济学分析的独特视角与方法。

其中,第五部分是关于国企改革的讨论。我认为从结构转型与上下游垂直结构的角度去分析可能会带来与其他主流视角不同的收获,帮助我们更清楚地认识当前的国企改革与20世纪90年代的国企改革的本质差异在哪里,改革的迫切性有何不同,改革的具体措施又应该将重点放在那里。事实上,最近我刚刚完成由中央财经领导小组办公室委托的一项关于国有企业与民营企业关系的研究课题,其主要思路也是围绕着结构分析展开的。

第六部分是关于"中等收入陷阱"的讨论。我认为,新结构经济学最核心的理论精髓是要认清并且牢牢把握住在不同的经济发展阶段所对应的一系列经济结构的内生差异。而"中等收入陷阱"问题的研究需要我们具体讨论为什么这些能够顺利跳出"低收入陷阱"的国家却没踢好下半场球,长期掉入了"中等收入陷阱"。这就迫使我们必须考虑在不同的发展阶段,经济结构究竟如何不同,面对的发展的挑战与瓶颈究竟如何不同,最优的制度与政策应该做出哪些适应性的调整,等等。而这些,恰恰就是新结构经济学最想强调但是在主流理论中尚未被充分研究的问题。

第七部分是关于中国宏观经济的讨论。对于任何一个关于中国当前宏观经济问题的讨论,我认为都应该充分结合改革开放以来的经济发展,同时包含四个结构性的过程:第一,伴随着经济增长所带来的农业、工业、服务业之间的结构转型过程;第二,从计划经济向市场经济转轨的过程;第三,从封闭经济逐渐融入世界经济贸易金融体系的开放过程;第四,从政治军事外交的区域性弱国向综合国力全面提升的世界性政治大国的崛起过程。我认为,这四个结构性过程的并存性构成了中国宏观经济的特殊性。无论是对中国转入"新常态"的主要成因的分析,还是对相关货币政策、财政政策、收入再分配政策、对外投资与国际贸易政策的分析,都应该更好地纳入结构分析的维度。

第八部分是关于政治经济学的讨论。新结构经济学在研究经济发展时比较强调制度与政策的内生性,而政策内生性,特别是低效率制度与政策的持久存在,这些都是政治经济学特别关心的问题。尤其是在非选举民主的国家,如何分析政策的内生制定过程?如何结合不同的发展阶段与政治体制去分析最合适的政策是什么?如何分析为什么同样的政策在类似发展阶段的国家有些成功了而有些却失败了?经济学家对于政策的制定与执行都需要做更加深入的研究,对于新结构经济学的研究亦是如此。譬如,现在主流学界反对产业政策的主要原因,不在于其否认市场不完善与市场失灵的存在,而是认为现实中政府失灵的问题更严重,所以主张与其让一个自身有很多问题的政府插手进来,还不如政府不管。所以本质上,这就属于规范分析(normative analysis)与实证分析(positive analysis)的区别:究竟讨论的是前者(政府最好应该做什么)的应然问题,还是后者(实际过程中政府会怎么做)的实然问题。而对后者的深入分析则需要做政治经济学与制度经济学的讨论。目前为止,对新结构经济学中的产业政策的讨论还主要是应然分析。而大部分批评者主要是在强调我们忽略了实然分析。因此,我主张,"有为政府"的含义需要同时借鉴与引入政治经济学与制度经济学的范畴,不仅要讨论如何纠正市场失灵的问题(那些新自由主义经济学家也大都同意),而且还要直面讨论如何纠正政府失灵的问题,新结构经济学目前也许在这一方面的理论准备还不够充分。要深入地讨论政府就必须将政府当成具有多个相互博弈的决策主体的经济学结构与组织加以分析,而不能再将政府作为单个决策主体。

作为世界第二大经济体,作为过去40年经济增长速度最快的国家之一,中国对于整个世界而言也变得越来越重要,中国的经济问题与现象也就越来越具有国际重要性。特别是作为最大的发展中国家,中国的经济发展与改革实践为新结构经济学提供了非常宝贵的大量活生生的研究素材。新结构经济学的倡导者林毅夫教授本人也是以研究中国问题为主并以此成名的经济学家,目前新结构经济学的核心研究团队成员也主要是华人学者,所以很多关于新结构经济学的学术讨论通常都是先围绕着中国经济问题展开的,其中有一些再进一步引申到跨国分析。在具体政策实践上,也大都先围绕中国的实际问题展开,这也是国内政策界、商业界与媒体关注的焦点。

当然,新结构经济学所要研究的问题远远不止这些,也远远不止中国的问题,这需要特别强调。新结构经济学旨在提炼出研究各个不同发展阶段的结构性问题与演化发展过程的一般化理论,而不是仅仅关注中国经济。所以新结构经济学并不等同于中国经济研究,而且新结构经济学中的任何理论概念的重要性、现实贴切性也不能仅仅根据中国的当前情况与需要来判断,还要看在多大程度上把握了中国之外的经济体的发展特征。比如,中国当前的主要问题之一有可能是政府过于强势、"乱为"太多,所以需要限制与纠正这些"乱为";但对于包括非洲不少国家在内的很多欠发达经济体而言,最主要的发展瓶颈却是政府能力太弱,甚至无法有效行使基本的公共服务职能。我们不能只根据中国的当前需要来提出理论概念,更不能以个别国家的实然分析来否定一般理论的应然分析。在政策实践上,新结构经济学研究中心的智库团队不仅在国内与各部委和各地区地方政府合作,展开深入的调研,而且在非洲诸国、波兰等国也与当地政府积极合作,将新结构经济学的原理运用到具体的政策实践上,同时也在实践中不断检验、修正与发展新结构经济学的理论。

新结构经济学者在辩论过程中的苦衷

新结构经济学的研究者基本上总是将"有效市场"与"有为政府"放在一起谈论。我们始终主张促进市场发展、进行市场化改革的大方向,始终反对计划经济。只不过大家对"有为政府"一词比较敏感,所以很多人只集中于我们对政府的讨论,而忽略了我们对市场的论述。尤其当下中国政府存在大量"乱为"与"不作为"的现象,有很多人误以为新结构经济学的研究者谈"有为政府",就是在一味地为政府的所有干预背书和发声,这是不符合事实的误解。

在当下的中国社会,我们作为知识分子,固然应该力求针砭时弊,对错误的政策与政府做法加以批评,但似乎还有另一种极端化的情绪,尤其是在网络上:一个学者只要是批评政府就被认为是有良知、有见地、有勇气,而一旦说政府某项政策做得对或者建议政府去积极做什么事情,就会立刻很容易地被贴上"逢迎政府"的道德标签,被批评为鼓吹怂恿政府去乱为,就是良心沦丧的"御用文人"。我觉得这种"一刀切"的动机论缺乏实事求是的科学精神,不值得提倡。

毋庸讳言,我见到不少人,包括一些学者,不断批评林毅夫教授,说他"逢迎政府",说他从不批评政府,以至于这些人甚至认为整个新结构经济学就是为了给政府背书的政策研究,而不是学术研究。对此,我觉得很冤枉。我曾当面私下问过林毅夫老师:"您不是经常批评说中国的金融银行体制是让穷人补贴富人,经常批评中国的金融结构不合理,批评中国收入不平等,批评很多地方依旧推行违反比较优势的产业赶超,批评土地供给不足,批评有些税负过高？为何媒体上这些批评虽然零星有但显得比较少,强调市场化改革比较少?"林毅夫老师给我的回答是:"我也很无奈,通常接受访谈总是先讲有效市场,讲很多,再谈有为政府,可是小编们可能觉得讲中国弊端的文章太多了,讲要市场化的声音也已经太多了,但是讲政府要极积有为的就比较少,以至于为了突出林毅夫观点的独特性,很多报道往往只选择了谈政府的部分。"

特别遗憾的是,现在有些评论者并没有真正地认真阅读或者读懂新结构经济学的学术文章,只是根据自己所看到的在财经媒体上的二手报道就宣称"新结构经济学的本质是有为政府论",实在是谬之大矣！其实在新结构经济学的学术探讨中,即使在不考虑政府干预的情况下,也有大量重要的关于结构的理论问题迫切需要深入的研究。内生结构的问题才是新结构经济学所研究的真正核心问题。新结构经济学主要研究经济结构,包括在不讨论政府干预时的各种结构,而"有为政府"只是其中的一部分,它既非新结构经济学的本质特点,亦非新结构经济学的前提假设。有不少学者与媒体舆论宣传都错解了新结构经济学,将有为政府与有效市场完全对立起来。

所以,我建议,学者在正式对新结构经济学展开学术评论或者批评之前,为谨慎起见,最好首先要认真阅读新结构经济学的学术著作与学术论文,或者至少是明确注明由相关学者本人校阅过的媒体稿件。否则如果仅仅凭借非学术媒体的报道甚至只看这些报道的标题,就对新结构经济学的印象先入为主,严加批判横加指责,那对做严谨的新结构经济学学术研究的学者是非常不公平的,而且这种做法本身也不够专业,批评者自己的学术声誉也会因此受到负面影响。

当然也有不少人认为"有为政府"在学术上是没有问题的，但是这个提法容易被中国政府作为进一步强化干预市场的理由，从而不利于市场化改革，因此就不应该论证这个概念。我不同意这一论点。我认为一个严肃的学者应该追求的是实事求是的专业化分析。无论是林毅夫老师本人还是从事新结构经济学研究的其他学者，都不会因为担心被误解、曲解而停止对相关学术问题的研究和对研究观点的公开表达。新结构经济学支持的是某些类型的产业政策而不是凡是产业政策一概支持；新结构经济学支持的是有为政府，而不是不作为政府与乱为政府。如果担心政府错用，如果担心其他某些学者没有完整正确地理解我们的观点，把我们没有说过的观点或是我们明确反对的观点也说成是我们的观点，那我们能够做的只能是澄清误解、指出曲解。若是不假思索地凡是产业政策就一概反对，凡是政府干预就一概反对，这就属于意识形态和偏好了。如果一个重要的学术与政策问题因为担心被误解而不去研究，不去阐述自己认为正确的观点，那么非但不利于学术本身的进步，而且政府在政策制定时就更有可能失去理论依据，"瞎猫碰死耗子"造成的福利后果也可能会非常严重。

作为学术研究人员，一方面，我们希望有更多的新结构经济学的学术论文能够尽快发表，使得学术界对新结构经济学的理解能够更多地从学术论文开始认识，而不再如此严重地依赖于非学术性的媒体报道。但是，另一方面，对于当前学术界对新结构经济学似乎已经存在的非常明显的重要误读与普遍性误解，尽管相关学术论文尚未正式发表，但我个人觉得，新结构经济学的研究人员还是很有必要对这些误解及时加以澄清，正本清源，避免以讹传讹。如果对误解与批评视而不见，不做回复，那么将不仅不利于尚处于起步阶段的新结构经济学本身的声誉和进一步的发展,同时也不利于对所有相关经济学问题的学术研究和政策制定。而且,新结构经济学的发展,时时都离不开高质量的批评,需要我们不断地学习、改进、取长补短、不断吸收,所以我们对所有的符合学术规范的批评与建议一概都是非常欢迎和珍惜的。只要不是恶意中伤与刻意曲解,不是意识形态式的批评,互相讨论与辩论仍是促进我们不断深化研究的重要的学术方式。

展望新结构经济学的未来

实事求是地说,新结构经济学尚处襁褓阶段,只有一些刚刚起步的学术研究,还远远没有成熟。林毅夫老师作为首倡者和功成名就的资深经济学家,当然需要做一些宣传与鼓励性演讲。并且作为在国际政策界具有重要影响力的著名经济学家,任何公开场合的演讲与发言,无论发言是否正式,都有可能会被新闻媒体作为"新结构经济学的权威阐述"争相报道、解读、转载、再解读、再转载。这就难免会出现失真、失准的炒作式的报道。

作为新结构经济学学术研究的专业人士,我们必须将更多的时间与精力落实到具体的学术上,这就需要我们一点一滴地努力,添砖加瓦。如果没有好的学术成果发表出来,那么新结构经济学在国际学术界是无法长期立足的。新结构经济学的学术地位是需要靠一篇篇扎实的学术论文挣出来的,而不是靠自封的,也不是靠媒体宣传营造出来的。学术的主战场在学术论文、学术会议、学术讲座上,而不在于其他非学术方面。新结构经济学目前的国际学术发表虽然慢但逐渐增多,但是存量的确还不多,这也是为什么很多学术界专家不得不依赖非学术媒体连蒙带猜地解读新结构经济学学术观点的重要原因之一。

诚然,有一些媒体经常为了吸引读者眼球而取非常夸张的极端化观点作为标题,并且刻意营造观点的对立性,"挑拨"学者之间进行辩论与澄清,甚至还出现了刻意歪曲学者原意等不专业的做法,制造了很多混淆与噪音。但是,还是有不少严肃的财经类专业媒体做得非常专业,比如 FT 中文网、财新网等,我对它们的编辑团队非常信任。负责任的专业媒体的报道有利于观点的传播,引发社会大众去共同思考,这对建设中国的思想市场有着非常积极的正面作用。面对批评我们也不能一味地责怪媒体的断章取义,而是需要认真反思。对于新结构经济学来说,当前最关键的,还是要多写、多发表学术文章,因为学术文章对逻辑与实证的严密性的要求要高于通俗媒体,所以表述通常会更加严格、精确与全面。

目前,新结构经济学研究中心也通过每年举办国际夏令营、国际冬令营、国际学术研讨会,开设各个层次的新结构经济学课程,为相关群体(比如专业财经媒体、大学经济学教师、各部委与政策研究机构)开设培训课程等,以期更好地宣传新结构经济学。新结构经济学的教材也在积极准备过程中。

除了林老师本人的著作文章之外,如果读者同时还想了解其他研究人员对新结构经济学比较系统的解读与阐述,那么或许这本书可以供您参考。据我了解,目前市场上这样的书还非常少。

我真诚地希望,这本拙作能够帮助广大读者更加充分和全面地了解新结构经济学。如果您是经济学专业的本科生或者是非经济学专业毕业的经济学爱好者,我希望您读过本书以后,对围绕新结构经济学展开的各种学术争论有更加深刻的理解,不只是"看热闹"的观众,而是成为"看门道"的内行。如果您是接受过现代经济学硕士以上训练的学生或者是已经参加了非学术类工作的经济学毕业生,我希望您读过此书以后,能够增强您对新结构经济学的学术观点的正确把握,避免被人误导。特别地,如果您是学术界的同仁,我希望您翻过本书以后,能够对新结构经济学的潜在学术创新价值与可能的理论贡献有更加客观的认识和更加公允的评价,并且欢迎您提出专业化的批评与改进意见,,使得我们关于新结构经济学的讨论能够真正重归学术传统,将相关的学术思辨的平台逐渐地更多地转移到专业学术刊物与专业学术活动等学术平台上来。

来吧,朋友们!在这个理论与现实都发生着剧烈变革的伟大时代,让我们一起学习、一起思考、一起研究、一起发展、一起实践新结构经济学,伴随着这个初生的思想婴儿共同成长。这不仅仅是一件快乐的事、一件有意义的事,更是一件也许能够帮助改变占全世界人口 85% 的发展中国家的百姓福祉的事!

新结构经济学的新立论：
核心概念与观点

"新结构经济学"的新见解[*]

2011年6月,恩师林毅夫教授在世界银行圆满卸任,重新回到北京大学国家发展研究院执掌教鞭。林老师在世行的四年期间,将原来强调"比较优势"和企业"自生能力"这两个基本概念的发展经济学说进一步升级为了"新结构经济学"的理论框架。林老师认为,新结构经济学是整个发展经济学中正在兴起的第三波思潮。第一波是20世纪50年代兴起的"结构经济学",强调市场失灵,主张"进口替代"的、以政府干预为主导的发展战略。第二波是80年代起倡导的"新自由主义"学说,代表性的政策主张是"华盛顿共识"和经济转型与改革的"休克疗法"。林老师把他提出的新结构经济学理论框架,称作他在世行工作四年的"毕业论文"。从世行回到北大以后,林老师在短短数月内连续出版了数本关于新

---

[*] 本文发表于《经济资料译丛》2013年第2期。

结构经济学以及中国经济发展的著作。

2012年10月份,喜逢林老师60大寿。在林老师生日期间,国家发展研究院非常成功地举办了第一届新结构经济学国际研讨会。会上,北大的校领导宣布将成立新结构经济学研究中心,大力推进林老师首倡的这一发展经济学第三波思潮的理论与政策研究。

就在林老师60岁生日宴会前一周左右的某个晚上,哥伦比亚大学的魏尚进教授给我发了一封电子邮件,让我对林老师所提出的新结构经济学,结合我自己在这方面的独立研究,列举几项我认为是最重要的新见解。无独有偶,在我去厦门大学王亚南经济研究院作学术报告时,期间傅十和教授将他朋友写的对林老师《新结构经济学》的批评性匿名评论转发给了我,并询问我对该评论的看法。我读后发现,该评论主要是对新结构经济学究竟新在何处存在质疑,反映了该读者对新结构经济学尚缺乏深度的了解。

我在求学和研究的路上,一直以来都有幸受到林老师的指点和提携。作为林老师的学生和新结构经济学研究的合作者,我非常希望能够借助为林老师祝寿的机会,结合自己的相关研究,简单地总结一下我个人对新结构经济学的学习体会和认识,特别是对魏尚进教授提出的这个极为重要的问题做个比较详细且尽量通俗的回答。同时,我也希望能够借此澄清某些读者对新结构经济学可能存在的误解。而最为重要的,是希望通过这种交流,得到更多学者对新结构经济学的关注、批评与建议,从而能够进一步帮助我们完善在这方面的研究。

其实在《新结构经济学》这部重要的著作中,林老师对新结构经济学具体是什么、它与早期的结构经济学和后来的新古典经济学的有关理论和政策观点究竟有什么不同,以及为什么它可能会成为发展经济学第三波思潮等重要问题,都一一作了高屋建瓴的综合性论述。在这里我不准备简单重复林老师的原话,而是希望结合特定文献,更加具体地回答新结构经济学究竟新在何处的问题,同时恳请读者直接阅读相关的、讨论具体问题的学术论文,尤其是每篇论文引言中强调文章贡献的那一部分。

在我看来,新结构经济学所要强调的新的经济学见解至少包括以下五个方面:第一,经济体在不同的发展阶段最优的产业结构是不同的,需要与该经济体的禀赋结构一致,这样该经济体在国际竞争时才具有比较优势,在宏观上体现为总体生产函数是内生的,而且函数形式本身可能是随时间变化的。这是新结构经济学的理论基石与出发点,所以值得特别强调。

当我们习惯性地按照新古典经济增长理论或者内生经济增长理论的教科书所描述的那样,写下一个单部门的总体生产函数来分析为何国富、国穷的时候,我们的思维就已经被引导到了分析各国之间的生产率、各种有形和无形的生产要素之间的定量差别,而完全忽略了不同发展阶段的经济体之间的产业结构的差别,或者说潜含假设就是不同的发展阶段的产业结构是一样的。而基于这些模型所得出的增长统计中最为稳健的实证发现就是:跨国间的人均收入差别最主要的是全要素生产率(TFP)的差别,而不是资本存量的差别。

如果将全要素生产率解释为技术水平的话,那接下来非常自然的问题就是 Parente and Prescott(2000)所提出的问题:究竟是什么原因阻止了落后国家成功引进发达国家的先进技术?后来涌现出大量的经济学文献从各个方面探讨了这一问题,包括 Acemoglu *et al.*(2005)、Krusell *et al.*(1999)的政治经济学模型。Lucas(2009)等人则认为:工业革命在各国传播的速度不同,导致了各国经济加速起飞的时间点的不同,从而在宏观上表现为同一时期内,有些国家之间的经济收敛而另一些国家之间的经济却发散。而影响落后国家不同的起飞时间的决定性因素在于"想法的流动"(idea flow)的快慢。所以问题就进一步地归结为"究竟是什么能够影响先进的想法从发达国家流动到发展中国家",这些也进一步促使大家关心人力资本以及国际贸易(Eaton and Kortum,2001)的作用。另一种角度是由 Chang-Tai and PeteKlenow(2009)根据Melitz(2003)等人的生产率异质性厂商模型提出的,他们认为:发展中国家普遍存在比较严重的资源错误配置问题(resource misallocation),比如资本的边际回报率在不同的厂商之间没有均等化,可能的原因是资本市场不完善或者政策的干预,这种微观配置效率问题最后会导致宏观上的全要素生产率的低下,即使国外的最新技术已经被引用进来。

以上所有这些现有增长理论的视角带来了很多重要的经济学新见解,但是都从根本上忽略了产业结构在不同发展阶段的内生差异性。所以,有很多人基于现有的主流增长理论提出了如下政策主张:落后国家要想尽快摆脱落后,就应该以最快的速度从国外引进最先进的生产技术,以最大可能的投入支持高端教育和世界最前沿的自主创新研究,在最短的时间内建立起与发达国家一样的现代化产业。

我认为这些理论本身都没有错,可是问题在于上述这一政策主张却是有问题的。因为发达国家与发展中国家的要素禀赋结构是不同的,而且技术进步的主要方式也不同,从而最优的产业结构和升级动力也是不同的。处于世界技术前沿的发达国家需要靠自己的研发来发明新的产品,打造新型的产业,所以高端的创新人才的培养和大量的科研投入就是产业升级和经济增长的最重要的推动力,而内生经济增长理论中绝大部分模型也正是为了试图解释发达国家是如何通过具有正外部性的人力资本的累积,或者通过追求利润最大化的企业科研行为与相关专利制度的提供,以克服物质资本的边际报酬率递减,从而达到经济的可持续的长期增长。但是对于处在技术链条低端的发展中国家而言,它们技术的进步主要是靠对国外已有知识和技术的吸收和模仿实现的,而这些技术和相关产业大部分在国际上都已经基本成熟,因此产业升级的关键就是看本国在新的产业是否能够具有国际竞争力的成本优势。而成本优势不仅取决于生产技术所带来的全要素生产率,也取决于各个生产要素的相对成本。很多生产技术的实现需要依托相应的机器设备和劳动力人员素质,所以不能离开生产要素谈论技术。以制造业为例,通常越是先进的生产技术就越需要更加高档、昂贵的机器设备和更加熟练的技术工人,但是发展中国家最稀缺的恰恰就是物质资本和人力资本。在这种禀赋条件下,如果硬要像中国 20 世纪五六十年代那样搞"大跃进",超英赶美,反而会欲速则不达。因为那样就必须依靠非市场的力量人为地扭曲要素或者产品市场的价格信号,甚至需要直接以行政计划方式配置资源,内生地造成大量的非效率配置和寻租行为。

所以新结构经济学主张,在经济发展的早期阶段,劳动力便宜而资本昂贵,所以最优的产业就是劳动密集型产业。随着物质资本与人力资本的积累,资本相对变得越来越便宜而劳动力变得越来越昂贵,因此最优的产业也应该相应地升级为资本密集型产业。

这是主要针对发展中国家而提出来的以要素禀赋结构的升级为推动力的产业升级的机制，本质上属于在发展过程中不断地从已有的技术菜单上做最优选择。

那么这与强调要素禀赋结构差异的 Heckscher-Ohlin(H-O) 国际贸易理论相比有什么不同呢？H-O 国际贸易理论是说，如果两个国家的生产技术和消费者的偏好完全一样，唯一的区别是资本和劳动力的比例不一样(即要素禀赋结构不一样)，那么资本相对充裕的国家就应该专业化生产并出口资本密集型的产品，而劳动力相对充裕的国家则应该专业化生产并出口劳动密集型的产品。产品直接贸易的背后其实就是生产要素的间接交换。

为了在理论上有效地廓清 H-O 理论模型与要素禀赋驱动的产业升级模型，林老师、鞠建东老师和我(2010)一起构造了一个封闭经济的一般均衡增长模型，允许市场对无穷多个具有不同资本密集度的产业(技术)进行选择。我们证明，即使不存在 H-O 理论模型所依赖的国际专业化分工机制，在无摩擦的理想经济环境下，经济中的主导产业仍然会从劳动密集型产业逐步升级到资本密集型产业。同时由于主导产业构成的内生性变化，总体生产函数的函数形式本身也会内生性地变化，而不是像教科书所描述的那样假设总体生产函数的形式是固定不变的。

也许还有人会问：那么，我们的模型与 Acemoglu and Guerierri(2008)关于资本深化与非平衡增长的封闭经济增长模型有什么重要的不同呢？我们认为，最主要的不同是他们假设经济只存在两个资本密集度有差异的产业，而在我们的模型中存在无穷多个具有资本密集度的产业。这种差别绝不只是分析技术上的不同，更重要的是它们分析目的的不同以及所带来的经济学含义的巨大差别。首先,我们关心的问题是:随着资本的积累,具有不同资本密集度的产业各自的产业周期有多长?在不同要素禀赋结构下主导产业的构成是如何内生性地变化的?产业动态与总体经济增长之间的关系是什么?这些重要问题在一个两部门(或者有限部门)的经济增长模型中是无法进行满意的讨论的,因为无法刻画整个产业的完整周期和长期的产业不断升级的经济增长过程:一旦资本最密集的那个产业充分发展以后,由于不再具有产业进一步升级的空间,生产要素就会"触壁反弹",从最资本密集型的产业又回流到更加劳动密集型的产业,因为资本密集型产业已经不需要那么多生产要素了。也就是说,在他们的模型中,长期来讲,产业升级最终就完全停止了,甚至会出现产业降级。但这些与我们所观察到的很多国家(包括发达国家和发展中国家)的经验是不符的。从制造业的数据上看,我们看到的是参与市场充分竞争的制造业不断地向越来越资本密集型的方向升级,而不是反过来。

总而言之,我们认为:我们的理论模型可以更好地帮助我们理解发展中国家宏观经济增长与产业结构按照资本密集度的光谱不断进行内生升级之间的动态关系,彰显了要素禀赋结构和资本积累在促进产业升级与经济增长中的重要作用,同时对现实经济中的产业兴衰的预测以及产业政策的制定都能够提供理论上的参考。另外,从技术性的角度而言,除了产业数目无穷大的高维问题之外,由于产业的升级变化导致总体生产函数的方程发生了内生性变化,所以我们的动态模型需要处理汉密尔顿(Hamiltonian)动态系统中状态变量的积累方程式函数本身发生内生性变化的问题,并且我们的研究目的需要我们刻画产业的过渡动态。这些问题尽管貌似复杂,但是我们仍旧可以得到所有的解析解,可以做非常干净的比较静态分析,所以该模型是非常易于处理的(very tractable)。

那么,既然资本积累和要素禀赋结构在产业升级和经济增长中的作用如此重要,那么为什么增长统计中大家普遍发现国家间人均收入的差距要比人均资本存量的差距大得多,并且全要素生产率的差距似乎更为重要呢?这就涉及新结构经济学对于 TFP 该如何准确估算的重要含义。

第二,新结构经济学认为,标准的经济增长统计方法倾向于低估资本积累的定性作用,以及经济快速增长国家中的 TFP 的定量作用。

这是因为,一方面,标准的估计全要素生产率的方法是假设总体生产函数的柯布-道格拉斯(Cobb-Douglas)生产函数的形式是不变的,忽略了产业结构的升级,所以按照这种方式,资本积累的作用就只能体现在资本投入量的差别上,而没有能够抓住我们在第一点中所说的由于资本存量的相对变化所带来的内生的技术选择差异和相关产业结构的调整,所以资本积累的定性作用就被遗漏从而被低估了。另一方面,资本会通过影响产业升级和技术选择对 TFP 产生作用,但现在这部分对 TFP 的定量作用没有被标准方法所捕捉到从而被低估了。

在经济增长速度较低的发达国家和发展中国家中,由于产业升级比较缓慢,所以假设产业结构固定不变从而总体生产函数形式不变可能是一个比较合适的简化假设。但是,对于高速增长的发展中经济体,产业结构快速升级,生产技术本身也应相应地发生变化,所以"产业结构不变"这种标准假设所带来的 TFP 统计误差就可能是严重的。90 年代 Young(1995)根据亚洲"四小龙"在第二次世界大战后的经济增长数据,并按照标准的计算方式,假设不存在产业升级,进而得出的结论是:这些国家的经济增长主要依靠的是投资的增加,而不是 TFP 的增加,所以是"粗放型"的增长。果真如此吗?我对此结论比较怀疑!理由如前所述。

鉴于 TFP 在现代宏观经济学中具有举足轻重的作用,我们认为,要正确估算它就必须将产业结构升级的因素同时考虑进来。更具体地说,最好是首先估计各产业的生产函数,然后再加总到总体的生产函数中去,最后估算出 TFP 的值。或者至少也应该对总体生产函数每一年都进行一次重估,看一看是否真的满足了一次齐次性(规模报酬不变);看一看资本收入与劳动收入在 GDP 中的比重是否真的是永远恒定的。Young(1995)对第二次世界大战后的亚洲"四小龙"各自的总体生产函数每五年重估一次,发现资本收入比重在相当长的时间里是逐渐上升而不是恒定的。

第三,新结构经济学认为,在不同发展阶段的最优金融结构是不一样的。

这里我们将金融结构定义为小银行、大银行、股票市场和风险投资在金融中介里的比重。由于第一点中所说的不同发展阶段的最优产业结构是不一样的,所以随着产业结构的升级,产业的资本密集度和相关厂商要求的资本规模会越来越高,同时产业所面对的风险和不确定性也会随着技术阶梯的攀升而变得越来越大。这就意味着产业所需要的金融服务的特性也会随着产业结构的升级而发生变化。而不同的金融中介在资金规模和处理投资风险的能力上是不一样的,因此就存在一个与现有产业结构能够最佳匹配的金融结构问题。因此产业结构的升级就可以诱发出金融结构的内生演化。从模型逻辑上,这可以看成是对第一点中的最优产业结构模型中的完美资本市场假设的放松。林老师和我正在做一个相关理论的动态一般均衡模型,目前主攻从小银行到大银行转化的这一部分。

而现有的金融理论中,几乎很少有理论研究探讨整体最优金融结构的决定与演化问题,更多的是从微观层面看信息不对称问题所引发的金融合约的决定等。而在宏观增长模型中,隐含假设是金融结构是外生给定的而且并不随着产业结构的升级而发生变化。

正因为现有文献中缺乏有关最优金融结构演化的理论,所以有很多发展中国家的政策制定者就认为,经济金融最发达的国家的金融结构就是它们所要学习的榜样,也是适合自己的最优的金融结构。这就容易形成金融体制上的赶超和盲目模仿,结果往往会导致金融结构与产业结构的不匹配,进而导致金融结构的低效率,并且影响了产业结构的升级和经济的增长。

更进一步地说,由于不同发展阶段的金融结构不同,所以货币政策的传导机制和定量效果也将有可能不同。

第四,新结构经济学认为,相对于发达国家而言,发展中国家的产业结构升级容易导致更大的经济波动,即林老师所讲的"潮涌现象"(林毅夫,2007)。

由于发展中国家的产业结构升级是生产成本导向的,主要推动力是资本积累,而且产业处于整个技术阶梯的下端,所以随着要素禀赋结构的升级,新的产业往往是从人均收入稍高的经济体转移过来的。因此发展中国家的投资者对于什么产业将成为下一个十年的新兴产业相对容易达成共识。这与处在世界技术前沿的发达国家不同,因为它们的技术进步和产业升级不靠模仿,而是主要靠研发,探索未知的领域实现的,所以发达国家的不同投资者对于下一个十年的新兴产业通常较难达成共识。

每当产业升级时,发展中国家的潜在投资者因为看法比较一致,所以就容易同时涌入新的产业进行投资,带来投资过热。但事后短期内的市场需求可能会低于市场供给,从而使得低生产率的企业被大量淘汰,带来投资的衰退。这就导致了经济的波动。

这种经济波动的机制与频率显然不同于实际经济周期(RBC)的经济波动,而是来源于理性的"羊群行为"(rational herding)。而投资者们对新兴产业的判断所具有的相同信念(common belief)则内生于发展中国家产业结构升级的机制。政府可以在这个过程中发挥潜在的信息协调作用以求减少经济波动。而这具有重要的产业政策含义。

第五,新结构经济学认为,发展中国家应该采取与相应的发展水平和经济结构相适应的积极的产业政策,以促进产业结构的及时升级。这也是容易引起广泛争议的观点。

林老师、鞠建东老师和我(2004)构造了一个理论模型,试图解释为什么看上去相似的产业政策在一些国家取得了成功但在另一些国家却失败了。我们认为,现有的关于产业政策的理论模型大都忽略了如何"识别"最需要政府扶持的产业这一重要环节。在现有模型中,基本上都是假设有两个产业,一个产业具有马歇尔外部性(Marshallian externality),所以市场本身不能达到最有效率的配置;而另一个则为传统的不具有马歇尔外部性的产业,不需要政策干预。如此一来,哪一个产业需要扶持就变成了毫无争议的公共信息了。这样的模型容易对政策制定者形成误导,以为具有马歇尔外部性是产业应该得到扶持的充分条件(Murphy et al.,

1989;Krugman,1991;Harrison and Rodriguez-Clare,2009)。

现实中的一个具体的例子就是苏联的航空航天产业,这一产业显然具有规模经济,需要各部门之间的协调和很多中间品的投入以及配套服务,具有明显的马歇尔外部性。而苏联政府也正是基于这种"大推动"(big push)理论,从而对该产业进行了大量的补贴和扶持,结果虽然太空事业的确取得了成就,但是由于该产业的资本过于密集,违反了该经济的要素禀赋的比较优势,所以就造成了大量的价格扭曲和效率损失,过分地压低了百姓的消费,从而损害了经济的持续增长和百姓的福利水平。中国改革开放前优先发展重工业的赶超战略也是如此。有鉴于此,我们的模型将要素禀赋结构的作用加以重点突出,具体体现为将资本引入模型,从而生产要素中既有资本又有劳动力。而以前的绝大多数模型中都为了分析方便假设劳动力是唯一的生产要素。这个区别绝非只是建模技巧上的差异,而是直接关乎市场对产业政策重要性的体现。

在已有文献中,由于劳动力是唯一的生产要素,所以经济发展以后工资水平的提高对各个产业发展的作用是中性的,单要素市场的价格信号对于识别和判断哪些产业具有潜在的比较优势起不到任何作用。但是,一旦将资本引入以后,一个经济体的要素禀赋结构就会通过要素市场的相对价格信号帮助投资者和政府更加正确地找到合适的目标产业。而且随着经济的发展,以及要素禀赋结构的升级,所需要扶持的产业目标也是在不断地内生变化着,而并非固定不变的。换言之,相对于已有文献,在我们的产业政策模型中,市场将发挥更加重要的作用,尤其是在识别产业目标上。

我们强调,现实中有很多失败的有关产业政策的例子,绝大多数都是因为选择的产业目标与该经济的要素禀赋结构不匹配,所以导致了大量的经济扭曲和寻租行为,反而不如自由放任的无为政策。但是如果能够依照市场价格信号,遵循比较优势寻找产业目标,那么政府就可以用补贴和信息协调等方式将马歇尔外部性内部化,帮助新兴产业及时有效地不断升级,促进经济增长,这将比完全依赖市场的无为政策更好。因此我们倡导的是一种"市场导向、政府扶持"(market-led-and-government-facilitated)的产业政策,这既不同于旧结构主义的"市场完全失灵"论,也不同于新自由主义的"政府完全无用"论。

另外,林老师和我还在构造另外一个关于产业政策的模型,旨在说明"支柱产业"的作用。我们知道,对于产业升级而言,资本密集度和技术难度大致相当的新产业也可能有很多种,每一种都有可能存在马歇尔外部性。如果完全依赖市场,那就非常有可能会因为协调成本太大而导致不同的资源被分散投资到各种新的产业。但是企业家资源、资本和劳动力、公共品资源等都是有限的,所以完全分散的投资可能就会导致所有这些新进入的产业无法形成有效规模而都不具备国际竞争力,从而导致产业升级的失败。但是如果是在这些事前完全对称的目标产业中,政府指定一项产业作为"支柱产业",以各种方式进行宣传并提供政策优惠和补贴扶持,那么潜在的投资者就可以达成共识、降低风险、明确目标,这个新产业的先期配套服务和各种中间产品的提供就会跟上,而政府,尤其是地方政府,就可以集中有限的资源对"支柱性"的产业提供足够有效的帮助。

当然,新结构经济学的内涵还包含其他很多方面,比如经济与政治结构改革的速度(渐进改革和激进改革)等,这里限于篇幅就不展开了。我个人目前进行的相关研究还包括:国际贸易和动态贸易政策对工业化、产业动态,以及经济增长的影响;非竞争性产品市场对产业升级的影响;产业升级过程中的不完美劳动力市场的动态影响(与李哲合作);结构变迁对长期汇率的影响(与朱晓东、徐隽翊合作);等等。

总体来说,有很多重要的发展与增长问题都可以将更加具体和丰富的"不同发展阶段的内生经济结构"纳入以后加以重新思考的领域,那就是新结构经济学的疆域。尤其是在经济全球化的时代,包括中国在内的发展中国家在世界舞台上的作用越来越大,所呈现出的问题也非常丰富、新颖,并越来越重要,这可以为我们的新结构经济学理论和政策研究提供最直接的研究素材和灵感来源。好的、新颖的经济学见解,只有通过好的理论模型才能最有效地廓清与已有理论的实质区别,才能更加熠熠生辉,才能写入教科书;而好的理论模型要真正具有国际说服力,则又必须通过严谨的定量实证研究加以验证。在我看来,新结构经济学有着无比旺盛的生命力,蕴含着无尽的相关学术研究的重要新课题。林老师的《新结构经济学》一书绝对不是最后的总结陈词,而只是一个引言。欢迎加入我们!

参 考 文 献

Acemoglu, D., and V. Guerrieri, "Capital Deepening and Nonbalanced Economic Growth", *Journal of Political Economy*, 2008, 116, 467—498.

Acemoglu, D., S. Johnson, and J. Robinson, "Institutions as the Fundamental Causes of Long-run Growth", *Handbook of Economic Growth*, 2005, 1, 385—472.

Eaton, J., and S. Kortum, "Technology, Trade, and Growth: A Unified Framework", *European Economic Review*, 2001, 45, 742—755.

Harrison, A., and A. Rodriguez-Clare, "Trade, Foreign Investment, and Industrial Policies for Developing Countries", *NBER Working Paper*, 2009, 15261.

Hsieh, C. T., and P. J. Klenow, "Misallocation and Manufacturing TFP in China and India", *The Quarterly Journal of Economics*, 2009, 124 (4), 1403—1448.

Hsieh, C. T., and P. Klenow, "Misallocation and Manufacturing TFP in China and India", *Quarterly Journal of Economics*, 2009, 124, 1403—1448.

Ju, J., J. Y. Lin, and Wang Y., "Endowment Structure, Industrial Dynamics, and Economic Growth", *HKUST Working Paper*, 2010.

Ju, J., J. Y. Lin, and Wang Y., "Marshallian Externality, Industrial Upgrading, and Industrial Policies", *HKUST Working Paper*, 2011.

Krugman, P., "History Versus Expectations", *Quarterly Journal of Economics*, 1991, 106, 651—667.

Krugman, P., "Increasing Returns and Economic Geography", *Journal of political economy*, 1991, 99(3), 483—499.

Krusell, P., and José-Víctor Rios-Rul, "Vested Interests in a Positive Theory of Stagnation and Growth", *Review of Economic Studies*, 1996, 63, 301—329.

Krusell, P, and J. V. Rios-Rull, "On the Size of US Government: Political Economy in the Neoclassical Growth Model", *American Economic Review*, 1997, 89(5), 1156—1181.

Lin, J. Y., 2012, *New Structural Economics: A Framework for Rethinking Development and Policy*, The World Bank.

Lucas, R. E. Jr., "Trade and the Diffusion of the Industrial Revolution", *American Economic Journal: Macroeconomics*, 2009, 1, 1—25.

Melitz, M., "The Impact of Trade on Intra-industry Reallocations and Aggregate Industry Productivity", *Econometrica*, 2003, 71, 1695—1725.

Murphy, K., A. Shleifer, and R. Vishny, "Industrialization and Big Push", *Journal of Political Economy*, 1989, 97, 1003—1026.

Parente, S., and E. Prescott, *Barriers to Riches*, The MIT Press, 2000.

Young, A., 1995, "The Tyranny of Numbers: Confronting the Statistical Realities of the East Asian Growth Experience", *Quarterly Journal of Economics*, 2000, 110, 641—680.

Young, A., "The Tyranny of Numbers: Confronting the Statistical Realities of the East Asian Growth Experience", *The Quarterly Journal of Economics*, 1995, 110(3), 641—680.

鞠建东、林毅夫、王勇,"要素禀赋、专业化、贸易的理论与实证——兼与杨小凯先生商榷",《经济学季刊》,2004年第1期。

林毅夫"潮涌现象与发展中国家宏观经济理论的重新构建",北京大学中国经济研究中心讨论稿,2007年。

论有效市场与有为政府：
新结构经济学视角下的产业政策[*]

最近国内学术界围绕着产业政策以及新结构经济学中的"有为政府"，展开了广泛的讨论与争论。本文的目的是从新结构经济学的视角，对产业政策问题做一个非技术性的阐述，以求澄清理论辩论中的误解。

本文分为四个部分。第一部分将阐述本文标题里几个关键名词的定义与范畴。第二部分将结合一个具体的产业政策案例，试图澄清若干对新结构经济学中产业政策观点的普遍性误解。第三部分将简要概述我的两篇从新结构经济学视角下分析产业政策的

---

[*] 本文是作者根据 2016 年 10 月 30 日在北京交通大学经济管理学院举办的产业政策研讨会上的发言拓展修改而成，发表于搜狐财经 2016 年 11 月 24 日。感谢贺俊的帮助。文责自负。

学术论文的核心观点与方法。第四部分是总结。

若干核心概念的辨析

新结构经济学是由林毅夫教授创导的,它是指用现代经济学的方法,即新古典经济学的方法,来研究一个经济体的各种不同的结构的内生形成与演化以及它对经济发展的影响,这是我们新结构经济学所要研究的最关键的问题。它主要想强调的其实是一个基本的经济学的思考原则,即当我们分析一个国家的经济发展的时候,要看它所处的发展阶段。在不同的发展阶段对应的要素禀赋结构以及由此内生出来的最优的产业结构、最优的金融结构,以及其他一系列结构都有可能是不一样的,所以对应的政府的最优政策也有可能是不一样的。我们必须要把发展的阶段性和各种经济结构的内生性以及动态演化性都充分考虑进来。这是我们整个研究思路的总体精髓。

具体到政策方面,这和我们以前考虑经济发展政策的方式有着很大的不同。如果看以前的主流发展经济学理论是怎样指导发展中国家的,我们就会发现它通常的做法是这样的:假设我们要分析一个落后的国家怎样才能变成富国,首先我们会看富国有什么。它有很先进的产业,很现代的技术,很好的法制,政府都规规矩矩的。然后我们再看看对应的发展中国家的现状是什么,它缺什么。我们发现,通常一个发展中国家的产业、技术非常落后,法制不健全,政府也经常腐败。这么一对照,给出的建议就是,要发展经济,首先就是要尽快地建立最好的法制,尽快地建立各种各样与发达国家一样的制度。只要制度建好,不用担心,经济增长会尾随而来,自然地出现。

但是新结构经济学强调的思路不太一样,我们的想法首先是看一个发展中国家自己有什么,禀赋如何,以及潜在的比较优势在哪里。然后再考虑在现有的资源制度条件下,怎样才能降低交易成本,使得潜在的比较优势能够发挥出来。在这个过程中,我们先以点带面,让经济开始发展起来。一旦经济发展了,政府的收入也就提高了,这个时候老百姓解决了温饱问题,对新产品、新服务的需求,以及各种民主权利的需求也会逐渐增强,进而引发进一步的制度优化与改革。经济发展和制度改善同时进行,使得老百姓的福利不断地提高。我们新结构经济学所追求的终极目标与现在主流发展经济学是一样的,都是希望能够达到一个经济繁荣、老百姓都充分享有各种权利的理想状态,但是我们主张一边发展一边进行制度改革,这是新结构经济学的改革视角与政策视角。

关于"有效市场"和"有为政府",有效市场在经济学里面是一个被广泛接受的概念,简而言之,即如果一个市场是有效的,那就意味着通过价格信号和价格体系就能使得资源配置达到帕累托有效;有为政府是大家争论比较多的概念,什么叫有为,在我看来,如果全集是政府可以做的所有事情,那么去掉乱为和不作为这两个集合,剩下的补集就是有为的集合。我们看到批评有为政府的一种经常的做法是从中国拿出一个政府"乱为"的例子,然后说这就是你们新结构经济学倡导的有为政府,看这有多么荒谬!多么危险!抱歉,这并不是我们所说的有为政府,那是"乱为"政府。有为、乱为、不作为之间的界线具体是什么?我认为,这的确需要根据不同的具体情形、具体问题来做具体分析,很难一概而论。

所以有效市场和有为政府,在新结构经济学的理论范畴中,都是目标,都是理想概念。我们并不是说现实中的市场就一定是有效的,现实中的政府就一定是有为的。如果现实市场并不有效,那么我们就需要进行市场化的改革,使得这个市场能够趋近有效。如果现实政府不是有为的,而是"不作为"或者"乱为",那我们就要考虑政治体制改革,使得政府尽量降低"不作为"和"乱为"的概率,使得它能够做一些有正面意义的事情。

对于产业政策的定义,不同学者的理解差别很大。本文所讨论的产业政策覆盖了所有政府有意识地去影响产业发展的非产业中性的政府干预。

对有关误解的澄清

下面我想着重澄清一下对新结构经济学和对新结构经济学视角下的产业政策的一些常见的误解。

第一个误解是认为我们强调有为政府就是无限制地鼓吹要做大、做强政府,就是一个反市场改革的口号。但是前文在有为政府的定义中已经明确地指出,它其实是有改革含义的,所倡导的也是能够发挥因势利导作用的政府。

第二个误解就是认为新结构经济学在研究产业政策的时候假设这个政府是一个先知先觉的政府,是一个比市场更聪明的政府,而这个假设是不成立的,所以新结构经济学的整个理论基础是错的。必须强调,新结构经济学从来没有假设政府是一个比市场更聪明的政府。为了使讨论更加具体,下面我将举一个现实中的例子。这个故事是中国的某些地方政府正确扶持、干预产业发展的比较成功的案例,具有一定的代表性。

中国甘肃省安定县(2003年撤县改区)是一个非常贫穷的县,老百姓吃不饱肚子,一般性的经济作物在那个地方没有办法有好的收成,老百姓的日子过得很艰难。后来当地政府出面,请北京市社会科学院、中国农业科学院的专家到当地做了调研。专家发现当地的土壤气候不适合其他作物的生长,但是非常适合一种特定的土豆,而这个土豆在当地是没有的。在政府的帮助下将土豆引进来之后,效果果然非常好。土豆收成好,老百姓吃饱了,经济增长了。

在经济增长的过程中,很快出现了新的发展瓶颈。因为农民有很多剩余的土豆,只能卖给中间商,可是中间商收购土豆的时候都是压低价格的,而当地的老百姓不知道国家市场上的土豆价格是什么样的。他们没有价格方面的信息,只好以很低的价格卖给中间商,从而生产积极性被压制。这是产业发展的瓶颈,也是当地经济发展的瓶颈。

当地的几个农民商量后,决定联合雇用一个人去国家主要土豆市场所在地的郑州,专门跟踪并且及时反馈全国的土豆价格信息,以克服价格信息的不对称。后来政府说你们不需要这样做,我们来提供这个公共服务。这样,老百姓掌握了全国的价格信息以后,中间商再也不能压低价格了。价格上升以后,老百姓的积极性上升了,土豆产量继续提高,产业继续发展,经济也继续增长了。

现在产业发展的新瓶颈又来了,是什么呢？运输能力。当地只能依靠火车将土豆运出去,汽车不行,路太陡太远,土豆又容易腐烂,私营企业家对此束手无策。且当地的火车只有两节车皮,归铁道部管理,地方政府也无能为力。巧的是,当时的县委书记有一个同学正好在铁道部工作,沟通之后,成功地将车皮从两节增加到了六节,从而将运输能力这个产业发展的瓶颈问题克服了,百姓的生产积极性又提上去了,土豆产业继续发展,当地经济继续增长。

因为安定县的土豆产业很成功,附近区县的自然地理条件都差不多,所以也纷纷仿效。这个时候,六节车皮也不够了,但是已经没有办法再增加车皮了,怎么办?这个时候,当地的政府和市场上的人开始研究如何改善地窖、如何更好地储藏、如何避免土豆的运输过度集中在收获季节,并且开始发展土豆的加工制造,这些事后都被证明对土豆产业的发展和当地整体经济的增长起到了非常正面的作用。

这样的产业发展的案例在中国有很多,虽然只是一个县的产业发展的故事,但是我想通过这个案例说明在具体的发展阶段,在具体的制度约束的条件下,怎么样发展产业。在这个案例里面,政府比市场更聪明吗?没有!市场出现了什么问题,产业发展遇到的瓶颈因素是什么,非常清楚自然地呈现在那个地方,所有人都明白。而且,政府并不具有能力预先就精确判断出未来将会遇到怎样的产业发展瓶颈性约束。其次,我们在讲产业政策的时候,一定要讲中央政府吗?不,地方政府也很重要,如果不是更重要的话。中国的地方政府,绝大部分县长、县委书记都非常了解自己县里面哪些是龙头企业,哪些是发展得比较不错的产业,他们平时和企业家的互动也非常多,所以他们对这些企业和产业发展的状况还是相当了解的。最后,这样的政策能够有效,是否就要要求县长、县委书记都必须是雷锋呢?

这就涉及第三个对新结构经济学以及我们主张的产业政策的普遍误解。误解者批评说你们假设的是一个雷锋式的好人政府、廉洁的政府。不,新结构经济学从来都没有假设政府一定是一个好人政府。我们只是假设政策制定者与执行者是理性的,是对激励机制作出反应的。在中国的政治体制下,政府官员管辖地的经济发展对其个人的升迁等也是有好处的,所以激励相容。当这种私人好处边际上超过官员努力的边际成本时,官员也就愿意配置资源去推动当地经济的发展(Li and Zhou, 2005)。

在这个土豆案例中,政府干预是不是产业政策呢?是,因为政府的一系列做法都是主观上特意有选择的,是专门针对土豆产业的发展的政府扶持,提供的是产业"非中性"的公共服务和公共品,并非所有产业都平等互享。实际上,地方政府也没有那么多资源对所有产业的特定公共品与公共服务都充分提供。土豆案例中的地方政府所采取的产业政策就是典型的"市场导向、政府扶持"的产业政策,而这也恰恰正是新结构经济学最希望倡导的产业政策类型。

第四个误解是关于有效市场和有为政府的。误解者批评说新结构经济学理论假设市场是有效的,政府是有为的。错,我们从来都没有把这两个作为新结构经济学的基本假设,相反,我们一直说这两个都是奋斗的方向与应然目标,而非对现实的评价与实然描述。具体该怎样去建设有效市场?我们需要进行市场化改革。怎样建设有为政府?我们需要进行政治体制与政府治理改革。所以这两者本身都带有强烈的制度改革的含义。

另外非常重要的一点,新结构经济学在讨论产业政策的时候,或者说讨论整个理论体系的时候,是希望构建一个具有普遍性意义的具有国际视野的体系,并不是只关注中国问题的"中国经济学"。比如说有为政府,放眼全球,看看过去 50 年世界各国的经济增长,我们就会发现,非洲的很多国家存在的最大问题不是计划经济的问题,不是政府干预过多的问题,而是政府过弱的问题,国家能力(state capacity)太弱的问题(Acemoglu, 2005; Besley and Persson, 2009)。国家能力太弱的那些国家很多是政府都没有能力维持基本的竞争环境,提供基本的公共服务。对于这种类型的国家,有为政府比有限政府具有更强的现实意义与理论适用性。我们不能在讨论有为政府、有效市场的时候,视野仅囿于当下的中国,不看它的普遍性的学术含义,不允许我们在发展理论的时候提出一般化的理论概念。

学术研究概述

产业政策研究的出发点是市场失灵。关于市场失灵的理论分析和实证证据在经济学的教材上都有,产业发展停滞与经济落后在很多国家更是活生生的事实。现实中也存在着政府的各种干预和产业政策,但遗憾的是,虽有不少产业政策成功的案例,但更多的则是失败的情形。面对这些,"华盛顿共识"的支持者主张先把市场尽快完备起来,把政府干预尽快全部取消掉,这样,我们就可以逼近满足福利经济学第一定理的新古典环境,剩下的就交给市场了,因为理论上产业升级与经济增长将会自然地出现。

但是中国过去三十多年改革与发展的实践并未遵照"华盛顿共识"的"疗方",而是采用了更加实用主义的实验和试错的渐进方式,一方面以改革启动发展,另一方面又在发展过程中逐一地将每一阶段最直接遏制经济继续增长的瓶颈约束暴露出来,并通过及时的改革依次放松这些最紧迫的约束,从而维持经济的高速增长。正如前文提到的土豆产业问题所揭示的那样(Wang, 2015)。

这种策略不仅在政治上更容易获得每一步改革方向的民意支持，而且对政府的信息处理和执行能力的要求也相对较低，因为不需要政府事前就制订一份长期详细的针对各种可能性的改革计划，同时在财政上也可以平滑改革成本，可进可退。

我认为，中国的产业政策也应该继续以这种非教条主义的方式进行，在绝大部分情况下都应该采取"市场主导加上政府因势利导"的策略。因为只有让"市场主导"才能最大限度地利用好分散在各经济决策者头脑中的零散信息，才能对当时的市场机会充分摸索，毕竟商人们对商机的捕捉能力要远高于政府；另外价格信号和市场的充分竞争也是大规模经济资源优化配置的根本性机制。但与此同时，政府也应充分听取广泛的商界意见和国内外专家学者的意见，并试图找出最为集中的遏制产业升级而市场本身又无法及时有效解决的瓶颈约束，然后就可以在充分研究的基础上，提供政策扶持或者制度改革，将这些瓶颈约束放松，给这些产业更大的生存可能性和成长的空间。特别是当经济中的产业发展趋于停缓时，政府的适当作为就显得尤为必要。

更具体地，我们将简要介绍两篇新结构经济学视角下的产业政策的学术论文，以进一步阐述我们的观点。

第一篇论文是我和林毅夫教授、鞠建东教授的一项合作研究(Ju et al., 2011)。我们讨论了为什么产业政策在某些国家成功了，但在很多国家却失败了。我们对已有的关于产业政策的研究文献作了回顾，发现现有的模型基本上都忽略了最重要的一点，那就是如何帮助政府有效甄别具有潜在比较优势的产业(如 Murphy et al., 1989; Harrison and Rodriguez-Clare, 2009)。常见的关于产业政策的理论模型都是作如下假设：存在一个传统产业，另外还有一个新产业具有马歇尔外部性,但由于协调失灵,市场无法自动升级到新的产业,所以需要政府干预。在那些模型中,哪个产业需要扶持被直接假设为共同知识,所以"目标产业如何甄别"这个最重要的问题就被直接抽象掉了。但事实上,具有马歇尔外部性的产业有很多,而且它并非具有潜在比较优势的充分条件。比如苏联的航空航天产业,这是一个需要大量配套产业提供中间产品和服务的庞大产业,其显然具有很强的马歇尔外部性,按照现有理论,这样的产业就应该被扶持。事实上苏联也的确这样做了,该产业也建成了。但由于该产业资本非常密集,并不符合苏联当时要素禀赋结构的比较优势,因此在扶持过程中造成了很多资源配置的扭曲,轻工业被过分遏制而整体经济效率低下,经济增长缓慢,所以这种产业政策是以拖垮整体经济为代价的。现实中还有很多这样的产业政策失败的例子。归根结底这是因为"产业甄别"的失败,失败在目标产业违背了该经济的要素禀赋结构的比较优势。

基于上述认识,我们构建了一个新的产业政策的理论模型,明确地引入了要素禀赋结构,重点强调了在不同发展阶段如何去甄别当时具有潜在比较优势的产业。我们认为,要素市场的价格信号本身就会对如何甄别具有重要的指导作用:在一个资本相对稀缺的经济体中,劳动力成本比较便宜而资本比较昂贵,所以具有潜在比较优势的产业就应该是那些相对劳动密集型的,但是由于交易费用过高或者马歇尔外部性等原因尚未充分发展甚至是尚未出现的产业。随着经济的增长以及要素禀赋结构的变化,产业目标也会随之变化。我们证明了正确的产业甄别再辅之以产业政策的因势利导,就可以使得经济效率高于完全自由放任的市场均衡,而错误的产业政策,尤其是违背要素禀赋结构比较优势的产业甄别,则还不如政府无为而治的市场均衡。遗憾的是,现有相关理论模型大都假设劳动力是唯一的生产要素,工资提高对于所有产业的影响是中性的,因此要素市场无法帮助甄别正确的产业目标。而我们的模型则强调一种"市场主导、政府扶持"的理论机制,强调在甄别目标产业时,需要充分利用相对要素市场的价格信号,并在升级过程中政府积极扶持。这既不同于旧结构主义的"市场失败论",也不同于新自由主义的"政府无用论"。

第二篇论文是我与林毅夫教授的一项合作研究(Lin and Wang,2016),我们讨论了结构转型、产业升级和"中等收入陷阱"问题。我们分析的是中等收入国家的经济增长问题,所以强调制造业内部的产业升级以及从制造业向服务业的结构转型,并将农业问题简化掉了。在那篇文章里面,我们采用的也是新结构经济学的方法,将制造业分成了低端制造业和高端制造业,将服务业分成了生产型服务业、消费型服务业与社会型服务业。这些产业部门之间通过投入产出表的结构互相联系。我们构建了一个数学模型,试图说明由于存在企业间的协调失灵以及多重均衡,所以政府可以有所作为。同时,由于跨部门的投入产出表存在外部效应,所以如果单纯依赖市场,那么制造业内部的产业升级以及从制造业向服务业的结构转型都有可能出现过早或者过晚的情形,所以需要政府的适当干预才能达到帕累托有效的配置,跨越"中等收入陷阱"。

总结

本文对新结构经济学中的若干核心概念进行了思辨性的阐

述,并且重点结合安定县土豆产业发展案例对新结构经济学视角下的产业政策的研究思路进行了说明,澄清了辩论中几个常见的误解,同时介绍了运用新结构经济学方法分析产业政策的两个粗浅的学术研究。希望本文对读者更深入地理解新结构经济学、更好地进行产业政策研究有所启发。

参 考 文 献

Acemoglu, Daron, "Politics and Economics in Weak and Strong States", *Journal of Monetary Economics*, 2005, 52, 1199—1226.

Besley, Timothy, and Torsten Persson, "The Origins of State Capacity: Property Rights, Taxation, and Policy", *American Economic Review*, 2009, 99, 1218—1244.

Harrison, Ann, and Andres Rodriguez-Clare, "Trade, Foreign Investment, and Industrial Policies for Developing Countries", *NBER Working Paper* No. 15261, 2009.

Ju, Jiandong, Justin Yifu Lin, and Yong Wang, "Marshallian Externality, Industrial Upgrading and Industrial Policies", World Bank Policy Working Paper, 2011.

Li, Hongbin, and Li-An Zhou, "PoliticalTurnover and Economic Performance: The Incentive Role of Personnel Control in China", *Journal of Public Economics*, 2005, 89(9—10), 1743—1762.

Lin, Justin Yifu, and Yong Wang, "Industrial Upgrading, Structural Change, and Middle-Income Trap", Working Paper, 2016.

Murphy, Kevin M., Andrei Shleife, and Robert W. Vishny, "Industrialization and Big Push", *Journal of Political Economy*, 1989, 97(5), 1003—1026.

Wang, Yong, "A Model of Sequential Reforms and Economic Convergence: The Case of China", *China Economic Review*, 2015, 32, 1—26.

林毅夫,《经济发展与转型:思潮、战略、与自生能力》,北京:北京大学出版社,2008 年。

王勇,"什么是新结构经济学中的'有为政府'",财新网,2016 年 3 月 29 日。

王勇,"我们还需要继续研究产业政策么",《经济学家茶座》,2013 年第 61 辑。

张晓波、阮建青,《中国产业集群的演化与发展》,浙江:浙江大学出版社,2016 年。

详论新结构经济学中"有为政府"的内涵

——兼对田国强教授批评的回复[*]

新结构经济学是由林毅夫教授创导的第三波发展经济学思潮,其主要研究的是经济结构的决定因素、动态内生变化以及对经济发展的各种含义。新结构经济学提倡要建立有效市场(efficient market)与有为政府(facilitating state)。有效市场是指能够通过价格信号达到帕累托有效配置的市场机制,这个概念在经济学里比较成熟,一般不会引起歧义。值得指出的是,"有效市场"并不必

---

[*] 本文与华秀萍教授合作发表于《经济评论》2017年第5期。原文根据作者在2016年新结构经济学冬令营有为政府专场小组讨论的发言稿的基础上扩展而成。感谢林毅夫教授、惠利博士、杨子荣博士、江深哲博士、邓留纯博士等人的宝贵建议,感谢文一教授与新结构经济学研究中心诸多同事的鼓励。文责自负。

然意味着是完全竞争的市场,比如涉及创新与专利问题的时候。而新结构经济学提出的有为政府则是一个相对比较新的提法,最近在国内学界引起了很大的争议与广泛的讨论。其中,比较有代表性的批评者是田国强教授,他在《财经》杂志 2016 年第 64 期上发表了"争议产业政策——有限政府,有为政府?"一文,对新结构经济学中有为政府的概念、内涵与政策含义提出了比较系统性的批评:

> 有为政府是林毅夫教授所创导的新结构经济学中的一个重要概念,其被认为是经济发展的核心因素。林毅夫教授及其学生兼同事及北京大学新结构经济学研究中心学术副主任王勇对此概念做了大量的解释性陈述,散见于"经济转型离不开'有为政府'""不要误解新结构经济学的'有为政府'"("有效市场和有为政府之我见")、"什么是新结构经济学中的'有为政府'""有为政府与中国宏观政策"等系列文章中。上面提及的这些文章的论述中尽管有着许多有价值的经济学识见,但是有为政府给人的感觉依然是一个定义不清、内涵不明的概念,也不乏大量具有误导性的地方。

我们欢迎并感谢田教授的认真批评与讨论,其中不乏灼见,促使我们对新结构经济学的相关核心概念做出更加精确有效的定义,对容易产生混淆与误解之处做出更加清晰完整的阐述。但令人遗憾的是,田教授对新结构经济学中的有为政府的理解存在着很多偏差与误解,而且有些批评意见逻辑不够严谨,属于臆测性的引申与歪曲,容易造成学术界与政策界对整个新结构经济学框架的进一步误解与混淆,所以非常有必要做出有针对性的回复和澄清。

有鉴于此,林毅夫教授曾专门撰文对田教授的批评做出了简短的回应(林毅夫,2016),但从田教授随后的再回复中,我们不难看出他对新结构经济学的不少误解与偏见仍未改变(田国强,2016)。作为多次受到田教授点名批评的新结构经济学的研究者,我们本着"真理越辩越明"的态度,对田教授的批评与质疑做出了独立的回应。这样一方面,可以利用这个机会更加清晰地阐述我们对新结构经济学中有为政府的定义与内涵的理解,并对林毅夫教授的回复做出补充,进一步澄清田教授的误解之所在;另一方面,确如田教授所指出的那样,在对某些问题的理解与阐述上,我们与林毅夫教授之前所做的论述并不完全一致,所以我们也愿借此机会向林毅夫教授与其他新结构经济学的研究同仁求教。

本文的结构安排如下:第一部分阐述新结构经济学对有为政府的定义,并对若干相关概念与内涵做出界定,澄清有关误解;第二部分重点论述有为政府的"动态变迁"含义;第三部分阐述有为政府的"改革"含义;第四部分试图归纳有为政府与有限政府之间的主要区别;第五部分讨论有为政府的条件与适用范围;第六部分简要回顾并梳理学术文献中关于政府在经济发展中所应扮演的角色的相关论述;第七部分讨论新结构经济学未来关于有为政府的可能的研究方向;第八部分是总结。

"有为政府"的定义

在关于有为政府的辩论中,很多学者讨论的并非新结构经济学中有为政府的概念,而是他们自己定义的有为政府,或者是对新结构经济学有为政府概念的猜测。我们对新结构经济学中的有为政府给出了如下定义:有为政府是在各个不同的经济发展阶段能够因地制宜、因时制宜、因结构制宜地有效培育、监督、保护、补充市场,纠正市场失灵,促进公平,增进全社会各阶层长期福利水平的政府。

新结构经济学定义的政府"有为",既非"不作为"(inactive),亦非"乱为"(mis-behaving)。如果将政府所有可选择的行为作为一个全集,那么去掉不作为与乱为这两个集合后的补集,就是有为的集合,如图1所示。

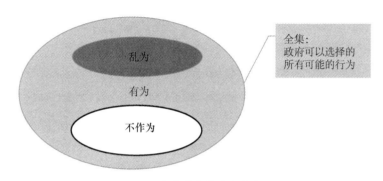

图1 有为政府的集合定义

田国强教授在《财经》一文中提出的批评如下:

根据王勇最近发表在《第一财经日报》上的"不要误解新结构经济学的'有为政府'"一文中的说法,"新结构经济学中的有为,是在所有可为的集合中,去掉不作为与乱为这两个集合后剩下的补集。"问题是,可为、乱为的定义又是什么？是事前、事中还是事后乱为？他们并没有给出定义,只能帮助人们猜测:有为应该意味着"好心",由此乱为应该排除事前乱为而指的是事后乱为。根据王勇的观点,一方面,有为是乱为的补集,从而有为政府排除的是

"事后乱为"。但其又说:"有为政府事前的选择也许在事后被证明是失败的、无效的,但从事前给定信息的角度来看,有为政府所做的选择应该是正确的、理性的。"这又好像说的是,有为政府排除了事前乱为,但却允许事后乱为。那么,有为政府的定义到底是允许还是排除事后乱为呢?这样,王勇所给出的有为政府的定义根本就是自相矛盾的!排除的到底是事前乱为还是事后乱为?根本就不清楚。并且,不作为,也就是不为,就总是或一定是坏事吗?这样,为什么不为就一定要排除掉,被认为是不好的选择呢?

现在,针对以上批评,我们逐一对其进行回复与澄清。

第一,在"不要误解新结构经济学的'有为政府'"一文中,我们提到的可为指的就是图 1 标示出来的政府可以选择的所有可能的行为,既包括选择做什么,也包括选择不做什么,所有这些可以选择的行为的集合就是前图中的全集。该全集范围的大小取决于所研究的具体的经济体对政府权力边界的划分,注意这是针对政府能力而言的划分,即使政府做了要受到惩罚的行为也应包含在这个全集之中。

第二,图 1 非常清楚地否定了田教授关于有为是乱为的补集这一错误的理解,因为他忽略了不作为这个非空真子集的存在。不作为的定义是指政府应该采取行动但是却因为偷懒、缺乏担当等原因而袖手旁观、听之任之、不加干预。比如"怠政",对环境污染的纵容等。

第三,不作为与不为是有差异的,前者是该为而不为,已经包含价值判断的应然前提①,而后者并不具有该为或是不该为的应然前提。然而田国强教授却将不作为与不为两者混同起来,指责有为政府排除了所有的不为,所以这个批评是不正确的,因为错解了不作为的定义。新结构经济学中的有为政府反对不作为,但并非反对所有的不为。在某些状况下,政府的最优选择就应该是不干预。对于这种不为,新结构经济学是完全支持的。

第四,在中文语境里,不作为与无为的含义也不同。无为是先秦时道家的术语,按照百度百科的定义,是指经过有为的思考,以时势、趋势的判断做出顺势而为的行为,即顺应自然的变化规律,使事物保持其天然的本性而不人为做作,从而达到"无为而无不为"的境界。因此,道家的无为并非不作为,亦非不为,而是顺势而为。所以,无为并不能简单地从字面上加以理解,并非新结构经济学中的有为的确切的反义词。换言之,有为与无为在顺应规律这一点上有相通之处,强调政府有为并非主张政府刻意违背自然规律的强行与逆行。不过,无为毕竟不是经济学概念,更不是新结构经济学的概念,而是中国古代的道家哲学概念,所以进一步讨论则会超出本文的范畴。

接下来,我们界定乱为的边界。它包含两种不同的情形:一种是由于鲁莽等主观原因或者无知、无能等客观原因,在缺乏科学论证的条件下,做出不符合经济学理性原则的政策与政府行为,亦即不符合经济学效率的政策与政府行为。比如,根据林毅夫教授(2008,2012)的论述,如果政府采取的发展战略违背了其要素禀赋

---

① 事实上,不作为也是一个法律术语。如果公务人员应该履行职责而没有充分履行,那么当满足一定条件时则构成违法。

结构的比较优势,过度赶超,那么这种赶超战略就是政府的一种乱为。现实中,我们经常看到的政府好心办坏事的种种违反经济学原理的错误政策,亦属此列。另一种是政策制定者或者执行者出于自私自利的原因有意识地采取不符合社会公众长远利益的政策与政府行为,比如,政府官员腐败,或者政府为了增加财政收入而对老百姓横征暴敛。要防止、减少这两类乱为,根本办法都在于改善政府的政策制定与执行过程,但侧重点有所不同。对于第一类乱为,预防的重点在于降低政策的盲目性,提高科学决策与科学执行的水平。对于第二类乱为,预防的重点在于从制度设计上防止政府变成少数精英集团掠夺公众长远利益的代理机构,确保政策制定者与执行者的政治经济学激励与约束能够与公众的长远利益相一致。

以上给出了可为、不作为与乱为的理论边界,所以有为的边界通过图1展示的逻辑关系也就随之被界定清楚了。显然,有为政府是有边界的,而不是像田国强教授经常指责的那样有为政府没有边界(田国强,2016)。

第五,有为政府是否必然是从不犯错的政府？我们认为,不应该根据事后的结果来反推定义一个政府是否有为,因为从政策现实操作的指导性与有用性的角度来看,更有意义的是做事前判断。所以我们定义的有为是事前的概念,即事前给定所有可得的信息与约束,政府由此做出理性预期意义下的最佳选择,但事后有可能被证明是错误的选择。不能事前就要求一定能够保证事后成功,政府才去做。举个极端的例子,比如说,有可靠来源的情报显示,某国有98%的概率要向中国发射一枚核弹,2%的概率不发射,那中国政府该怎样做？是否要采取防护甚至是反制措施,即便这个措施是需要成本的,即便事后被证明该国其实事前并未计划向中国发射核弹?我们前面所定义的乱为也是事前的概念。前文提到的第一种情形的乱为针对的是给定信息条件下做出违反理性预期的选择,或者是应该事前搜集更加充分的信息但是却因为无知或者无能而没有这样去做,导致信息不够充分,从而事前的选择偏离了更充分信息下的理性选择。田国强教授批评我们在论述有为政府时,事前与事后前后矛盾,这个指责是不成立的,因为我们所定义的事前的有为并不必然排斥事后的失败。我们所定义的乱为也是事前概念,并不是他所揣测的事后概念。当然,产生这种误解也不能全怪田教授,可能是因为我们之前的表述还不够清楚,所以这里再重点澄清一下。

Rodrik(2006)曾试图归纳中国经济成功的可循经验,其中一条就说中国的政策制定与执行过程是一个实验性的过程(experimental approach),就是邓小平说的"摸着石头过河"。这意味着允许政府试错。我们认为这一深刻洞见有为政府需要予以足够的重视,完全捕捉。有鉴于此,我们认为,有为政府是一个允许进行有条件试错的政府。

中国在刚刚决定建立经济特区的时候,并没有百分之百的把握必然会成功。但这并不意味着政府就不应该去做这件事情。所有改革都面对着不确定性,如果要求每一次改革每一项政策都必须在事前保证事后将以百分之百的概率成功才能执行的话,那么就很有可能错失良机,该作为而不作为。当然,这种具有试错性质的有为是需要满足一定条件的,并不是说政府就可以轻率而动,错了也不负责任,而是需要有一个制度机制,使得政府的政策在事前进行广泛而充分的客观论证,事中进行必要的监管,事后对政策效果进行评估,有奖惩机制。这就涉及法制问题,我们将在下文中做重点论述。

第六,根据定义,新结构经济学中的有为政府至少具有两层含义。第一层含义是"动态变迁",即指政府需要在不同的经济发展阶段根据不同的经济结构特征,克服对应的市场不完美,弥补各种各样的市场失灵,干预、增进与补充市场。林毅夫教授也主要是从一个经济体在产业升级与结构转型的过程中政府应如何因势利导、克服市场失灵的角度阐述了有为政府的含义。有为政府的第二层含义是改革,即政府机构与职能本身需要随着经济结构与发展阶段的变化,及时主动地进行改革,包括简政放权、取消错误干预与管制。这一点对于一个从计划经济向市场经济过渡的转轨经济而言尤其重要。也就是说,有为政府必须是一个锐意改革,将先前的乱为之手勇敢地缩回来的政府。对于这两层含义,我们将在后文进行进一步的展开论述。

需要注意的是,将政府错误的干预管制取消以后,所显示的目标状态是不为,但是从之前的乱为状态转换到这个不为状态的改革过程则是一个有为的过程。田国强教授混淆了目标状态与转化过程,所以我们就不难理解为何他会有如下的困惑与错误的批评:

事实上,新结构经济学的追随者对于建立有限政府的必要性也是有所认知的,如王勇在"有为政府与中国宏观政策"一文中指出,有为政府的有为不仅包括伸出手去拯救市场失灵,还包括政府下定决心把不该管的手缩回来。这里,要政府把不该管的手缩回来难道不就是要政府不为吗?但是,这种有为政府的定义,却是一方面从定义开始就将不为排除,另一方面又将有为和不为放在一起定义为有为,这让定义含混不清,不仅在逻辑上说不过去,而且在语义上也会引起歧义。

在新结构经济学中,有效市场与有为政府都是希望达到的目标,是理想状态,并且两个目标不可分割。一方面,我们希望建设有效市场,从而使得要素价格信号能够正确地反映出要素的相对稀缺程度,以帮助企业家更好地寻求真正具有潜在比较优势的产业。另一方面,我们也希望建设有为政府,以使得政府通过提供合适且相关的软硬基础设施来降低各种交易费用,将潜在的比较优势转化为可实现的比较优势和企业的竞争优势,协助产业的升级与结构的转型。但是在现实中,市场不一定有效,所以需要市场化改革去改善市场、规范市场。同时,现实中的政府也不一定有为,可能会乱为或者不作为,所以需要进行必要的政治体制改革以求改善政府治理结构,需要对现实中的政策问题做更加深入的研究,让政府的政策与行为尽量朝着正确的方向有为。

值得强调的是,新结构经济学总是将有效市场与有为政府放在一起提出和讨论。我们主张,有效市场以有为政府为前提,有为政府以有效市场为依归。如果没有有为的政府,那么各种市场失灵就无法得到有效克服,表现为对具有正外部性的公共品与服务的供给不足,对具有负外部性的市场行为缺乏必要的监管。同时,如果没有有为的政府,那么已存在的错误政策与管制就得不到纠正。这些都无法培育、形成有效的市场。反过来,政府的有为是有界线的、有方向的,取消干预还是加强监管都要以促进有效市场的形成为目标,使得资源配置更有效率,同时,也要兼顾公平目标。

对此,田国强教授的批评如下:

有为政府一方面,如王勇所言,是"理想状态的概念",是作为终极目标存在的,"未见得都已经是现实",另一方面,又说其具体含义是"随着发展阶段的不同而发生变化的",从而又被作为一种过渡性制度安排来指导甚至是主导现实实践。这里我是十分迷惑的,既然是目标,又怎会不断发生变化呢?王勇经常在微信群中批评那些强调市场化和有限政府的人将目标和过程混淆了。到底是谁将目标和过程混淆?其实恰恰相反。从王勇以上对有为政府的解释,可以看出,是王勇将有为政府既看作目标,又看作过程且是"随着发展阶段的不同而发生变化的",从而是其混淆了。并且更为严重的是,目标与过程的混淆自然就导不出市场化制度改革的必要性(当然,王文也说了,"有为政府本身都是具有改革含义的",但是对于这种被称为改革的所谓改革,我很难称之为市场化的改革),政府就会有理由和借口通过这样那样的政策去更多地干预市场经济活动,那么这样怎么可能实现市场在资源配置中的决定性作用呢?

这段评论说明田国强教授对我们前文论述的有为政府所具有的动态变迁与改革的含义尚有误解,因此我们接下来将详细论述并说明目标与过程的差异,以期望能消除对有为政府动态变迁的疑问。

有为政府的"动态变迁"含义

一个经济体从落后到发达的发展过程通常是十分漫长的,所以新结构经济学特别重视结构变迁(structural transformation),即重视整个发展路径而不单单只考察长期所要达到的稳态。田国强教授则认为,"凡是目标,就必须是长期的、不随时间改变的",对此我们完全不能同意。新结构经济学不仅关注长期目标,也关注整个过渡动态路径上的不同发展阶段的短期目标,因为对于政府的角色,在不同的发展阶段有着不同的定位。比如,对于一个起点是计划经济的强势干预型政府而言,有为政府应该首先是一个朝着市场化方向简政放权的政府;对于一个市场经济欠发达的经济体而言,当市场的不完美性和不完全性都比较突出的时候,有为政府应该是一个积极培育市场、协助市场与企业迅速发展的政府;对于一个市场经济不断完善、技术逐渐从模仿到创新的经济体而言,有为政府应该是一个不断调整制度逻辑与组织结构从而更好地满足和支持经济发展需要的政府。在这些不同的发展阶段,现实中的政府未必总是在做符合对应发展阶段结构性特点的事情,所以需要有为政府在每一个不同的发展阶段都对政府进行改革,使之做对应发展阶段政府最应该做的事情,即因地制宜、因时制宜、因结构制宜。理想状态下的有为政府在不同的发展阶段也是不一样的,政府所面对的约束和应该做的事情在不同的发展阶段也是不一样的,所以这种改革目标在不同的发展阶段当然就是不一样的。

我们之所以反复批评田国强教授在讨论有为政府的概念时没有分清楚目标与过程,是因为他一直没有正确理解新结构经济学中有为政府的动态变迁含义。新结构经济学认为,经济发展过程本身就是过渡动态的过程,所以需要重点讨论在每一个不同的发展阶段,理想政府应该做什么样的事情,而不能只是强调过渡动态路径结束之后,长期稳态下的理想政府应该做什么样的事情,或者只是强调在不同的发展阶段政府都必须一成不变,做同样的事情。可是,田教授的认识却恰恰相反,他将长期稳态下的理想政府的工作目标,与为了实现这一长期目标需要政府在不同的发展阶段设定不同的短期工作目标并采取不同的措施混为一谈了,认为都必须一成不变。同时,他将这些应该重点研究的不同发展阶段的政府的不同角色和不同作用轻描淡写地以"过渡性的制度安排"一笔带过,将新结构经济学的这种因地制宜、因时制宜、因结构制宜的政府角色的主张贬斥为模糊甚至是阻碍中国市场化改革的大方向的学说,本质上还是因为混淆了目标与过程,潜含的假设是最优的政府行为是不随经济发展阶段和经济结构变化的,发达国家的政府怎样做,发展中国家的政府就应该时时刻刻依葫芦画瓢地做相同的事情,如同刻舟求剑。

事实上,在经济发展的协调机制上,Mahmood and Rufin(2005)也认为,政府在经济增长中的角色是随着技术进步与经济发展阶段的不同而发生变化的。当一个国家的技术与国际前沿还有很大的差距时,此时技术进步的手段主要是依赖复制,因此经济与政治集权可以更有效地通过一系列政府干预措施来推动技术发展与经济增长。但是随着技术越来越接近世界前沿,政府需要在政治与经济两个层面都大幅度分权,因为此时的技术创新更依赖于企业与个人之间的知识扩散,而不是投资协调。换言之,一国的经济竞争力越强,某个行业的技术发展越前沿,政府就越应该少管。而经济竞争力越弱的国家,就需要政府更多地干预与扶持技术薄弱的产业。Aghion and Roulet(2014)则提出,政府在经济中的作用并不因技术进步与经济发展而单调削减,而是变得更加注重战略需求。

由此可见,Mahmood and Rufin(2005)与 Aghion and Roulet(2014)提出的观点与新结构经济学提出的有为政府有异曲同工之处,即政府扮演的经济角色都需要随经济发展阶段的不同而发生变化。但是,新结构经济学与他们的主要区别在于,前者更加强调不同发展阶段经济结构特点的差异性与内生性,这里面的经济结构包括禀赋结构、产业结构、金融结构、教育结构、贸易结构、所有制结构等。而现有文献里提到的变化的政府角色并没有明确对应到上述一系列丰富的结构变化的情境中，绝大多数还只是集中在技术进步的方式在不同发展阶段的差异性上。

有为政府的"改革"含义

有为政府与有效市场这两个目标的不可分割、相互影响，以及有为政府本身的动态变迁含义，都要求积极改革政府的组织结构与管理模式，以适应经济增长、产业结构与技术进步的结构性变迁。对于初始状态为市场不够有效的情形，有为政府就需要大刀阔斧地进行市场化改革，不断地纠正、弥补、培育、规范市场，以求市场有效。对于一个初始状态存在很多乱为或者不作为的政府，我们需要对政府的功能目标、组织架构与管理模式进行改革，使其逐渐纠正乱为，消除不作为，变成有为的政府。

世界上有不少国家由于国家能力太弱而政府无所作为；还有不少国家由于政治体制不稳定、民主制度不巩固，政府出台的政策每每受到掣肘，从而无法切实推进和落实合理的举措，因此政府无法作为；当然也有一些国家计划经济过多、政府错误干预过甚，政府乱为。对于所有这些类型的国家，有为政府都蕴含着需要主动改革的含义，而且对应的改革的方向与内容都各不相同。所以有为政府非但不是一味地强调政府干预，而且对于某些情形则更多的是强调政府应该将原来的"掠夺之手""乱为之手"缩回来，这本身就具有强烈的市场化改革的含义。以中国为例，自改革开放以来，政府目标与机构职能改革显然构成了经济发展比较成功的重要经验之一。这是从乱为政府朝有为政府不断改革演化的过程。

遗憾的是,有为政府的这种改革含义似乎并没有受到讨论者们的足够重视。很多学者都似乎忽略了市场化改革和简政放权过程中政府本身的能动性、主动性与功劳。在现实中,政府体制改革本身也非常需要各级政府的基层干部去具体落实市场化改革的每一项政策,充分调动地方官员的能动性,而这才有可能完成简政放权,同时也需要划分地方政府官员到底是乱为、不作为还是有为。我们强调,不具有主动改革的意志与实际行动的政府就不是一个有为政府。

当下,中国政府也的确存在一些"乱为"与"不作为"的现象,而新结构经济学始终主张坚持那些能够促进效率的市场化改革的大方向、始终主张有为政府以有效市场为依归、始终反对计划经济。遗憾的是,包括田国强教授在内的不少学者只集中于我们对政府的讨论,而忽略了我们对市场的论述,甚至有学者误以为新结构经济学的研究者谈有为政府,就是在一味地为政府的所有干预背书,这是对新结构经济学的严重冤枉与误解。如若认真阅读新结构经济学的相关学术著作,真正理解相关概念的定义,则可避免这种"意识形态"之争。

有为政府与有限政府之间的区别

田国强教授主张有限政府,批评新结构经济学中的有为政府没有边界,容易使得中国政府以此为借口而乱为,拖延甚至是反对市场化改革的大方向。但是,在前面的论述中,我们已经明确地论述了有为政府向来以有效市场为依归,并非常坚定地支持能够促使市场变得更为有效的市场化改革,具有鲜明而强烈的改革含义,所以,田教授的上述批评完全建立在他对新结构经济学中有为政府的内涵的片面、错误的理解之上,缺乏理论根据与逻辑说服力,而且新结构经济学被一些人无端地扣上了"鼓励政府乱为,反对市场化改革"的大帽子,这非常不公平。这一点需要首先声明。

下面,我们将重点归纳一下新结构经济学中的有为政府与田国强教授所描述的有限政府之间的区别。注意,这里我们严格限定的是田教授所描述的有限政府,后文我们将回顾学术文献中各种版本的有限政府,两者是有区别的。

首先,如前所述,新结构经济学中的有为政府具有动态性与阶段性含义,也就是在不同的发展阶段,不同的经济结构条件下,政府应该做的事情是不一样的。而田教授所描述的有限政府的守夜人角色则不考虑发展阶段,他考虑的是无论市场是否已经很发达、很完善,政府都应该去做同样的事情,比如仅需要保护私有产权等。1994 年,中国的人均 GDP 低于非洲撒哈拉沙漠以南地区的平均水平,1978 年时低于它的 1/3,那时中国面对的问题和今天人均年收入 7960 美元的中等收入经济所面对的条件约束不一样,所以研究中国是否会陷入"中等收入陷阱"就非常重要,必须根据这个特定的发展阶段的结构性特点来研究政府的角色应该如何转变,如何去避免不作为和乱为,如何做到有为。

其次,如前所述,有为政府本身具有鲜明的改革含义,强调不同发展阶段的理想政府不一样,所以对应的政府体制改革的短期目标与实施手段也不一样,直指改革的操作过程。而有限政府只谈有效市场这一目标而本身并不直接讨论具体的不同发展阶段的改革过程。比如,一个从计划经济向市场经济转轨的国家,如果与一个非转轨经济的国家相比,在不同的发展阶段政府所应该做的事情是否一样?这个问题有限政府基本上没有讨论。还有很多国家能力(state capacity)较低的发展中国家,政府应该如何去做,这个问题田国强教授的有限政府也没有讨论。

再次,有为政府的具体含义必须结合内生的经济结构的背景加以探讨,而有限政府缺乏结构视角,或者潜含假设是以发达国家的经济结构为唯一的结构。

最后,两者的政策制定过程存在重要区别。"华盛顿共识"里虽然有很多合理的成分,但是其倡导的政策制定过程却很有问题。按照有限政府的理念,给发展中国家做政策建议时,在诊断之前就开出药方(prescription before diagnosis):私有化、自由化、市场化。它是以发达国家为参照系,看发达国家有什么,来反观自己缺什么,然后建议缺什么就补什么。但是新结构经济学的思路不同,它强调的是首先看自己有什么,潜在的比较优势在哪里,然后通过政府的有为将阻碍潜在比较优势发挥的瓶颈放松。有为政府是先诊断后开药方(prescription after diagnosis),先看国家处于什么发展阶段,有什么特点,根据已有的条件要做什么。这么一对比分析,就不难发现,按照田教授所说的有限政府的理念,就不会区分出不同发展阶段的结构性、政府作用以及目标的区别,所以这一点上与"华盛顿共识"一样容易误导得出千篇一律的制度改革建议。

有为政府的条件与适用范围

如何保证现实中的政府能够有动力去向有为政府这个理想目标不断靠近?林毅夫教授提出,无论一国的政体如何,国家领导人的目标函数里主要考虑两点:首要是追求长期稳固执政,其次是追求青史留名。而要同时达到这两点的最好办法就是给国家带来经济上的发展与繁荣,所以各国政府领导人在执政地位比较巩固的前提下,都愿意为了获得经济发展与繁荣而采纳对本国经济发展有利的发展战略和政策,也就有了向有为政府靠近的动力,当然有时候也会因为追求执政稳固这个首要目标而牺牲国家的长期利益(林毅夫,2008)。

现实中,如何保证市场有效,政府有为而不乱为、不作为?这就离不开法治问题。有不少学者认为,在法治水平总体低下的时候,主张政府有为就会在现实中导致政府乱为,所以主张法制为先,宪政改革为先。这就涉及林毅夫教授与杨小凯教授之间关于"后发优势"与"后发劣势"的争论。限于篇幅,同时也为使讨论的焦点更为集中,本文对此争论不做详细展开,但是想强调一点,即讨论法制建设不能只谈需求,还要看供给的条件。要供给高质量的法制,我们就需要足够多的训练有素的执法人员,需要给他们配备足够先进的执法设备与资金,而这些都要求足够多的公共资源投入。而法制建设的最佳投入水平也需要结合当时的经济发展阶段与对应的经济结构,同时也要分析政府面临的约束条件。从供给侧的角度来讲,随着经济的发展,税收收入会越来越多,教育水平也会不断提高,就能够有更多的资源条件去支撑更高水平的法制建设;从需求侧的角度来讲,随着百姓收入的提高,其对私有财产的保护需求会增强,对社会公共品与服务的质量与数量的需求也会随之提高,从而对公共财政的透明度与有效性会提出更高的要求,并且随着市场范围的扩展与交易技术的日益复杂,也需要更加完善的新的法律法规及时出台,加强监管,防止出现新的市场失灵。这样,法制建设的供给与需求的条件都会随着经济的发展而越来越成熟。

因此,新结构经济学认为,需要一边发展经济一边完善法制。在经济水平较低的发展阶段,充分利用技术进步上的后发优势发展经济是第一位的,而不能一开始就苛求达到非常高的法治水平,尽管我们必须时刻重视法制建设。只有对有为政府的制度条件和法治条件的发展阶段性有足够客观、清醒的认识,对法制建设的长期性有足够的耐心,才能够避免"以法治水平不够高为由否定一切政府的积极作为"的极端态度,因为这种态度必然会导致两种后果:要么政府因为惧怕社会批评和承担责任而导致其在该作为时不作为,要么因为学界缺乏对不同发展阶段政府应该如何有为的研究而导致政府行为缺乏足够的理论指导,进而产生更为严重的乱为现象。这些都会严重降低老百姓的福利。

事实上,Acemoglu and Robinson(2012)曾提出,经济发展早期是以投资为主的增长模式,需要集中力量搞基础设施建设,需要协调,此时强势政府是更有利的。但是到了发展的中高阶段,就需要切换到以创新为主的增长模式,这就特别需要人们思想和言论的自由,要有创意,此时只有当人们拥有更多的民主与人权时才会对经济发展有利。当然,这些观点也都不是定论,值得继续讨论。

需要特别指出的是,对于当下的中国,政府的确存在一些错误和乱为。我们认为,怎样纠正这些乱为是第一位的,这种改革也是紧迫的,这与我们强调的有为政府毫不矛盾。强调政府要有为,并非我们无视现实中各种乱为与不作为的存在,并非毫无原则地鼓吹要做大、做强政府,支持所有的政府干预,而恰恰是因为有为政府具有"纠错"的改革含义。

此外，我们再次呼吁，在看待新结构经济学的时候，不能将目光只囿于中国，对于新结构经济学理论概念的重要性、必要性与实用性，也不能完全单纯地根据中国的当前需要来判断。我们希望提出的是具有一般性的理论，自然也包括其他发展中国家。我们知道，现代经济学的主流理念是政府越小越好，但是政府能力(state capacity)过弱的国家也无法发展经济，比如不少发展中国家的政府过于弱势，连基本的社会安全保障都做不到，遑论发展经济。而且，研究新结构经济学时我们也不能将眼光只盯着发展中国家，也要看发达国家。对于发展中国家，也分中等收入与低收入，在不同的发展阶段问题也不一样，这就是为什么研究"中等收入陷阱"与"低收入陷阱"都是非常重要的。

文献回顾：政府扮演的经济角色

回顾政治经济学与经济学的学术文献，我们会发现，有限政府其实并没有被仔细界定。事实上，有限政府的提出，已有文献中更多地是将其与绝对政府权力与专制主义相对，且主要是指王权或者政府在财政政策等方面的控制力不再是绝对的，而并非指政府在经济增长中的角色是"有限"[①]的。

North and Weingast(2000)认为，1688年英国的光荣革命使得英国王室不得不做出一个可信的承诺：负责任地制定财政政策，

[①] 在政治学中，有限政府的边界也没有被很好地界定，它与宗教、法学、政治哲学的联系也是多种多样的。有的文献直接将其与宪政政府(Constitutional Government)相联系。《政治学评论》(*The Review of Politics*)等杂志上有一些相关文章，比如Hancock(1988)、Sorenson(1989)等。

这是政治制度影响经济表现的一个重要转折点。Dincecco(2009)指出,统治者花费公共资金的渠道被有效地约束,便是绝对权力向有限政府的转变,因此,英国自光荣革命之后建立的其宪政约束下的君主制便是有限政府。而欧洲其他不少国家,比如法国、比利时、西班牙、意大利、瑞士、葡萄牙等,大多在19世纪六七十年代成立了有限政府。

现代意义上的有限政府,主要是指政府需要保护个人的自由与财产权,并与宪政和法治紧密联系(Dincecco, 2009; Fernández-Villaverde, 2016),而不是指对经济活动的干预必须是有限的。从这个意义上来讲,新自由主义倡导的"最小型政府"(minimum government, minimal state)、奥尔森倡导的市场增进型政府(market-augmenting government)、凯恩斯主义倡导的干预型政府(interventionist state),以及后来学者们倡导的战略型政府(strategic state)、强有限政府(strong but limited state),其实也都是有限政府的一种。可见,已有学术文献中的有限政府主要侧重于讨论保障个人的自由与财产权对经济发展的影响,而新结构经济学中的有为政府则主要是讨论在经济发展的不同阶段,政府所应该扮演的经济角色,两者并不完全是在同一个维度上的问题,所以也就并非截然对立的关系。而当田国强教授描述他所定义的有限政府时,却将其与新结构经济学中的有为政府截然对立,并且没有讨论他的有限政府与学术文献中的有限政府之间的异同,以及是否有其理论创新之处,这不免令人困惑。

新自由主义者与不少新古典经济学家认为,私有部门能够做出高效的投资决策,政府只需要保护市场机制与提供公共服务,比如保护产权与坚持法治。这一观点强调了政府这一"守夜人"角色在经济发展中的职能最小化以及市场机制最大化,因此可以被总结为"最小型政府"(Aghion and Roulet,2014)。然而,更多的文献则指出,大多数发展中国家的市场机制并不完善。政府需要建立较强的执政能力去辅佐市场发展,有时甚至需要培育新市场。即使在发达国家,也存在信息不足、对社会外部性高但利润少的项目投资不足等市场失灵。这个时候,政府在推动市场发展中的角色就可以是各式各样的,限于篇幅与水平,下面我们将对文献中出现得较多的几种关于政府角色的不同概念做一下选择性的简单介绍。

干预型政府希望用宏观稳定措施来克服垄断、负社会外部性、不完全信息与公共服务的供给不足等市场失灵,从而实现比较满意的经济增长与就业水平。其政策工具包括货币政策、财政政策、劳动力市场政策与产业政策等,并力图在收入再分配、宏观稳定与市场监管三个维度均有所作为(Majone,1997)。这样的政府又被称为福利政府、凯恩斯政府或者凯恩斯福利政府。

发展型政府(developmental state)的概念最早由查默斯·约翰逊(Chalmers Johnson)提出(Leftwitch,1995),强调了市场只是各种社会关系与治理结构的一种。为了产业发展与经济增长,政府应该与市场一起扮演非常重要的角色,并主要承担增长功能。与英、美监管型政府(regulatory state)不同的是,发展型政府的与产业政策相关的政治活动非常重要。发展型政府具有如下特征:第一,具有持续的发展意愿,即以促进经济增长与生产,而不是收入分配与国民消费为国家行动的基本目标;第二,聘用有才能、有操守的专业人士组成经济官僚机构,并与社会利益集团保持一定的距离,独立自主地制定发展战略;第三,政府与商界保持紧密的合作关系,制定并实施有选择的产业政策;第四,与市场相互依赖,有能力、有渠道地动员经济资源并改变其配置方向,从而有效地落实产业政策(顾昕,2013)。

奥尔森在反思发展型政府理论的基础上,提出了市场增强型政府的概念,他认为,一个强有力的政府是市场经济繁荣发展的前提条件。依照该理论,在经济发展过程中存在着市场失灵,这需要由非市场力量弥补或矫正市场失灵,而政府有可能扮演这一角色。但政府失灵也有可能存在,因此政府干预有效的情形,或者说政府失灵概率较小的情形,是政府仅扮演补充型而不是主导型的角色。政府的功能在于改善市场、企业和民间组织这三者之间的协调失灵问题,以及克服市场失灵(顾昕,2013)。

Acemoglu and Robinson(2012)则提出了包容性政治制度(inclusive political institutions)的概念,以及与之配套的包容性经济制度。他们提出,英国和美国等国家之所以富裕,是因为那里的人民限制了精英的政治权利,创造了一个政治权利被广泛分配的社会。在这样的社会中,政府需要回应人民,并对人民负责,所以广大民众都能够享有和利用经济机会。

Mazzucato(2013)提出了企业型政府(entrepreneurial state)的概念,强调应该从企业型国家的视角来理解公共部门。在这个新的视角下,政府不仅发挥着修补市场,做那些私人部门不愿意做的事情的作用,同时也是催化剂、领先投资者、网络效应的最初触发者,特别是在高风险和突破性创新领域。通过列举美国政府在信息、生物制药、纳米等重要产业的创新与知识经济的发展中发挥了引领作用的例子,她试图表明需要重新思考政府在创新生态系统中的创新分工问题。她认为,政府应采取有效的产业政策,保证有限的国家预算能够承担更多的创新风险,并努力抑制裙带关系,建立一个"共生"的而不是"寄生"的创新生态系统。

Aghion and Roulet(2014)提出了战略型政府的概念。他们提出,经济增长的重要推动力是从模仿到创新,在这个结构转型的过程中,传统的福利型政府并不能满足技术革新的需要。随着经济发展阶段的不同,政府在经济发展中的角色并不应该减少,而是应该变得更讲究战略。他们认为,政府应该利用有选择的与适当管理的支持手段,充当一个由市场推动的创新过程的催化剂。无论是新自由主义的最小型政府,还是凯恩斯主张的干预型政府,都无法像战略型政府那样,在面临硬预算约束的情况下,通过投资来满足最大化经济增长的目标。他们认为,公共投资需要选择一部分对增长有利的领域或者产业,并且投资的产业对象可以分为水平目标与垂直目标。水平目标指教育业、创新型中小企业/增加劳动力与产品市场灵活性的劳动力市场政策,而垂直目标指锁定具有增长潜力或者社会需求很高的特定产业,比如绿色产业的投资。

Bardhan(2016)认为,政府远不应该只扮演保护产权与市场的"守夜人"角色,而是需要一个强有限政府。因为在不同的历史与结构因素的影响下,经济发展的过程中有可能会出现经济不断萎缩、缺失关键信息、市场发展很不完备等问题,因此政府需要扮演经济活动的向导、协调员、刺激者、催化机构。政府需要多功能化,所处理的日常工作和事务与公司和市场相比,也应该有更多的维度。即使一个国有企业在任务执行与职能履行上并不有效,也不能说私有化就一定是更好的选择,特别是在合同不完备的情况下。在研究现实中的各种复杂的经济情况时,他认为,在政府、企业、市场等不同的协调组织与机制中间进行多元化的选择,是克服无知的更好的手段。

根据发达国家在经济增长过程中的政府角色评定不难看出，新自由主义所倡导的"最小型政府"或者"守夜人"政府，鲜少存在。并且，随着经济增长的日益复杂，政府在经济增长中扮演的角色的重要性，非但没有变小，反而变得更大了。而在发展中国家，距离有效市场这一理想目标本身就更加遥远，因此就更不能低估政府在经济增长中的角色。而有为政府的概念主要是针对经济发展中的政府角色而言的，主张在经济发展的不同阶段，政府应因地制宜、因时制宜、因结构制宜地有效地培育、监督、保护、补充市场，纠正市场失灵，促进公平，增进全社会各阶层长期的福利水平。至于田国强教授所描述的有限政府，究竟对于学术文献是否有理论创新，它与文献中这么多不同版本的有限政府的区别在哪里，这些田教授尚未做出明确的讨论，若能就此明确论述，将会有利于深化将来的学术讨论。

关于有为政府的未来研究方向

本文通过研究文献与梳理理论逻辑，以及进一步阐释相关定义，是想要特别指出，有为政府定义的创新点之一在于其拥有动态变迁与改革的含义，即其经济角色、组织结构与管理模式随着发展阶段的不同而发生变化，随着产业结构的变迁与技术的进步而动态演绎。

我们主张，要深入讨论政府究竟是不作为、乱为还是有为，就应该结合不同发展阶段的各种具体的结构性特点。以中国为例，自改革开放以来的经济发展就同时包含四个结构性过程：一是从低收入到高收入的经济增长与农业、工业、服务业的结构转型过程;二是从计划经济向市场经济的转轨过程;三是从封闭经济逐渐融入世界经济贸易与金融体系的开放过程;四是从政治、军事、外交的区域性弱国向综合国力全面提升的世界性大国的崛起过程,并对美国的地位以及很多现有的国际秩序构成了潜在挑战。

所以,讨论政府在中国宏观经济发展与制度改革中的作用,是否真的有新的创见,是否较全面地体现了中国的"特殊性",我们认为,一种可能的方法也许是可以先看看这个分析论断在多大程度上同时把握住了这四个不同的结构性过程。新结构经济学未来也将结合这四个结构性过程对有为政府做更为深入的理论与实证分析。

新结构经济学旨在提出研究不同发展阶段的结构性问题与演化发展过程的一般化理论,而不是只关注中国经济。我们不能只根据中国的当前需要来提出理论概念,更不能以个别国家的实然分析来否定一般理论的应然分析。因此,未来关于跨国、跨阶段的政府经济角色与作用的理论与实证分析,也是重点研究的方向之一。

现在不少人反对政府干预与产业政策的主要原因,不在于其否认市场不完善与市场失灵的存在,而是认为现实中政府失灵的问题更为严重,所以主张与其让一个自身有很多问题的政府插手进来,还不如政府不管。其实,这属于规范分析(normative analysis)与实证分析(positive analysis)的区别:究竟讨论的是前者(政府最好应该做什么)的应然问题,还是后者(实际过程中政府会怎样做)的实然问题。到目前为止,对新结构经济学中的有为政府的讨论,包括对产业政策的讨论,还主要是应然分析。而大部分批评者主要是在强调我们忽略了实然分析。因此,有为政府的含义需要同时借鉴与引入政治经济学与制度经济学的范畴,不仅要讨论如何纠正市场失灵的问题,而且还要直面如何纠正政府失灵的问题,这就要求必须将政府当作具有多个相互博弈的决策主体的经济学结构与组织来加以分析,而不能再将政府当作单个决策主体。新结构经济学不仅要关注禀赋结构、产业结构与金融结构等经济结构的变迁,在将来的研究中也要更多地关注政府组织结构与管理模式的内生变迁。

此外,对于文献中提到的不同类型的有限政府的定义,还特别需要区分法理(de jure)与事实(de facto)这两个层面。未来的研究可以进一步地探索两者之间的区别与联系如何随着经济发展阶段的变化而变化,以及其对经济发展的各自作用。以中国为例,不同的省份和城市的经济结构、社会结构、文化传承、制度逻辑与政策实践都不太相同,这种地区差异性也许有助于我们更好地去研究不同条件下的有为政府的作用。

结论

本文试图对新结构经济学中有为政府的定义与内涵做出比较全面的阐述,着重突出其动态变迁与改革的含义,并试图回复、澄清田国强教授对新结构经济学中的有为政府的疑问、误解。我们还系统地对比了新结构经济学中的有为政府与田教授所阐述的有限政府之间的主要区别,论述了我们对有为政府与法制建设之间关系的认识,并且回顾性地介绍了相关文献中其他不同类型政府的定义与内涵。我们认为,田国强教授对其所定义的有限政府与现有学术文献的异同之处论证得并不清晰,而且与新结构经济学中的有为政府相比,其有限政府的定义则又显然缺乏结构的视角、阶段的视角、动态的视角与改革的视角,所以既无益于增进我们对发展中国家政府作用的学术理解,也无法更好地帮助指导包括中国在内的发展中国家的改革与发展实践。最后,我们围绕新结构经济学中关于有为政府未来可能有学术价值的研究方向做了一些粗浅的讨论与展望。

我们清醒地意识到,新结构经济学尚处于襁褓阶段,目前只有一些大的研究方向和思路,以及一些刚刚起步的学术著作,还远远没有成熟,我们既需要更多扎实的学术研究去不断地发展、充实这个理论体系,也需要更多的学术批评与争论去帮助我们纠正偏误,深化研究。所以,我们热情欢迎并衷心地感谢田国强教授等人对新结构经济学的批评。同时我们希望,本文能够澄清当下中国学界对新结构经济学中有为政府的普遍性误解,以促进学术进步。故此率直回复,抛砖引玉,期待各位专家学者的进一步指教。

参 考 文 献

Acemoglu, D., and J. A. Robinson, *Why Nations Fail: The Origins of Power, Prosperity, and Poverty*, New York: Random House, Crown Business, 2012.

Aghion, P., and A. Roulet, "Growth and the Smart State", *Annual Review of Economics*, 2014, 6(1), 913—926.

Bardhan, P., "State and Development: The Need for a Reappraisal of the Current Literature", *Journal of Economic Literature*, 2016, 54(3), 862—892.

Dincecco, M., "Fiscal Centralization, Limited Government, and Public Revenues in Europe, 1650—1913", *The Journal of Economic History*, 2009, 69(1), 48—103.

Fernández-Villaverde, J. , "Magna Carta, the Rule of Law, and the Limits on Government", *International Review of Law and Economics*, 2016, 47, 22—28.

Hancock, R. C. , "Religion and the Limits of Limited Government", *The Review of Politics*, 1988, 50(4), 682—703.

Leftwich, A. , "Bringing Politics Back in: Towards a Model of the Developmental State", *The Journal of Development Studies*, 1995, 31(3), 400—427.

Mahmood, I. P. , and C. Rufin, "Government's Dilemma: The Role of Government in Imitation and Innovation", *Academy of Management Review*, 2005, 30(2), 338—360.

Majone, G. , "From the Positive to the Regulatory State: Causes and Consequences of Changes in the Mode of Governance", *Journal of Public Policy*, 1997, 17(2), 139—167.

Mazzucato, M. , *The Entrepreneurial State: Debunking the Public vs. Private Myth in Risk and Innovation*, London: Anthem Press, 2013.

North, D. C. , and B. R. Weingast, "Introduction: Institutional Analysis and Economic History", *The Journal of Economic History*, 2000, 60(2), 414—417.

North, D. C. , J. J. Wallis, and B. R. Weingast, *Violence and Social Orders: A Conceptual Framework for Interpreting Recorded Human History*, Cambridge:Cambridge University Press, 2009.

Rodrik, D. , "Goodbye Washington Consensus, Hello Washington Confusion? A Review of The World Bank's Economic Growth in the 1990s: Learning from a Decade of Reform", *Journal of Economic literature*, 2006, 44(4), 973—987.

Sorenson, L. R. , "The Limits of Constitutional Government: Reflections Toward the Conclusion of the Bicentennial Celebration of our Constitution", *Review of Politics*, 1989, 51(4), 551—580.

顾昕,"政府主导型发展模式的兴衰:比较研究视野",《河北学刊》,2013年第6期。

林毅夫,《经济发展与转型:思潮、战略、与自生能力》,北京:北京大学出版社,2008年。

林毅夫,"论有为政府 和有限政府——答田国强教授",《第一财经日报》,2016年11月7日。

林毅夫,《新结构经济学:反思经济发展与政策的理论框架》,北京:北京大学出版社,2012年。

田国强,"再论有限政府和有为政府——田国强回应林毅夫:政府有为要有边界",《第一财经日报》,2016年11月8日。

田国强,"争议产业政策——有限政府,有为政府?",《财经》,2016年第64期。

王勇,"不要误解新结构经济学的'有为政府'",《第一财经日报》,2016年10月31日。

王勇,"新结构经济学中的'有为政府'",《经济资料译丛》,2016年第2期。

王勇,"新结构经济学中的有为政府什么样",《第一财经日报》,2017年1月5日。

王勇,"新结构经济学中'有为政府'的改革含义",《经济学家茶座》,2016年第3辑。

王勇,"有为政府与中国宏观政策",FT中文网,2015年11月2日。

新结构经济学的方法论：
反思与感悟

以"常无"的心态研究新结构经济学:评林毅夫教授《本体与常无》[*]

2012年6月,恩师林毅夫教授从世行卸任,带回中国的是一整套雄心勃勃的"新结构经济学"的理论框架。10月又恰逢林老师60大寿,期间北京大学国家发展研究院成功举办了第一届新结构经济学国际研讨会,会上北大的校领导宣布将成立新结构经济学研究中心,大力推进相关理论与政策研究。正是在这样的背景下,林老师采纳了我们几位学生的建议,专门推出了《论经济学方法:与林老师对话》的第二版,取名与第一版的英文版一样,为《本体与常无》,并于林老师60岁生日之前由北京大学出版社顺利

---

[*] 本文发表于《中华读书报》2012年11月21日。

出版。

这是一本关于经济学方法论的著作。所谓"本体",指的是经济学研究的基本假设和方法;所谓"常无",指的是要直面现象,不为现有理论所羁绊。与第一版相比,该书主要有两个新的特色。

一是将原来两代师生之间的课堂对话变成了三代师生之间的对话。该书收录了加里·贝克尔(Gary Becker)教授对该书英文版的长篇评论,而贝克尔是林老师当年在芝加哥大学读书时的博士论文委员会的成员。作为一代宗师的贝克尔教授在16分钟的视频中,谦逊地以学生提问的方式对林老师的一些学术观点进行了评论或者批评,我将这段英文视频翻译成了中文。而林老师也对此专门写了一篇回应,一并收录在这本书中。

二是该书还新收录了八篇林老师的学生所写的对林老师经济学方法论的学习感悟与心得。这些文章是从学生的角度去讲述各自的亲身学习经历,还有很多描述的是与林老师交往的各种轶事,非常之有趣味性。这些新添的内容不仅更好地展现了林老师如何"因材施教",同时也生动地记录了各位学生"渐修"与"顿悟"的过程。相信这对于广大学子而言特别有针对性和亲切感。

作为林老师的学生和研究上的合作者,我对林老师一再强调的经济学方法论也一直在学习和领悟之中。在芝加哥大学博士二年级结束后的暑假期间,我读完林老师所赠的《论经济学方法:与林老师对话》后,感慨很深,遂结合在芝大读书上课的经历写下了"再读《与林老师对话》有感";后来在2008年博士论文选题时,我又通读了一遍林老师的这本书,情不自禁地写下了"研究中国问题的经济学是二流学术吗"一文。这两篇文章也都有幸被收录到了这本书的"学生的感悟"这一部分。如今我自己也成了一名大学老师,并从事与新结构经济学密切相关的研究。本文希望再次总结一下自己对林老师所说的"本体"与"常无"的经济学方法论的新体会,并求教于各位方家。

经济学研究大致可分为两种,一种是直接在已有文献的基础上进行逻辑拓展,放松原有模型的理论假设,将原来外生的变量内生化;或者是对已有的理论假设进行实证检验,以求比较准确地量化某些特定经济机制的重要性。另一种则是直面现象,从现实世界中归纳并抽象出一个具体的重要经济学问题,而这个问题必须是现有理论尚无法直接完全解释的,然后将该问题背后真实的经济学机制以严密的逻辑形式阐述出来,严格审视该机制发生作用所需的各种前提条件,并推演出该机制所导致的各种结论与含义,对现实进行定性或者定量的解释或者预测。

当然这两种研究方法是互补的,比如诺奖得主爱德华·普雷斯科特(Edward Prescott)和芬恩·基德兰德(Finn Kydland)最早提出真实周期理论(RBC)时,他们开始是按照当时解释经济波动的主流想法将货币等因素都考虑了进来。但是他们惊奇地发现,如果将货币等名义变量剔除之后,全要素生产率(TFP)变动等真实变量的变化就可以解释三分之二以上的波动。所以他们后来索性将货币等名义变量完全剔除掉,提出了真实周期理论这一崭新的框架。但是这一探索研究过程本身并没有体现在他们1982年的那篇经典论文里,而是直接假设模型中没有货币因素。

经济学专业化分工发展到今天,不同领域和分支都有着各自的特点。林老师显然更加推崇第二种研究方法,即抛开现有理论的思维框架,直接根据重要的真实现象以规范严谨的科学方式提出新的理论解释。也就是林老师常讲的要抱着"常无"的开放心态,坚持"经济理性"这一研究方法的"本体",来从事经济学研究。

经济学理论的主要功能在于节约信息,以尽量简化的分析框架来揭示现实世界中貌似不同但是本质类似的很多具体的经济现象背后的带有普遍性的一般规律。从这个意义上讲,我们希望每一个模型和理论的适用性和解释力越强越好,而模型和理论的数量则越少越好。如果每一个现象都需要一个不同的理论,那么理论便起不到节约信息的效果。

2012年10月,哥伦比亚大学的魏尚进教授给我发了一封电子邮件,让我对林老师所提出的新结构经济学列举几项我认为最为重要的新的经济学见解。这是一个非常重要的问题。后来我据此专门写了"'新结构经济学'的新见解"一文。之所以需要专文认真回答,是因为"常无"的背后必须是"知有",即熟悉并且透彻地理解已有文献对新结构经济学所研究的问题的见解的"存量"。只有这样,才能比较客观准确地估量新的理论所带来的见解的"增量":新在何处,为何重要。否则就容易无知者无畏。书中林老师讲到"学"的第二层含义就是要学习现有的文献,"如果现有的理论解释和自己的解释完全相同,那么,就不能认为自己有何新的理论发明"。假使现在有一个天才自己不看文献独立地提出和证明了纳什均衡、理性预期、显示原则(revelation principle),然而他对经济学科的边际贡献仍然是零,且无法发表。

但另一方面,甚至更为重要的是,"我们在观察周围的现象时,要时刻提醒自己,不要受现有理论的制约,如果一切从现有的理论出发来观察问题,就成了现有理论的奴隶,必须时时谨记'道可道、非常道',抛开各种现有理论的束缚,直接分析、了解现象背后的道理"(引自该书第206页)。

是的，真正做到"常无"是需要智慧与勇气的。我们应该看到，不同的经济学家看待世界的角度是不同的，因而提出的理论框架也往往是非常不同的。一旦这些经济学大家的理论被普遍接受，他们自然是希望自己的理论能够"放之四海而皆准"，自然是先天性地比较倾向于怀疑，甚至是敌视后来者所提出的挑战性的新理论，或者是索性忽略和淡化掉。所以一个新理论从提出到被普遍接受，往往需要克服很多现有的偏见和发表方面的额外困难。

托马斯·库恩(Thomas Kuhn)在《科学革命的结构》一书中提出，科学理论中的任何一个成功的范式革命都带有两重性，一方面，必须带有深刻的批判性和创新性，但另一方面，也必须显示出对传统理论较强的延续性和继承性。具体到新结构经济学，一方面，它批评了现有的发展与增长理论中缺乏考虑经济结构的内生性，号召大家要以开放的"常无"心态来研究现实问题，但另一方面，它又坚持新古典经济学的分析方法，尤其是理性假设这一"本体"。贝克尔教授对此非常赞赏。

林老师常说，一个经济理论的重要性取决于所解释的问题的重要性，而中国等发展中国家近几十年来高速增长，在世界经济中所占份额越来越大，所以其问题也就越来越国际化，越来越重要。而发生在中国的很多重要问题都是全新的，尚未被已有理论很好地解释。经济学是社会科学，所以经济学现象就带有国别性和特殊性。发达国家中即使一流的经济学家也难免会囿于自己的视野和生活经历，无法及时注意发生在中国的一些重要现象并把握现象背后的复杂逻辑机制。因此，作为中国的经济学者，我们对中国问题的研究有着"近水楼台先得月"的优势。具体到新结构经济学，正因为它更强调不同发展阶段的内生结构不一样，所以就更需要我们密切地关注发生在中国等发展中国家的真实现象,从中汲取最直接的研究素材和灵感。

那么研究新结构经济学,为什么不可以通过研究当今发达国家的历史去了解当今发展中国家的经济现象和问题呢?如果当今发展中国家的经济现象具有特殊性,那究竟特殊在哪里?现有的理论存量对于发达国家早期历史的重要经济现象都能够提供满意的答案吗?

对于自然科学或者数学等纯粹的逻辑学科而言,自然现象和逻辑推理本身是没有国别制度差异性和历史阶段性的,甚至是对于经济学中的某些分支,比如计量经济学理论或者博弈论以及决策理论(decision theory)等研究微观问题的纯理论而言,亦几乎如此。但是,对于发展经济学、宏观经济学、国际经济学等经济学中的其他分支则而言,则远非如此显然。因为所研究问题的时域长短决定了哪些可以作为外生给定,哪些必须要内生看待,所以就不可避免地带有较强的历史性、国别特殊性和发展阶段性。比如在当代的宏观经济学研究中,大部分问题都是与美国经济有关的,但是当试图回答发展中国家的类似宏观问题时,却常常被归为发展经济学和制度经济学的范畴。

这让我想起前不久与某位在美国任教的华裔学友一起吃晚饭时我和她之间的激烈争论。当我提到研究中国问题时常常发现现有的理论不适用时,她反问道:"中国的现象真的就那么特殊吗?美国等发达国家在早期发展阶段难道就没有经历过这些吗?"我是这样回答的:"研究发达国家的早期发展历史在很多时候的确可以帮助我们理解目前发展中国家正在经历的问题,但是并非总是如此。因为美国 60 年前的 GDP 虽然远不及今天的中国,但是那个时候的美国仍然是当时世界上的头号强国,而今日的中国仍然是发展中国家,所以很多时候,也要看该经济体在世界经济中的相对位置,因为这些经济体不是封闭的而是共存于经济金融全球化的时代并交互影响的。"

可能部分是因为我的这位学友着重于实证研究而我偏于理论研究,我们对现有的发展理论模型是否已经足够多产生了分歧。我认为,现有理论无法足够解释包括中国在内的众多发展中国家的各种问题,并且现实中很多发展中国家按照当时的主流发展理论进行改革的结果也常常不尽如人意。而她则认为,现实中的很多经济没有发展好,不是因为现有的发展理论不对或者不够好,而是因为现实中的经济政策没有正确按照理论去制定和实施,所以更多的是政客的错、执行的错,而不是经济学家的错、经济理论的错。当时我们争论得有些面红耳赤,谁也说服不了谁。

现在回头想来,我朋友说的情况不是没有,但是我们必须要进一步问,如果真像她所说的那样,那么究竟是什么原因导致对同样的已知的主流理论,有些国家就能够很好地照此制定和执行经济政策,而有些国家却不可以呢?是因为那些经济落后国家的政客系统性地更加愚蠢吗?那为什么可以持续地愚蠢下去?是因为有政治经济学的原因导致相关决策者理性地选择不按照已知的正确经济理论去制定或者执行政策吗?那么也应该是说明发展理论本身不够完善,没有考虑到现实中的政治经济学的因素。是因为国家政府太弱,以至于虽然知道如何按照已知的发展经济学的正确理论去正确制定和执行政策,但是却没有足够的能力去这么做吗?那么这不正是说明我们研究国家能力(state capacity)理论的必要性了吗?不正是说明我们还需要从理论上研究如何让政客或者政府有能力、有动力去制定和执行正确的政策吗？从另外一个角度来看，对于那些经济已经或者正在取得成功的发展中国家，包括中国在内，难道所有经济政策的制定和执行都是完全严格按照现有发展经济学理论进行的吗？即便是，那么究竟是什么能够保证做到这一点？难道是连续几十年的好运气吗？难道经济学家对这些问题都已经有了完美的理论答案了吗？

固然，我们不应将一个国家的经济成败完全归咎于经济学家研究的好坏，否则未免过高地估计了经济学家的能力和经济理论的作用。但是，如果认为一个国家经济的失败完全不是因为现有的经济理论不足，而一个国家经济的成功则又完全是因为现有的经济理论被很好地转化成政策并被正确地执行了，那么经济学家们未免也太避责贪功了吧？更何况，现实中有很多国家的经济都失败了，而且是持续的失败，经济成功的国家则是少数，而且也不是持续的成功。

我们之间的争论也让我想起了在《本体与常无》一书中，林老师认为，作为社会科学的经济学要比作为自然科学的物理学、化学、生物学等更加复杂。但是贝克尔教授在评论中说他不同意这种观点，他认为，一个学科容易与否取决我们对这门学科理解的程度，物理学是因为伟大的物理学家的出色工作使它显得容易，而不是因为它天然就必然比经济学容易。后来林老师在回复时辩解道："自然科学研究的是自然规律，不受不同的收入水平、政府的政策和制度等因素的影响，所以在发达国家发展出来的理论在发展中国家也同样适用。但是社会科学的理论则未必是，由于决策者的收入水平和面对的相对价格不同，且实体经济的特性和制度环境有异，所以在发达国家发展出来的理论不见得适用于发展中国家。而且,即使是在某一状况下对发达国家适用的理论,也可能会因为条件的变化而被扬弃。"

对于林老师"以休克疗法的失败为例说明现有发展经济学理论对于一些西方国家比较适用,但是对于现在的中国却并不非常适用"的这一观点,贝克尔教授表示了质疑。他说:"'休克疗法'的确经常失败,但是这只是某一些经济学家的直觉性的信念,并不是根据新古典经济学的基本原则得出来的,理由是新古典经济学并没有一个非常令人满意的经济发展理论。所以'休克疗法'的失败并不是新古典经济学的失败。"贝克尔教授甚至认为,新古典经济学中甚至还没有满意的理论来解释很多西方国家的早期经济发展问题,比如关于英国早期工业革命的一系列问题。但与此同时,贝克尔教授认为,在新古典经济学中的确存在一些具有根本性贡献的关于经济发展的研究,比如比较优势理论、人力资本等。

对此,林老师回复道,他并非否定而是依然坚持新古典经济学的方法论,但是认为现有的新古典经济学的理论模型中企业具有"自生能力"这一暗含前提是有问题的。

同时,林老师认同贝克尔教授关于"对经济发展问题缺乏一个合适的统一框架"的看法,并引用了诺奖得主迈克尔·斯宾塞(Michael Spence)在世行著名的《经济增长与发展委员会报告》中使用的比喻:我们现在知道了很多烧菜所需的"素材"(ingredients),但是却不知道"菜谱"(recipe)。林老师认为,要掌握"菜谱",就应该将经济结构的内生性充分地引入发展经济学理论,即新结构经济学的努力方向。

是的,时代的发展召唤着更好的新古典发展经济学理论。为此,我们一方面必须学习了解真实世界的现象,并努力掌握已有的发展经济学理论,另一方面,也必须尽力避免让已有的理论成为自己的负担和变色眼镜。我们正在不断地探知一个未知的世界,而现有的理论只是一张陈旧的地图。甲说:有些新的游客之所以迷路,是因为这些游客没有正确地使用这张地图,而地图本身没有错,因为它是按照以前的游客的记忆画的。乙说:是因为这张地图本身就画错了。丙说:有些新的游客之所以迷路,不是因为原来画地图的游客的记忆错了,也不是因为地图的使用错了,而是因为路本身变了。而丁则抱怨说:有那么多张不同的地图,鬼才知道该用哪一张。戊却大笑一声,说:根本就不用管有没有什么地图,我的脚印就是地图……甲乙丙丁戊,究竟谁更有道理?相信各位读了《本体与常无》之后,会有自己更好的判断。就此搁笔。

对阿罗-德布鲁一般均衡分析框架的反思[*]

在17号下午的发言中我已经阐述了对新结构经济学,特别是增长理论建模方面的一些个人陋见。现在我将用15分钟的时间,讲讲我对阿罗-德布鲁模型(Arrow-Debreu Model)的粗浅思考。

在17号的报告中我用了两个例子,都是与林毅夫老师合作的文章,其中一个是与林毅夫老师和鞠建东老师在《货币经济学杂志》(*Journal of Monetary Economics*)上发表的文章,讲到了在处理产业结构调整过程中有什么技术上的难点。主要是因为总体生产函数形式并不是外生给定而是内生变化的,而这体现的是潜在

---

[*] 本文发表于经济金融网 2016 年 6 月 15 日。
   本文根据作者在 2015 年 12 月首届新结构经济学冬令营上的发言整理而成,其中部分内容收录在由林毅夫、付才辉、王勇主编的《新结构经济学新在何处》一书中,由北京大学出版社 2016 年出版。

产业组成的内生变化,是由要素禀赋结构不断改善和产业结构不断变化导致的。所以求解动态模型最后变成了求解一个汉密尔顿系统,其状态方程由于总体生产函数形式是内生变化的,因而也在内生调整,这也是最大的技术上的难点。

现在我们需要系统地从技术层面上反思,在多大程度上继承阿罗-德布鲁模型,同时在多大程度上这个模型有可能对于一些关键问题强调得还不够。阿罗-德布鲁模型是现代经济学的基础模型和框架,具有几个非常好的性质。我们对整个经济系统福利的判断是基于阿罗-德布鲁模型完成的,两个福利经济学定理是用来做效率分析最基础的模型,也是现代微观经济学、宏观经济学的基础模型。其中有几个关键要素,从最微观的个体出发,家户定义了偏好,企业定义了技术。而且不同个体有不同的约束,同时也有不同的市场结构的潜在假设。比如可以假设所有市场都是完全竞争的,那就是市场经济。如果商品空间是固定的,商品种类不会增加,那么 N 维的商品空间就对应 N 个价格,最后形成一系列的分析,无论是宏观分析还是微观分析都可以在这个模型里进行,这个是最本质的现代经济学的范式。

后来,在原来阿罗-德布鲁最早的模型里又引入了金钱;引入了动态,所以不同时间点的同一个产品可以看成不同的产品;同时还引入了不确定性。如果我们要使新结构经济学的发展与现在的模型有所区分,那就必须要对现在模型的特征有所把握。事实上,现在的阿罗-德布鲁模型之所以这么强大,是因为它已经做了很多的扩展,包括动态随机一般均衡模型(DSGE)也是这个模型。如果一个 N 维的商品空间仅仅有 $N-1$ 个价格,那么这就是一个不完备的市场 (incomplete market)。在一般均衡模型中也已经引入了信息不对称，比如说罗伯特·汤森（Robert Townsend）的一系列研究就引入了道德风险和逆向选择。博弈论和一般均衡模型并不是两张皮，而是已经在逐渐结合。在这个基础上还可以有外部性、国际贸易以及异质性个体等，所以这个一般均衡模型是非常强大的，而且是一个主流范式。我们不能轻易地说这个模型有局限，不能在不了解的情况下就宣称要批判和推翻阿罗-德布鲁模型，而是必须谦虚冷静地学习它然后具体地反思它到底还有哪些不足之处。

如果从新结构经济学的角度来反思阿罗-德布鲁模型，到底有哪些是在传统上大家不怎么强调的，但是新结构经济学却是特别强调的？

我认为，第一，一般均衡模型从微观基础出发，起点是原子式的个体，比如独立家户是不考虑性别的，而企业仅仅用技术表示。但是新结构经济学强调的关键是结构，比如产业结构，阿罗-德布鲁模型最开始并没有将其作为一个重要的设定来对待。现有的宏观经济学模型基本上都把产业结构、金融结构等作为外生给定的并且是不随时间变化的，但现在新结构经济学就要考虑原来的阿罗-德布鲁模型在多大程度上可以涵盖内生结构和演化结构。当然，现在很多考虑产业结构、金融结构的变化的研究，也是建立在阿罗-德布鲁模型的基础之上的，但我们要系统地考虑怎样把这个结构做得更加丰满，并得到一些可以检验的预测。至于研究结构的方法，诚如今天上午邢海鹏教授所说的，很多对于经济学还很新的东西在统计学等其他学科里已经非常成熟。虽然我对此了解有限，但我认为，理论上确实有可能存在一种更易于刻画的拓扑结构，并且可以看看它是否真的有相应的演化。

固然有根据当时的现象归纳而提炼出来的理论,但分析工具的重要性也是非常大的。比如宏观经济学七八十年代开始的理性预期革命就是以卢卡斯、萨金特等为代表的集中在卡内基·梅隆大学、芝加哥大学和明尼苏达大学等机构工作的一群宏观经济学家首先倡导与发展起来的,其中非常关键的就是把贝尔曼方程(Bellman Equation)系统地引入到了宏观经济学的分析中。在此之前,凯恩斯宏观经济学的定量研究方法是建立大量的联立方程组,最后求解得出的宏观变量都是一个数字。但是卢卡斯引入了贝尔曼方程,那就是一个泛函,最后求出来的是一个最优的函数,这就是理性预期。如果只是联立方程组,政策只会改变最后的数字,但卢卡斯认为,政策会改变整个经济结构和预期,所以每个决策者的行动就是一个政策函数(policy rule),而不只是一个数字。在这点上,宏观经济学的传统认识被颠覆了,这就是卢卡斯批判。

事实上,贝尔曼方程在六七十年代被系统地引入到经济学时,在工程学里已经非常成熟了。六七十年代的工程学正在把稳健控制(robust control)引入到自己的学科中。目前的主流宏观经济学范式是,假设建模的人知道真实的模型是怎样的,然后得出推论与假说。但稳健控制是假设决策者,比如央行并不知道现实中的正确模型是什么,但有几个可选的模型,所以相当于一个假想的自然神力在和决策者做对,会尽量地把决策搞得更糟糕,所以作为决策者必须要做出一个最小化最大可能损失的决策(Min Max)。这也是最近几年拉尔斯·彼得·汉森(Lars Peter Hansen)和托马斯·J. 萨金特(Thomas J. Sargent)的想法,希望把稳健控制引入到宏观经济学中,因为这相当于放松了理性预期的假设,将理性预期变成一个特例。现在也有一些人试图将其引入到资产定价中,把这些工具运用到央行的决策系统,但是这个推进过程也是非常艰难与缓慢的,即便汉森和萨金特都是诺奖得主,推进起来也都非常艰难,但是我相信有一天这也会变成主流。

我以此为例是想说明现在很多其他的学科虽然掌握了很多工具,但也许并不是从经济现象和问题出发的。新结构经济特别鼓励跨学科的对话,就是想看看有什么样的问题和什么样的工具可以对接。比如邢海鹏教授是斯坦福大学统计系的博士,但他对经济学、金融学也有研究。他也许不太清楚经济学的很多分支中都有些什么问题,而我们也没有意识到其他学科里有一些成熟的技术正好可以拿过来用,所以这样的互补沟通是非常重要的,这也是我们冬令营头脑风暴的一个很重要的目的。如果有一天正好发现有一项技术引进后能够从根本上改变我们对经济结构的看法,那就应该接纳它。但是绝对不能在我们实际不知道的时候就说要推翻阿罗-德布鲁模型,这是"无知者无畏"的不成熟的表现。而且我们必须把阿罗-德布鲁模型这个现有的工具范式利用好,如果有朝一日阿罗-德布鲁模型的确限制了我们的思考,这时我们再引入新技术。当然,这对于我来说是一个开放的问题。

第二,我觉得现有的阿罗-德布鲁模型中,对于政府的作用大家考虑得还不够。目前宏观上通常的做法是根据模型把外生的政策放进来,不同政策产生不同的分配效果。然后按照某种排序方法,比如帕累托有效原则,对所有的不同结果进行排序,再根据不同的排序,倒推出来之前输入的外生政策哪些是好的,哪些是不好的,最后给出建议。但这里面有两个问题,首先,政策本身并不是外生的,如果忽略了政策的内生性,给出的建议就很有可能具有误导性,这是林毅夫老师一直在强调的。其实政府的决策很多也是内生的，为了分析的简化我们有时候会把这些割裂开来。但在经济发展的过程中存在很多问题，比如政府的发展战略可能会产生一系列的政策扭曲，如果不把源头去掉而直接去掉中间的扭曲，则是把原来的"次优"变成了更差。其次，不少发展中国家的政府都扮演着一个非常积极主动的角色，并不是政府做一件事情后就离开这个市场，然后市场告诉结果，政府再进来安排一下。相反，政府是一直在进行主动积极的适应性的学习的，比如中国的地方政府就是一直在学习的，是一个贝叶斯更新的过程。包括林毅夫老师在马歇尔讲座中所讲的思潮，政府的领导人也在进行贝叶斯更新。阿维纳什·迪克西特（Avinash Dixit）以前给世界银行写过的一篇文章中，总结出过去的世界经济发展过程每十年就会冒出一个经济增长的英雄，比如日本曾经就是一个英雄榜样，这时世界各国都来学习这个国家的经验，认为这是最好的，因为从政者容易使自己的同僚信服学习这个榜样是正确的。过了十年又换了一个经济增长的榜样，然后大家又拼命地学习、模仿新榜样，所以这是经济发展思潮的一个贝叶斯更新过程。很多时候领导者的信息与信念的更新过程非常重要，但这些东西在目前的绝大多数模型中是不考虑的。

目前的宏观经济学模型通常把政府放到非常被动的位置。当然我也是在芝加哥大学受的训练，有时要考虑到政府有很多无用的行为，比如一个调侃的比喻就是说政府只做两件事，一是收税，二是将所有收上来的税扔到大海里。但事实上，像中国这样的政府一直在进行主动积极的适应性的学习。现在林毅夫老师一直在积极鼓励中非合作，徐佳君老师也参与了进来。非洲国家政府的官员是非常渴望学习，并且非常想把中国的成功经验学去的。那么,怎样把政府的学习过程模型化?这就需要我们认真思考。特别是当我们考虑产业政策时,就必须同时考虑这个政策的执行过程。我们要考虑政府的政策是怎样来的,怎样执行的,并且在不同的发展阶段是怎么不一样的,这个必须要适应结构不断转变的环境,这一点我觉得现有的模型强调得不多,也是做产业政策时需要考虑到的。

《经济展望杂志》(*Journal of Economic Perspective*)曾经有一期邀请发展经济学的几位领军人物每人写一篇反思。丹尼·罗德里克(Dani Rodrik)写了一篇文章,想要归纳中国成功的经验。他特别反对现有理论的一种普遍做法——在诊断之前就开出了药方(prescription before diagnosis)。这种做法是在学习了一种主流理论后就跑到其他国家,在还不知道这个国家到底是什么特性时就给出药方,一个典型的失败的例子就是"华盛顿共识"。中国在现实政策操作和执行的过程中,很多时候就是先考察实际情况再给出药方的。我觉得林毅夫老师倡导的新结构经济学正是基于这一哲学,先看看自己有什么,再从这个基础上总结出比较优势,然后看到底有什么问题并找到对策。所以必然是先诊断,再给建议。但这并没有结束,给了药方,有了药材,还有执行的问题。政策本身和执行的过程有所区别,所以必须进行机制设计,把激励问题处理好。做完以后还需要评估,詹姆斯·赫克曼(James Heckman)做了很多与评估相关的研究,在《计量经济学杂志》(*Econometrica*)上也有发表。这一问题在中国的政治体系中就是怎样考核和激励官员,这些我觉得都可以更好地运用到新结构经济学的框架里。

最后我还想再介绍宣传一下这篇发表在《货币经济学杂志》上

的文章,这是林毅夫老师、鞠建东老师和我花了很久的时间才发表的。林老师肯定不满意,因为林老师认为这应该发表在最好的五本期刊之一。但不管怎么说,越来越多的人开始慢慢地注意到这篇文章,它也属于结构变迁(structural change)领域的主流文献。我们不仅建立了一个模型,还花了大量的时间来总结实证结果,考察了产业升级的状况以及不同资本密集度的部门的差异,不仅有美国的长期时间序列数据,还有联合国发展组织(UNIDO)的跨国数据。这篇文章并不需要原来的只有一个部门的 TCI 的衡量,因为模型有无穷个部门,所以只要数据可得就可以做得非常细致,比如可以将政府的政策扭曲程度精确到 12 位数,甚至可以将产业精细到每个工序,因此可以充分利用微观数据,来看差异和整个的模式,而且并不像很多常规的横截面回归那样只是控制一些静态特征,而是有动态的预测,因为只有动态模型才可以刻画产业周期的长度以及什么时候产业该出现。以上这些结论都可以检验,所以对实证研究感兴趣的研究者不妨认真看一下文章的第二部分。

对于新结构经济学,这个模型可能是一个比较好的出发点。首先,这里有一个新的导致产业结构升级的机制,就是禀赋推动的产业结构升级,这是核心所在。结构转型的文献中有各种各样的机制,但我们在这篇文章中都控制住了那些机制的影响,仅仅能够看我们强调的这个机制的独立作用。当然新结构经济学的要素禀赋结构除了产业结构可能还有其他更好的表现形式,但这是我们这篇文章的出发点。其次,这个模型非常易于处理,因为有闭式解可以做非常干净的比较静态分析,因此可以在这个没有摩擦的最完美的状态的基础上加各种各样的东西。比如可以拓展到开放市场;可以加入冲击,这也是我和邢海鹏教授刚准备讨论的;可以加入金融市场;可以考虑外部性和相应的产业政策;可以考虑异质性劳动力和人力资本市场;可以考虑部门之间不同的生产率;等等。所以我们这个模型虽然有无穷多的部门,无限长的时域,非常高维,但仍旧是易于处理的。我的广告就做到这里,谢谢。

对"斯德哥尔摩陈述"的感评*

谈到"斯德哥尔摩陈述",第一,这是一个时机的问题。新结构经济学,或者说整个的发展经济学界、经济学界都在对现在的经济学理论进行反思,比如世界银行的增长报告,国际货币基金组织的反思等。包括我在芝加哥大学读书时,有一场西奥多·W.舒尔茨(Theodore W. Schultz)的讲座,主讲人是纽约大学经济学教授威廉·伊斯特利(William Easterly),他结合自己在世界银行的多年工作经验反思了整个现代经济增长理论,他的主要观点是:"对于经济增长我们基本上什么都不知道。"事实上,如果我们直接看经济绩效,对于为什么1960年的101个中等收入经济体,半个世纪之后只有13个跳出了中等收入陷阱这一问题,现有的理论基本上没有给出答案。面对现实,在对"华盛顿共识"的反思和以上提到

---

* 本文为作者在2016年第二届新结构经济学冬令营上的发言,请见新结构经济学研究中心2017年2月7日微信公众号。

的各种反思的背景下,林毅夫老师提出了新结构经济学,并逐渐成为第三波发展经济学的思潮。现在讨论"斯德哥尔摩陈述",我们应当把它放在全球的背景下、实践的背景下和整个学界的思潮背景下来讨论,这是一个非常重要的事件。

第二,从政策制定的角度来讲,尤其是结合中国的实践,一个非常重要的困难在于意识形态的问题。对于很多学术争论,受过现代经济学训练的人自然而然地会经常受到主流意识形态的干扰。比如说,在经济学研究里什么是"政治正确"的口号?"政治正确"的口号和做法就是批评政府,以至于很多人认为只要批评政府就是深刻的、就是鼓励市场的、就是代表先进的方向的;而如果肯定政府的一些做法,那就是在拍政府的马屁、就是在反市场改革、就是在扮演一种开历史倒车的角色,这样的思维是值得警惕的。"斯德哥尔摩陈述"是对"华盛顿共识"的修正,在某些方面也是一种批判。更为重要的是实事求是的态度,哪些是正确的、哪些只在某个阶段正确,这些问题都是值得探讨的。正如林毅夫老师提出的,新结构经济学和前面两波发展经济学的思潮不同,第一波思潮是旧的结构主义,忽略的是产业结构和技术的内生性,而新结构经济学强调的是产业结构、技术结构内生于要素禀赋结构以及由它带来的一系列政策。第二波思潮是新自由主义。新结构经济学与新自由主义的差别在于,新自由主义虽然强调制度的重要性,这的确非常重要,但是很多时候它把制度政策当作是外生的,而新结构经济学主张制度政策是内生的,这就直接涉及政策的制定过程。在现代主流的发展经济学中,政策的制定过程通常都是先看发达国家有什么,然后再对照发达国家的镜子看看自己缺什么,缺什么就补什么。发现一系列的制度都缺,所有的方面都差,所以希望首先能够尽快复制发达国家的制度,之后希望经济增长能够自然地实现。这样的做法强调的是发展中国家在制度上的绝对劣势,而新结构经济学强调的则是经济上的比较优势。在制定政策时,起点是先看作为一个发展中国家自己有什么禀赋技术条件,找到自己的比较优势,然后考虑怎样把这些潜在的比较优势发挥出来,转变成企业实实在在的竞争优势,这一方面需要市场的要素价格信号来指导,另一方面需要软、硬基础设施建设来降低交易费用。

因此,这是一个理念的问题,其中有许多是发展阶段的问题、结构的问题,这些都是新结构经济学比较强调的特点,也是目前在中国学术界引起非常大的争论的问题。我们回顾一下其中的几个著名的争论:

第一个是 20 世纪末,林毅夫老师和张维迎老师关于国有企业改革的争论,现在这个争论仍然在继续,这两位都是我非常尊敬的经济学家。改革争论的背后究竟是产权的问题还是竞争性的问题?林毅夫老师强调自生能力、技术和要素禀赋结构结合,强调外部治理,强调竞争性市场的重要性。而张维迎老师则更多的是强调内部治理,怎样使得委托代理结构更加正确。在中国这样的体制下,我们怎样讨论"林张之争",作为学者我们在多大程度上能够避免陷入主流教科书意识形态的先验性的思维,这是非常重要的学术问题。

林毅夫老师和张维迎老师的第二场争论,也是最近的争论,是关于产业政策的争论。事实上,2014 年在复旦大学韦森老师主持的纪念杨小凯老师逝世十周年追思会上,林毅夫老师和张维迎老师就有了争论。张维迎老师的观点非常清楚,他认为任何的产业政策都是变相的计划经济,所以应该抛弃所有的产业政策。但林毅夫老师或者新结构经济学并不是这样的观点。怎样划分市场和政府的边界,怎样划分政府的"有为""乱为"和"不作为"之间的界限,其中有很多意识形态的思维定式与东西需要被克服。

第三个也是与发展的阶段性有关的争论:杨小凯老师和林毅夫老师之间关于后发优势和后发劣势的争论,现在这些问题、这个争论都依然存在。他们这两位重要的学者都非常关心中国的命运,对于什么是最终目标,我想两位经济学家都没有太大的异议,都是希望经济繁荣、希望每个人都有充分的权利,争论在于怎样实现这个过程。杨小凯老师认为,应该先实现宪政民主,然后再发展经济。但是林毅夫老师认为,我们必须先发展经济,在这个过程中充分认识到政策的内生性、制度的内生性,希望在经济发展的过程中逐渐培育出越来越好的制度,做好制度的优化性改革。

第四个争论,虽然现在讨论得比较少,但我认为也非常重要,也涉及中国政策的制定问题,就是十多年前韦森老师对张五常老师一个重要观点的批评。张五常老师提出,中国的县际竞争是导致中国经济增长的一个很重要的原因,这是一个很重要的制度特色。而在当时,韦森老师公开地提出了一个商榷,是说这样的地方政府主导的模式是否依旧有效。这一问题非常重要。现在我们回头来看,地方政府之间的竞争是否存在严重弊端,原来的模式是不是可以持续?这就涉及在现在这个发展阶段,我们应该如何看待中国经济增长的动力、怎样看待地方政府之间的关系、怎样看待央地之间的关系的问题。

如果看以上四个争论,其实背后都离不开结构,离不开发展阶段,离不开大家对现代经济学文献的一个反思。我现在只是把这些问题又提出来,希望大家能够结合冬令营,结合新结构经济学,反思这些重要的问题，认真研究"斯德哥尔摩陈述"，看看"斯德哥尔摩陈述"与"华盛顿共识"相比，在哪些方面是不同的，而这些不同又在多大程度上更好地体现了发展的阶段性、结构的内生性，以及制定政策的时候去意识形态化，更好地体现了"抓住老鼠就是好猫"的实事求是的精神。

提到几个争论，需再补充一点，中国学术界的一个现象：我们很多的争论其实其问题都很有深度，但这些争论很多时候只停留在大众媒体上，而没有转换成学术论文。我们看到西方的很多学术争论，比如说新凯恩斯主义和新古典主义，它们互相在争论时不但在媒体上引起了大家共同的讨论与反思，同时也转换成了切切实实的学术上的进步。现在我们的新结构经济学研究中心可以做的一件事情，就是找到原来那些结合中国具体问题的重要争论，探究其背后的经济学逻辑，看它们在多大程度上是对现代主流经济学的反思；在多大程度上能够把结构问题加以更好的模型化。这些思想的交锋不应该被浪费，应该被重新审视、重新思考，这些对整个学术界都是有帮助的。

怎样从学术的角度看待政策的制定过程和执行过程非常重要，因为"斯德哥尔摩陈述"讲的是世界政策制定的原则。我们要问，结合中国的实际，中国的政策制定和执行过程是否有其特殊性？在现有的经济学文献里在多大程度上得到了讨论？其中涉及政治经济研究（political economy research）和怎样研究政策制度过程（policy making process）的问题。我自己的看法是，中国的政策制定过程有几方面特别重要：第一，有很多人争论中国问题是否真的特殊，我认为单单列出某一点来说可能并不是特殊的，但特殊性在于从改革开放以来它的四个过程在同时进行。第一个是随着人均收入的增长,农业、工业、服务业的比重不断发生变化的结构转型过程,许多国家包括中国都出现了这样的变化。第二个是中国从计划经济向市场经济的转轨过程。一开始中国基本上是计划单轨,之后实行的是计划与市场双轨,接下来是怎样向市场单轨过渡。第三个是中国从原来的封闭经济逐渐融入世界贸易和金融体系的开放过程。中国的贸易自由化取得了许多进展,资本项目的开放是一个颇具争议、非常难的,并且一直在争论的问题。第四个是经济学家讨论得比较少的,但是对于政策制定而言是不可回避的过程,即中国过去的 40 年,是从一个政治、外交、军事的区域性弱国逐渐成为政治、外交、军事的世界强国的崛起过程。在这个过程中,一定存在各种各样的围绕国家利益的国国博弈,这是对现代的国际社会秩序的重新思考,甚至是挑战的过程。所以中国是有这四个过程在同时进行的。历史上似乎很少能够看到一个国家有这四个过程在同时进行。这四个过程对我们的政策制定都有非常重要的含义,我们在研究中国的政策制定与执行时需要同时考虑这四个结构性过程。

更加具体一点,我们批评现在的主流观点,比如"华盛顿共识",认为它犯了一个毛病,在诊断之前就给了药方(prescription before diagnose),药方就是照抄发达国家,不管你处于什么发展阶段,都应该这样做。但新结构经济学并不是说只看最终的目标是什么,而是先看我有什么病,处于什么阶段,是婴儿阶段、少年阶段、青年阶段、中年阶段还是老年阶段。所以我们是根据我们的结构来反思我们需要什么样的政策。我刚才没有讲到,另外一个现在在中国的学术界引起非常大的争论的问题,就是林毅夫老师和田国强老师之间关于有为政府和有限政府的争论。

首先田国强老师是我非常尊敬的老师,是一位有很大贡献的老师,我没有任何不敬的企图。我觉得对于政府的作用这个问题,田国强老师关于有限政府的论述也基本上反映了现在大部分人的想法,教科书的想法,这些都是现有的意识形态。有为政府和有限政府到底有什么区别?其中一个非常大的不同,在于田国强老师所描述的有限政府没有考虑结构过程和发展阶段,有限政府考虑的是最终当所有的市场经济都变好、制度都完善的时候的情形,基本上是守夜人的角色。可是有为政府不仅考虑了在无限远的稳态时的情形,还重点考虑了过渡动态路径上的情况,不同的发展阶段市场有不同的结构、不同的发育情况,每一个阶段、每一个结构性过程政府应该做什么是一个动态的、随着时间变化的过程。而这一点正是田国强老师有所忽略的,他认为,只要是讲最优的目标,就不能变,就不能区分不同阶段、不同结构下的短期最优与长期的稳态最优,这么做显然没有充分考虑过渡动态问题以及路径问题。在田老师的论述中,一说到中间路径就只是以"过渡性的、暂时性的"轻松一笔掠过,但事实上整个经济发展的过程本身就是一个过渡动态的过程,是重点。如果我们一直只是强调最终目标,而不强调怎样去实现这个手段、这个过程,那么整个思维从某种意义上来说就是"华盛顿共识"遗留的典型思维,也是很多人的主流思维。对于有为政府,新结构经济学希望在这点上澄清它和有限政府的具体差别。这个理念就是我们必须要结合经济结构的不同来探讨政府的作用。此外,有为政府的有为不仅体现在对市场失灵的纠正、对市场的培育保护,它的另一个特别之处还在于它具有改革含义。对于中国这样的一个经济体,1978年开始改革,从计划经济向市场经济转轨,其起点就存在一系列的扭曲,而那些扭曲是因为以前错误的发展战略造成的。有为政府的改革含义在于,对于原来已经存在的乱为,或者不作为,政府应该加以纠正。有为政府本身就具有对已有的错误的发展战略和错误的制度安排进行改革的含义。一个不具备改革意志和行为的政府,我不认为是有为政府。所以,有为政府并不是说政府完全是被动的。回顾中国改革的历史,回顾邓小平先生所做的事情,改革中领导人付出了很多,改革的过程需要政治领导人的眼光,而且过程中讨论到了政策可行性以及政治约束,各方面的考虑都是需要努力的。所以那些有魄力的、改革不好的制度的官员是值得掌声的。虽然作为经济学家,我们经常直接批评官员,但是在中国和其他国家都有一些官员是希望做事情的,他们愿意做一些和社会发展、经济发展相一致的事情。而他们在实施改革时的这些"有为"是应该被鼓励、被提倡和被歌颂的。当然在这个过程中,政府也可能存在乱为和不作为。怎样划清界限,必须要具体问题具体分析,但是一定是结合结构加以讨论的,而有限政府则没有这一结构概念,没有这一转轨过程的概念,只有对转轨结束以后的描述。此外,很多人误认为有为政府只强调把政府做大,强调干预,而不强调改革,我认为,这些批评是对新结构经济学严重的误解与歪曲。

另外,邓小平同志说,"不管白猫黑猫,捉到老鼠就是好猫",实事求是、实用主义这样的政策制定原则在中国的改革中被证明是非常有效的,不被意识形态所纠葛。中国的某些特色在许多国家都无法模仿,比如经济特区的有效推行需要一个比较强势的中央政府,而在许多国家则不具有政治可行性。此外,还有一点要提到韦森老师,我真的很佩服。倒不是因为他是领我入门的恩师,而是因为韦森老师在过去的几年里一直坚持并倡导推动中国的财政预算民主化。政府在制定预算的时候,我们希望能够推动更多的民主参与决策,把专家的意见以及其他更多群体的意见反映出来形成一个约束。这样的努力本身也推动着中国的政策制定向着更加合理的方向进步。改善我们的政策制定过程,更加需要像韦森教授和其他教授这样的切切实实的努力。

再读《与林老师对话》有感*

我相信几乎每一个从北京大学中国经济研究中心(CCER)毕业的学生都能够对林毅夫教授的发展经济学理论很自信地从容道来,就像每一个芝加哥大学经济系的毕业生都会对人力资本、理性预期稔熟在胸一样。作为林老师众多学生当中的一个,我总是莫名其妙地觉得自己对林老师的思想观点与方法论已完全了然于

---

* 本文发表于《世界经济文汇》2005 年第 6 期。林毅夫老师让我为《与林老师对话》系列丛书写一篇书评,作为学生我自然倍感荣幸,但又有些惶恐。既然我自己还是学生,写"读后感"更为合适,所以也就自然地将读者定位在了国内对林毅夫老师发展经济学的学术观点已有基本了解的经济学学生,并主要侧重于我对林毅夫老师在书中所提到的研究方法的个人主观感悟而非对其具体学术观点的理解,既是一种自我总结,也希望能够抛砖引玉。在写作过程中,我的很多同学和好朋友都阅读了初稿并提出了中肯的建议和善意的批评,使我自己成为这篇文章最早也是最大的受益者,如果说有其他受益者的话。我要真诚地感谢他们:白金辉、陈志俊、胡伟俊、赵莹、李志赟、陆铭、柯荣住、黄毅、王鹏飞、黄卓、何英华、李韶瑾、李荻和柴桦。并感谢郭凯提供的帮助。我祈祷本文的观点不要太误导性,尽管也许在所难免,希望大家能够原谅。所有文责由我本人承担。

心,以至于为了赶作业而没有去听林老师2003年冬天在芝大的演讲。现在想来,我的这种"自负"大概是因为自己曾在林老师的"中国经济专题"和"发展经济学研讨"课程上的成绩还算不错;大概也是因为自己曾采用林老师英文版的《中国的奇迹》作为教材为伯克利大学的本科生主讲过一学期的"中国经济专题"课程;大概还是因为自己曾花了较长的时间向林老师、鞠建东老师学习,合作写论文。就连我的经济学启蒙恩师、复旦大学的韦森教授在书评中都说,对毅夫的观点熟悉得、同意得"下笔甚难",更何况作为林老师嫡传弟子的我。

然而从中心毕业整整两年以后,当我翻开林老师所赠送的图文并茂的《论经济学方法》和《论经济发展战略》两本书时,就立即被这套系列丛书的"总序"所深深吸引,特别是其中关于林老师从芝大求学以来20年研究心路的自述。也许部分是因为林老师当年在芝大求学四年也是住在这同一栋国际公寓里吧,马上就要进入三年级开始独立研究的我,读着读着便有一种身临其境的感觉。呀,原来林老师博士三年级的时候开始也是"以经济学界普遍接受的理论为出发点来考察中国的问题的",可是为什么他后来又不这样了呢?为什么现在有不少中国学生数理功底很不错却写不出好的论文,我自己的一篇关于增长与发展问题的投稿不久前也被一家国际杂志用三篇很长的审稿报告给"枪毙"了,而林老师发表在《美国经济评论杂志》和《政治经济学杂志》上的那两篇数学并不复杂的论文却会成为引用率最高的研究中国问题的经典文献?林老师做研究写论文的"核心硬技能"是什么呢?为什么林老师的《中国的奇迹》会被翻译成六七种语言,自动成为全世界研究中国发展问题的经典教材?显然林老师的一贯分析工具就是我在加里·贝克尔(Gary Becker)和凯文·墨菲(Kevin Murphy)两位教授的中级微观经济学(ECON301)课上所学的芝加哥独特的经典价格理论,林老师的很多时事政策分析隐约间好像也是米尔顿·弗里德曼(Milton Friedman)教授开创的那种应用价格理论导向进行宏观政策分析的"拳路",可是为什么林老师会得出与主流理论不一样的结论呢？芝加哥那么多价格理论的宗师都说激进改革比渐进改革好,企业私有化是唯一出路,而林老师居然会不同意,"胆子"可真大！看到这里很多研习会(workshop)上的演讲者被台下的教授们批得体无完肤的尴尬相,我的心里不禁要问:林老师这种学术自信心的来源是什么呢？

这些问题在我心中又岂止徘徊过十次！然而这个暑假马上就要开始写二年级的论文,真的要正式地从过去平均成绩点数(GPA)崇拜的课堂学习"转型"到论文发表崇拜的独立研究了,我是应该系地好好反思自己的"发展战略",认清自己的"比较优势",可千万别闯进没有"自生能力"的研究歧路。不止我,还有许多同学也在急切地阅读《与林老师对话》系列丛书,大概也是出于这种原因吧。在重温林老师的这些"对话"时,在芝大求学的这两年的点点滴滴也在我的脑海中不断地涌现,这才发现以前在很多地方其实我并没有真正理解林老师的一些话。这里就不揣浅陋地结合自己在芝大的学习感触和同学们聊一聊我的读后感吧。

价格理论与数学建模

在中心毕业的学生中,我大概是属于那种数理倾向比较严重的一类,对经济学中一个个美轮美奂的经典模型痴迷地有些"顽固不化",要是在自己的论文里突然发现能用上一条在实变函数课上学到的定理就会兴奋地跳起来,套用阿里尔·鲁宾斯坦(Ariel Rubinstein)教授在 2004 年国际计量经济学会演讲的最后一句话:"这真是太美了!不是吗?"至今仍清楚地记得托马斯·萨金特(Thomas Sargent)教授在其《宏观经济学》前言中充满遗憾地回忆,当初在他仍苦苦挣扎于凯恩斯静态宏观分析框架时,他在卡内基·梅隆大学的同事罗伯特·卢卡斯(Robert Lucas)却已大踏步地学习并系统地引入了动态优化这一整套数学分析工具,进而占得了研究上的先机。通观来自印度、欧洲、拉丁美洲、日本甚至土耳其等非美国本土的主流学界最著名的经济学大师,他们有几个人不是数理建模的高手并以此出道的?就此我经常与志同道合的同学辩论,但只限于在好友之间。辩到激烈处,我会颇为"撒泼"地来一句:"你说的这些基本上也都是林老师和我说过的。"然后再不无炫耀地引经据典地搬出一大堆诺贝尔奖得主的方法论自述,从他们的生日开始讲起。基本上每一次的结果都是我的好朋友们看着我"蛮横"的样子无奈地笑着摇摇头不说话了,可过了几天又开始和我辩论。林老师和中心的其他几位老师,包括复旦大学的韦森老师对我的顽固与"不悟"倒没有绝望,苦口婆心地一再提诫我更要重视经济学思想本身与实证研究。但是我心里知道我是很有保留意见的。

然而在芝大上了两年课以后,我才慢慢地更能体会林老师在《论经济学方法》中提到的很多观点。在上一年级第一学期的课时,我就被深深地震撼了。ECON301 的价格理论 I 课的每周作业是贝克尔教授和墨菲教授各出一道长题,题目中用文字交代一些经济学问题或者社会现象的背景知识,从恐怖主义到健康问题,从国际贸易到贩毒和住房问题,从投资到经济增长,什么都有,然后接二连三地问一堆问题。每个周二傍晚出题,当周周五上午交作业。我有生以来第一次为完成作业而熬夜就是在第二次作业的那个周四。怎样分析这些现象,怎样回答这些问题,完全由自己选择分析方法,而我总想把问题抽象成一个严格的数学模型来求解,取怎么样的假设显然也得完全由自己定夺。可是经常是好不容易使建好的模型能够回答第一个小问题 a,却突然发现很难再用这个模型来回答第二个小问题 b,不是求不出解析解就是出现太多不合理的多重解。只好回头修改我的模型,然后不得不再另加一些技术性假设,当然还需要再配上为何做如此取舍的经济学理由。如此反反复复,最终发现窗外已经发白,而自己却只能眼巴巴地望着求解问题 f 时出现的那 12 条非线性方程和 12 个未知变量,心灰意冷地继续写道:"假设这个系统的解是存在的并且是唯一的,那么……"我将近 25 页的作业发下来,10 分我只得了 3.7 分,助教的批语是我采用的是柯布-道格拉斯函数型的效用函数,而忽略了分析非同位(non-homothetic)偏好这一重要情况。于是我"耿耿于怀"地去仔细对照那将近 20 页的标准答案。读完后我真的完全惊呆了:真没想到这么一个个二维平面分析图会那么厉害,所给的分析全是替代效应与收入效应的变相综合,所用的也全是诸如正常商品(normal goods)这样的通常假设,没有太"漂亮"的数学,但是在逻辑上分析得明显要比我的模型完整得多、严密得多、深入得多,也更加具有一般性。虽然我的数学建模能力属于菜鸟级别而且时间太紧,但是对比之下,我突然深深地觉得自己有些领悟了真正的价格理论的美感和经济学直觉的巨大力量,竟有些相见恨晚的感觉。

其实回头想想第一次读林老师《中国的奇迹》的情形,我是花了一整天就读完了,当时心中最大的感触是这本书在逻辑上浑然一体、一气呵成,让人欲罢不能,完全可以归纳为一个逆向递归的动态优化的数学结构,这在我读过的中文经济学著作中是多么稀罕和久违的感受啊。现在才意识到这原来竟是一本林老师他们自己给自己出的 ECON301 的作业,然后运用价格理论进行分析的习题答案! 亲自比较和欣赏过由价格理论的真正旷世高手所做的缜密分析之美后,我才恍然大悟:难怪在国内林老师和张五常等教授总是那么推崇价格理论[①],那么强调"收入效应"和"相对价格(替代)效应"!《与林老师对话》系列丛书中林老师在回答学生关于经济学分析语言的提问时说道:"我认为(文字)语言也可以很严谨,只是大部分人用得不严谨。标准都是一样的,无论用文字语言还是数学,都要求内部逻辑一致,一环扣一环,而且推论和所要解释的现象一致。"又说道:"数学的严谨性(rigorousness)和有用性(relevance)之间有一定的替代(trade-off),为了严谨性可能失去一些有用性。"对此,以前我只是在原则上同意,现在则是从心坎里认同了。大概国内还有不少人想当然地误以为价格理论就是散发着芝加哥古董气味的杂文式的那种毫无数学难度的落后文字叙述呢。在国内,像林老师这样真正在价格理论上很有造诣并能将之运用到严格的学术分析中去并在世界顶级杂志上有所发表的经济学家实在是太少了,因此能够有幸真正认识到价格理论既玄乎却

---

① 芝加哥大学的价格理论传统的另一项重要内涵是对实证计量分析的重视,有兴趣的读者可以浏览新近由史蒂文·莱维特(Steven Levitt)教授担任主任的芝大价格理论促进会(The University of Chicago Initiative on Chicago Price Theory)的网页说明:http://pricetheory.uchicago.edu/

又真实的"内功"力量的学生实在是太少了,至少以我自己的学习经历来看,这大概也在很大程度上解释了为什么现在有很多国内学生"自选择"地那么规避和反感非数学语言的分析而多少有些盲目地倾向于数理模型了。在上查波利·皮埃尔-安德烈(Pierre-Andre Chiappori)教授的价格理论 III 时,这位能弹一手好钢琴的数理实证都很过硬的法国经济学家有一句话让我至今印象深刻:经济学推理往往要比数学推理难得多也更具挑战,因为后者在推理过程中只依赖于数学运算法则,而前者则需要深厚的经济学直觉以辨别思维过程中最重要的经济力量。

林老师在《与林老师对话》中特别强调对经济学直觉的培养,并提到芝大的老师们对于这方面的训练高度重视。[1] 千真万确,即便是很"数理"的经济学家也是如此,这太让我惊讶了。很清楚地记得教授价格理论 II 的菲尔·雷尼(Phil Reny)教授在运用布劳威尔不动点定理证明纳什均衡存在性的时候,有个学生提问说,你给了我这样一个函数,我再用不动点定理当然很容易,可是这个函数到底是怎么构造出来的呢?结果雷尼教授当场就用完全直觉性的经济学语言解释了这个复杂无比的函数的构建过程,令我们瞠目结舌。我也一向喜欢宏观。教授收入理论 I 的费尔南多·阿尔瓦雷斯(Fernando Alvarez)教授是明尼苏达大学毕业的,是爱德华·普雷斯科特(Edward Prescott)教授的高徒,明大一年级博士

---

[1] 值得一提的是,好像有不少同学都有一个误解,以为经济学直觉是天生不可培养的,事实上贝克尔教授曾指出:"经济学直觉也需要不断学习才能获得。"林毅夫老师对此也很赞同。还有一种观点是认为数学弱的人经济学直觉才会好,这似乎也过于片面和极端了。建议大家不妨读一读大师阿维纳什·迪克西特(Avinash Dixit)教授最近为庆祝麻省理工学院的萨缪尔森教授 90 大寿的文集《保罗·萨米尔森:经济学神童》(*Paul A. Samuelson, The Economics Wunderkind*)而撰写的一些心得体会。

课程中实分析和泛函是必修课,对数理要求之高是出了名的。可是我真没想到阿尔瓦雷斯教授说得最多的一句话就是"The intuition behind this equation is...",考试的时候也是出这样的题,要求对运算结果给出经济学直觉解释。凯西·马利根(Casey Mulligan)教授给我们上收入理论 II,他是个只花了两年时间就获得芝大经济学博士的神话人物之一,他认为弗里德曼的《消费函数理论》一书是迄今为止最好的经济学著作,该书特别重视实证检验现有的经济学理论,其分析理路竟然也是价格理论!在第一节课上,他在屏幕上给我们演示了一只可爱的玩具猴子,问我们:"Is this a model or a real monkey?"然后继续说我们需要这个模型,因为它的好处在于易得,给小孩子玩的时候没有危险性,等等,既然是模型,我们就需要抽象掉一些对于我们的目的来说并不重要的东西,然后指了指这个玩具猴子的某个部位,我们大家哄堂大笑。你说,老师这样教我们,我们怎么会忘记模型与现实的异同点和建模的原则呢?

"从具体问题出发"的研究导向

深深陶醉于萨缪尔森、阿罗、德布鲁等诺奖大师的经济学理论的数学公理化的美感之中,我曾经很纳闷林老师为什么总是那么坚持"以具体问题为导向"的研究方法论,也一直琢磨着为什么年逾七旬的贝克尔教授每个星期都能自己想出一道在数学上看似"简单"却把我们所有人都折磨得半死的新问题,现在回头看看 ECON301 的习题风格,就已经使我悟出一些道理。史蒂文·莱维特(Steven Levitt)教授说经济学家的工具箱里所装的分析工具已经非常五花八门了,但是研究的问题有趣的往往少得可怜。哈佛的爱德华·格莱泽(Edward Glaeser)教授和墨菲教授两人都是贝克尔教授的高足,前者与达龙·阿西莫格鲁(Daron Acemoglu)和安德鲁·施莱弗(Andrei Shleifer)是当今文章发表速度最快的三位年轻经济学家,这些明星们似乎有写不完的题目与超人的分析写作速度,让我实在不得不相信他们的确都已练就了一套林老师所说的那种"以具体问题为导向"的真功夫。我是实在太想学学这套硬功夫了,但是这又岂是一项易学的外家拳脚!下学期我受宠若惊地应邀给贝克尔和墨菲教授当助教(TA),说实话这要比当其他数理技术要求较强的课程的 TA 更让我觉得心里没有底。于是现在暑假里便常常读贝克尔教授的专栏文章,这才明白 ECON301 题目的背后原来是蕴含着他长达 20 年的为《商业周刊》和《华尔街日报》当特邀专栏作家时捕捉问题的经验,更不必说他超过半个世纪的价格理论"内功"修为了。即便如此,最近听以前的 TA 说,贝克尔教授和墨菲教授自己也承认,每周出一道题对他们来讲也是很费脑筋的。我心里终于有了一丝的平衡感。

林老师"语录"中有一句话:与接近制度稳态的西方社会不同,中国不断地有很多新的、重要的,且未被现有理论解释的现象出现,中国的经济问题是一座"金矿"。我现在也深信自己脑海里永远都走不出中国经济的背景,在卢卡斯教授的经济增长课上的讨论中,我总是不知不觉地就讲到中国的制度背景,在写论文的时候一联系到现实经济也必然是中国的问题。撇开纯理论研究不说,以我个人愚见,在做中国问题方面的研究中无论哪个分支都要求对现实经济与制度结构有良好的把握,而在做微观研究特别是微观劳动力经济学研究时,中国经济学家的优势似乎更加明显,因为在分析方法上中国经济学家似乎并不需要花大力气去构建新的理论分析框架,需要的主要是对制度中性的计量方法的掌握和运用,以及收集数据与整理问题。而在做宏观和发展经济学理论研究时,虽然现在的国际比较研究越来越多,但是如何从本国的特殊现象中归纳出好的问题并正式地表达出来,在方法上显然更具挑战性,拉丁美洲、印度和欧洲的很多宏观经济学家和发展经济学家为此做过很多努力,但成功的似乎并不多。所以,虽然听起来林老师的"以具体问题为导向"的方法更容易直接上手,但我自己的感觉是对于不同的经济学分支而言从技术难度和要求上来看是有挺大差异的。国内有很多同学和学者,包括不少中心毕业的学生,经常把林老师的"从经济现象出发提出问题"的方法论完全简单地等同于"放弃数理建模"或者"放弃理论研究",我认为这也是对林老师的严重误解。事实上,在《与林老师对话》中以及平时的授课中,林老师都一直非常强调理论创新的重要性以及对学生数学训练的必要性,他批评的只是主流学界"盲目迷信权威和为数学而数学"的倾向。林老师还认为,国际主流经济学界的形式化趋势在一定程度上是研究方法规范化而经济学内容贫瘠化的必然结果之一,而当今的中国经济学界在规范化上还有很长一段路要走。我个人觉得,国内目前在理论经济学方面,若与美国主流经济学界相比,其实真正有能力"滥用数学"的人恐怕要比没有能力"使用数学、欣赏数学模型",却又盲目拼命抵制数学的人要少得多。所以我们学生在学习的时候不能走极端,重视思考现实问题的同时也应该加强数学训练。

其实对于"以具体问题为导向"的研究方法,林老师更想强调的是理论的开创性问题而不是技术上的易处理性问题。林老师在

《与林老师对话》中说，经济学发展史上有很多结构很优美的而且曾经也很有影响力的经济学模型和理论被不断地摒弃和推翻，基本上不是因为这些模型的内部逻辑上不自洽，而是因为这些模型与理论未能足够好地解释一些新出现的重要现象。来芝大学习以后，当渐渐亲眼看到罗伯特·汤森（Robert Townsend）教授、拉尔斯·彼得·汉森（Lars Peter Hansen）教授等理论经济学大家对具体实证问题极其重视的态度时，我对这一点也越来越认同了。以前，我总是觉得经济学纯理论的使命就是提供逻辑思维的参照系，就像理论物理学模型一样，既然只是参照系，做逻辑推理时就不一定非要总是考虑对应到现实，那样不是太碍手碍脚了吗？说不定理论突进的速度会在某些时点上超越现实的发展速度呢！就像有位诺奖得主给过的比喻：一万年的时间在现实中是多么漫长，可是在人脑中对这个时间长度的跨越只需要不到几秒钟就能完成了。在自然科学史上这方面的例子固然有很多，即便是经济学中的"欧元"与"期权、期货市场"不也是因为先有几个诺奖得主的理论而后才从现实中构造出来的吗？这是演绎思维的魅力。

我觉得，如果说博弈论以及高度相关的机制设计和契约理论、一般均衡理论，甚至是计量理论等纯理论研究中的演绎推理倾向于逻辑上工具理性的先验主义的话，那么"以具体问题为导向"则更像是一种归纳思维的经验主义，就更像是很多实验物理学家的工作。如果以此为基础来构造具有一般性的经济学新理论而不只是解释个别现象的假说，我想这似乎就更需要敏锐的类比能力、良好的概括能力以及大胆的想象力，就像乔治·阿克尔洛夫（George Akerlof）和约瑟夫·斯蒂格利茨（Joseph Stiglitz）等人将不对称信息引入经济学、凯恩斯创立革命性的凯恩斯主义宏观经济学体系那样。① 林老师很强调经济学研究的本体就是"现实经济问题"而不是现有的理论模型本身,这也正是他经常引用孟子的"尽信书则不如无书"并主张研究者心中要"常无"的原因。林老师还特别倡导研究中国问题的潜在重要性,这不但是中国经济学家的比较优势,而且更为重要的是,林老师根据自己亲身对中国的经济问题和政策以及经济学科学发展史的长期研究,坚信中国经济问题有很多新颖之处和特殊动态,并且相信中国经济最终将会成为世界上最重要的经济,所以其经济问题也会成为国际性的经济问题,而经济学理论的重要性则主要取决于所研究和解释的问题和现象的重要性。这正是林老师主张在研究"规范化"的前提条件下要"本土化"和"国际化"的根本原因。这些观点有很多经济学家赞同也有不少经济学家不完全赞同②,但我坚信这些都是林老师从事严肃科学研究后得出的因而自己也全心信奉的结论,而且作为林老师的弟子,我个人还觉得林老师的这一系列"内部逻辑一致"的观点在某种程度上"内生于"林老师本人在所有经济学家当中乃至在所有中国知识分子当中那种少有的对国家和社会的"舍我其谁"的强烈责任感和使命感。

---

① 顺便说一句,我认为称"凯恩斯创立了现代宏观经济学"是完全不正确的说法。欧文·费雪(Irving Fisher)才是真正的现代宏观经济学的创始人,当然那是古典宏观经济学。

② 我猜测其中有一些持不同意见的经济学家主要是担心当前中国经济学界的"规范化"问题要比"本土化"问题更迫切、更严重,甚至觉得目前强调"本土化"会影响"规范化"和"国际化"。交流时,柯荣住兄提到在研究中国问题时要注意"local experience, universal sense",我很认同,这也是我所理解的林毅夫老师所说的"本土化"与"国际化"的关系。另一部分经济学家对中国经济发展的前景则不像林毅夫老师那么乐观。

尊重但不迷信现有理论和权威、坚持己见

　　林老师根据自己的研究在《论经济发展战略》等书中提到的很多观点与主流经济学界都有不一致的地方，但林老师总是很自信，在芝大纪念 D. 盖尔·约翰逊讲座的首场演讲以及无数其他国际性的研讨会上舌战群儒，在国内也会与持不同学术观点的代表性经济学家进行学术辩论。最常见的就是有一些学者仅仅是因为林老师的观点与主流意识①不一样就引经据典地批判林老师的观点，这恰恰犯了致命的逻辑错误，让我都感到很遗憾甚至偶尔还很气愤。林老师曾多次严正指出"不能用一个经济学理论去推翻另一个经济学理论，只要内部逻辑自洽，只能用该经济学理论对现实问题的解释力强弱来判定，比如运用计量方法来量化现有理论假设的推论与现实数据的拟合度"，这和米尔顿·弗里德曼的"假设无关性"的实证主义方法论以及卡尔·波普尔的证伪主义是完全一致的。

　　我觉得，不尊重现有的理论和权威是无知和狂妄的表现，但是依据自己规范和严谨的研究，敢于在权威面前表达不同意见并且坚持己见则是需要惊人的理论勇气和学术自信力的，是令人敬佩的品质。在这一点上我真的很佩服林老师，也是我需要学习的地方。《与林老师对话》中也有学生问林老师如何将自己的学说融进主流的问题。事实上，别人不说，单说那些在芝大毕业或任教的很多诺奖得主的观点，现在看来都已经毫无疑问地成了经济学主流，

---

　　① 这里所说的主流意识不仅包含主流经济学意识，也包含独立知识分子就必须"只能批评政府经济政策"而不能"支持政府的任何一项经济政策"的"潜主流"意识。

但实际上我仔细一想,弗里德曼、贝克尔、卢卡斯、西蒙、布坎南、斯蒂格勒、马科维茨、舒尔茨、芒德尔、科斯、普雷斯科特等,他们哪一个不是从与当时的主流观点搏斗中奋力冲杀出来的?让我印象最深的就是创立了贝叶斯计量经济学并担任过美国统计协会主席的阿诺德·泽尔纳(Arnold Zellner)教授①,我相信他是很有可能拿诺贝尔奖的。他给我们上实证分析Ⅰ的时候总是提到贝叶斯计量经济学在主流计量学界遇到的阻力以及他与别人的论战。他也是林老师当年的授课老师。这样一想,芝大有很多权威和离经叛道的人,并且他们经常是同一个人。林老师在《与林老师对话》中叮嘱我们"在分析问题的时候不要跟着主流意见人云亦云",现在想想真是中肯之至啊,因为这对于受过系统经济学训练的人来说常常是一件比较困难的事情!大概在这一点上林老师也深受他在芝大的老师们的影响吧,我猜。

与老师对话、辩论演讲与 TA

我是个喜欢和老师对话的学生。到了中心以后,我以只有当学生才有的"特权"几乎闯遍了所有老师的办公室去与老师"对话",学到了很多在课堂上学不到或者没学透的东西。中心的老师大都喜欢与学生对话,而其中林老师无疑是最愿意与学生对话的老师了。课前课后自不必多说,对于研究生们的发展与转型经济

---

① 这位年逾八十但仍十分高产的和蔼可亲的教授主张建模的时候要"KISS",就是"keep it sophisticatedly simple"。这位创立了《计量经济学杂志》(*Journal of Econometrics*)的教授很有幽默感,列参考文献时喜欢逆向字母排列以使他自己的名字变成第一个,并在母亲节的时候发明了 BMOM 方法(Beyesian Method of Moments)。

学研习会、理论宏观研习会、中心研究生学刊的研习会,林老师虽然极忙,但总是尽量抽时间参加,大家也总是围着林老师问个不休,结果不知不觉到了半夜,林老师就请我们去吃夜宵,边吃边接着对话。有次下大雨,可所有的研究生还是都主动地参加了"对话",林老师看到了很高兴,掏出钱包对我说:"王勇,你去给大家买一些棒冰来吃。"林老师曾说"得天下英才而教之,一乐也",虽然不是当着我们的面说的,但大家觉得林老师都说我们是"天下英才"了,于是就很兴奋地更想"与林老师对话"了,直接的后果就是大家的研究热情空前高涨,在国内我想象不出还有什么地方的研究生会像我们这样幸运了。《与林老师对话》只不过收藏了其中很小的一部分。

不必再去赘述这种师生对话能如何促使教学相长,使我们学生学习更加主动、有针对性,等等。单就培养学生研究与思考的兴趣以及自信力,提高学术辩论能力,训练竞争思维速度就很值得大力提倡了。尽管师生对话的教育形式古已有之,但是在国内目前的经济学教育中却不多见。刚到芝大上课,我发现这里的老师上课有一个共同点:喜欢邀请学生问问题。经常是开始上课前老师就问:"大家有什么问题吗?"讲着讲着又满怀期待地问一句。要是学生不问,老师就会反过来问学生问题。有时候我甚至感觉老师在"挑衅"我们学生,特别是墨菲教授和查波利教授。问题问了没多久就催促我们回答,以前我可从来没有觉得上课这么跟不上老师的思维节奏,见一时没有学生回答,老师就说:"Come on, guys! This is University of Chicago!"别的学生怎么想我不知道,反正我自己是脸上发烧低下了头,觉得自己好像侮辱了芝大经济系学生这个身份似的。卢卡斯教授曾回忆上弗里德曼教授的价格理论课时的情形，说他上课经常就时事公共政策提出问题，并常常将某一个学生"套牢"，不断地追问，直到把这个学生"逼得"心服口服为止。要是这位学生说"好吧，让我再想一想"，弗里德曼教授就会说"那就现在想吧"。卢卡斯教授分析道，在这个过程中，那个学生的思维进展情况完全暴露，而作为老师的弗里德曼，其实其思维也是完全暴露于大庭广众之前的。现在想想，在中心的时候，当我们与林老师对话时，总觉得自己会在双人思维"决斗"中处于下风，哪怕之前觉得自己已经很有道理了。现在我才终于明白，林老师在平时的学术讨论、演讲尤其是辩论中的那种充满自信的"杀手风格"大概也是在芝大学生时代在与他的老师的对话中训练出来的吧。一问，果不其然，林老师曾对我说，他对学术研究的真正自信力最早是在上贝克尔教授的人力资本课时形成的，因为在那门课上，林老师几乎垄断了所有作为学生与老师的对话权。

上学期我应邀给南希·斯托基（Nancy Stokey）教授当收入理论 III 的 TA，每周都要给比我只低一级的博士生讲解习题。那群自信的个别还挺"嚣张"的学生经常会问一些比较难的问题，而我必须短时间内做出回答，真够有挑战的。学期结束时，我感慨地对斯托基教授说觉得自己在准备和讲解过程中对很多习题的理解比以前都大大加深了，讲解与回答问题的能力自我感觉也有了提高。斯托基教授听了，也告诉我说：她也很清楚地记得当初她在哈佛大学当高级宏观的 TA 时，最担心的就是遇到如今已是哈佛校长的拉里·萨默斯（Larry Summers）在下面的提问和对质，因为萨默斯当时可是全校的辩论比赛冠军，无论怎样辩论，好像萨默斯总是处于胜利的上风地位。啊，斯托基教授现在无论是上课还是做演讲都是如此挥洒自如，女教授的典雅气质更是芝大女生们崇拜的偶像,原来她也是这样慢慢地锻炼出来的。芝大研习会的恐怖和残忍算是出了名的,去年冬季一场接一场的求职演讲,研习会上汇集了当年应该是全世界最优秀的经济学博士毕业生,其中还有不少人被下面的老师盘问得十分被动,其实再有名的教授也常常被问得十分没有面子。有时会想象,如果有一天自己面对这些老师们做报告那会是怎样的狼狈相。为了克服自己的心理障碍,在选修卢卡斯教授的经济增长课程时,我鼓足勇气报名第一个做论文报告。后来卢卡斯教授成了我二年级论文的指导老师,事后他对我说,那次报告你一点都不紧张嘛。我心里想:你哪里晓得那是我装出来的。就假装你是林老师,而我是在中心的发展与转型经济学研习会上做报告。当然,这次我报告的只是别人写的已经发表的文章,即使文章出现逻辑问题我也无须承担责任,台下也只有一个老师;真要是同时向多个老师报告自己写的文章,那可就又远远不同了。

现在我相信,学生与老师对话,对学生固然是一种难得的综合训练,对老师其实也是一种动态的挑战。据我的悲观估计,在当今国内,愿意不断地与学生学术对话的老师大概已不算很多,敢于不断地与学生学术对话的老师更是少见,而善于不断地与学生学术对话的老师恐怕还要少,至于乐于不断地与学生进行学术对话的老师……林老师是一个。突然我又觉得自己很幸运,不知中心的师弟师妹们,还有所有通过《与林老师对话》而与林老师"对话"的读者同学们,你们觉得呢?

解读世界银行《经济增长与发展委员会报告》[*]

发展中国家的各种制度本身就是内生的,是受所处的经济发展阶段影响的,各种经济政策的制定与执行必须与当时当地的制度环境配套,不能简单地统一"下药"。

两年前世界银行成立了一个包括两位诺贝尔经济学奖得主、各国政府资深财经高官以及著名企业高级管理人员等 21 人在内的经济增长与发展委员会,由诺奖得主斯宾塞牵头担任主席,对过去 30 年间发展中国家的经济增长绩效与各种经济发展战略和政策做了比较系统全面的回顾与反思,为世界银行今后更有效地制定相关政策提供了重要依据,以帮助发展中国家消除贫困,实现经济的稳定增长和社会的全面发展。该报告耗资 600 多万美元终于

---

[*] 本文发表于《东方早报》2008 年 8 月 30 日。

在2008年7月正式完成。该委员会的另一位诺奖得主是新古典增长理论的创始人索洛。中国人民银行行长周小川也位列其中。

事实上在2008年5月,尚未正式就任的世界银行资深副行长兼首席经济学家林毅夫教授便通过电子邮件给我发来了该报告的一份概要,非常高兴地说该报告的主要论点与他长期以来的很多研究观点不谋而合,并且非常乐观地说发展经济学将面临一个全面革命的时代,包括这两位诺奖得主在内的很多专家都对此表示认同,他们都认为过去几十年的很多政策建议都是无效的,甚至是有害的,对于发展中国家的很多重要而且普遍的问题,现有的发展经济学理论模型都不足以分析。

我通读后觉得,这份报告非常有效地综合了发展与增长经济学理论的前沿研究、各国政策制定者的宏观决策经验以及企业界的微观实践反馈,无论是对于发展经济学理论本身,还是对于世行以及各发展中国家政府的发展战略和政策的制定可能都会有里程碑式的意义。

该报告的重要特色之一就是强调制定宏观发展政策一定要"因国因时制宜",采取务实主义。我们知道,20世纪八九十年代,发展经济学界的主流观点就是所谓的"华盛顿共识":主张发展中国家必须要"三化",即自由化、私有化和稳定化;主张政府作用的全面削弱。主流经济学理论对于发达国家的各种宏观政策的效果认识得相对比较清楚,但是发展中国家的历史与制度特性千奇百样,有很多都不足以支撑"三化"的全面有效实施,于是当时便有经济学家主张"激进式改革",希望经过短期的"阵痛"之后,这些发展中国家都能够迅速地建立起与发达国家相似的制度体系,从而实现经济的恢复和赶超。在当时的很多经济学家看来,发展中国家与发达国家相比,并没有什么本质的不同,只是穷一些而已。然而事实证明,这种"一刀切"的政策疗法对很多国家都是不适用的,尤其是对像苏联这样的大国。现在世行的这份新报告认为,发展中国家的各种制度本身就是内生的,是受所处的经济发展阶段影响的,所以各种经济政策的制定与执行必须与当时当地的制度环境配套,不能简单地统一"下药"。打个比方,当发展中国家的改革决策者面对一张不完整的地图不清楚该怎样走的时候,"华盛顿共识"的主张是把发达国家的地图拿过来照着走,一次性地把能够看到的与发达国家地图标的不一致的所有建筑尽快地拆掉重建;而中国的改革逻辑是邓小平的"摸着石头过河",仍然脚踏本国的土地,尝试着慢慢走,若错了就改回来,若顺畅了就把步子迈得更快一些,边走边画地图。这种试验性的改革策略在这份报告中得到了进一步充分的肯定。

值得一提的是,我曾在课堂上听到国际货币基金组织前首席经济学家、印度裔芝加哥大学的经济学教授拉古拉姆·拉扬(Raghuram Rajan)谈及中印宏观政策决策过程的差异。他说印度政府官员做决策时太喜欢争论,有时候甚至到了扯皮的地步,所以很多问题都拖了很长时间迟迟未能解决,而中国政府奉行的是邓小平先生"猫论"的实用主义,允许争论,但是不拖沓,真正地动手去尝试,反而在发展中把一件件事情都办好了。是啊,很多时候与其一味地坐在那里长时间地猜测争论地图上那些看不见的部分究竟是怎样的,还不如直接去勇敢地试错。

该报告的重要特色之二就是重新强调发展中国家政府的领导力和有效性对发展非常重要。报告认为,过去"华盛顿共识"对政府角色的定义过于狭窄了,"不能因为政府有时候蹩手蹩脚,有时候会犯错误就认为它们应该被排斥在整个发展的蓝图之外"。具体而言,政府究竟应该怎样发挥作用?目前的发展经济学理论在这方面还亟待更加系统的研究,但是该报告认为:政府至少应在维持政治稳定、公共基础设施建设、教育和健康、产业结构升级的信息支持、能源使用和环境保护、保证社会公平等问题上发挥更加积极的作用。同时政策制定者必须能够有效地与大众进行沟通,制定出来的政策必须能够被忠实地执行和贯彻。政府不应该去替代市场对于资源配置和经济发展的主导作用,而是要促进经济竞争,同时为竞争中的受害者提供必要的社会保障,鼓励再就业,降低他们对市场竞争机制和全球化的政治阻力。但是政府应该保护的是"人",而不是"产业、企业和工作"。政府对产业的政策扶持应该是短期的,而且应该是实验性的,最好是可逆的——发现不对就马上回头。一个有效的政府还必须能够最大限度地限制腐败,防止特殊利益集团对经济政策的操纵。一个高效的政府应该吸收真正有才能的人加入并付以足够高的报酬。

  该报告的重要特色之三就是反复强调中国和印度对其他发展中国家的影响。这两个国家共占世界40%的人口而且经济正在迅速发展,使得整个发展中国家在全球经济中的重要性在显著上升。但有专家担心,这两个国家利用大量剩余劳动力的比较优势生产出口很多劳动密集型产品,在很大程度上会造成世界上制造业商品的相对价格下降和能源价格的上涨,使得很多落后小国实行这样的"比较优势"发展战略的空间变小,因为世界市场需求会很快饱和。世行的这份报告对这个"加总问题"作了乐观的估计,认为全球化市场容量足够大而且中印等国也会随着劳动力成本的提高而不断更新产业和升级出口结构,况且中印两国本身对于其他国家来说也是巨大的世界市场。另外,中国大量的出口顺差和引入的巨额外资使得中国的外汇储备巨大,而美国的储蓄率很低,经常项目巨额逆差,外债巨大,这些国际金融结构的全球不平衡性需要各国加强协调,以防止国际金融秩序的混乱,尤其是在美国国内经济比较低迷的时候。

从 2008 年金融危机中
我们学到了什么*

2008 年的这次全球金融与经济危机不仅重创了真实经济,而且对经济学术界的震撼也是巨大的。2008 年,诺贝尔经济学奖得主保罗·克鲁格曼(Paul Krugman)在《纽约时报》上毫不留情地将过去 30 年的宏观经济学发展定性为"黑暗时代",把新古典宏观经济学,连同新凯恩斯主义,都劈头盖脸地骂了一通,并且呼吁重返传统凯恩斯主义的萧条经济学,倡导对诸如动物精神(animal spirit)的重新审视乃至对整个宏观与金融的全面的行为经济学思考。芝加哥大学的约翰·科克伦(John Cochrane)则撰写长文予以反击,指责克鲁格曼对新近 20 年宏观经济学进展的无知和片面理解,还顺便为自己的岳父尤金·法马(Eugene Fama)所倡导的

---

* 本文发表于《经济学家茶座》2009 年第 6 期。

"有效市场"假说进行了辩护。① 而作为新古典宏观经济学的旗帜性人物,芝大的罗伯特·卢卡斯(Robert Lucas)亦在《经济学家》杂志上再次力挺"理性预期"学派的观点,对于美联储主席本·伯南克(Ben Bernanke)的工作给予了肯定,而且继续支持芝大读书时的同班同学法马,辩护说这次金融危机恰恰证明了金融市场价格的确已经包含了当时市场所能够掌握的全部有效信息,所以才会使得所有的经济学家中几乎没有谁能够准确地预测到这次危机的来临及其如此之大的灾难性。卢卡斯不无调侃地说,即便真的存在这样的经济学家,我们也付不起工资给他!

由此联想到在危机之前不久,哈佛大学的格雷戈里·曼昆(Gregory Mankiw)就与明尼苏达大学的瓦拉达拉金·文卡塔·谢尔(Varadarajan Venkate Chari)等人发生了一场争论,前者认为过去30年新古典宏观经济学的发展对实际宏观经济政策制定没有什么实质性的帮助和影响,而后者则旗帜鲜明地反对,认为过去30年的新古典宏观经济学对经济政策产生了很重要的影响。

面对宏观经济学家内部的这些争论,孰是孰非,大家莫衷一是。其中最激进的一小部分经济学家又发出了"经济学并非科学"之论,我对此实难苟同。因为所有的宏观经济学家都是坚持同样的经济逻辑推理和同样的实证原则,最主要的分歧只是在于对以下问题的判断上:究竟什么才是更合理的理解并预测宏观经济运行的逻辑假设起点。这种分歧只是反映了这门学科分支本身的年

---

① 顺便说一句,有不少人误以为科克伦是新古典宏观的,其实他本人是将自己定位为新凯恩斯主义的。我也选修过他在芝大商学院开设的新凯恩斯主义的货币经济学课程。

轻与发展的不成熟,正如天体物理中仍然有很多悬而未决的问题,但是这并不能否认其学科本身的科学性。

另外一些经济学家,尤其是非宏观经济学领域的,则似乎有点"幸灾乐祸":瞧他们所谓的宏观经济学家,净搞些不切实际的假设,诸如"代表性家庭户""自愿失业""菜单成本",而且还学人家工程学的那一套,又是 HP 滤波,又是动态随机一般均衡模型,又是脉冲响应,又是"very aweful regression"的 VAR,搞得好像很科学的样子,到头来还不是面对危机时无能为力,预测就更没有办法做到?

诚然,在宏观经济学研究中,有很多时候为了易处理(tractability)而常常采用各种简化假设,有不少模型的结论也的确被证明与现实不符合,但是这些情况与经济学中任何其他实证研究的分支并无实质性的区别。最重要的是什么是最好的选择("What is the best alternative")?对于现有宏观经济学研究中的不足之处,虽然有时候的确可能是领域之外的高人能够看得更真切,但是在专业化分工如此细致的今天,宏观经济学家通常要比其他分支的经济学家对本分支的局限与不足了解得更加深刻和具体。一味地单纯批评现有状况是不够的,我们更为需要的是创新的建设性的批评和意见。事实上,据我了解,这似乎也是绝大部分宏观经济学家对于克鲁格曼檄文的共识性意见:很遗憾,克鲁格曼并没有说出任何一条宏观经济学家们所不知道的新批评或者是有创见的新建议,所以不必太在意。

那我们作为宏观经济学的研究者,究竟能从这次的危机中新学到一些什么?难道这次危机又只是实际经济周期(RBC)理论中的一个比较大一点的外生的不可理解的冲击吗?这显然是我们不能不思考的一个重要理论问题。有不少经济学家对此都发表了看法,显然是众说纷纭。我的研究领域正好就是宏观与发展经济学,加上本学期正好需要讲授国际经济学课程,所以不敢不对此问题也加以思考。本文试图结合自己的一些研究和阅读,对这次全球金融与经济危机带给我个人的启示和思考做一次自我总结,这也许是最有效的学习方式吧。

启示一:金融制度结构需要被更有效地纳入宏观经济学基础模型

在新古典宏观经济模型中,通常假设资本市场是完备的、有效的(部分基于 MM 定理和货币中性,以及有效金融市场等理论和实证研究),所以一切金融结构问题就直接被抽象掉了。因此新古典宏观经济学家比较容易忽视金融与资本市场结构的问题。而在新凯恩斯主义货币经济模型中,各种价格或者信息的粘性会导致货币政策对真实经济的实质影响,尽管这种影响主要是短期的。另外资本与金融市场由于信息不对称所带来的市场不完全也经常会在异质性经济人动态模型中通过借贷约束或者经济主体之间的博弈对宏观经济产生重要影响。

由于货币政策和金融市场只有在不完美市场或者策略性宏观经济行为中才会发生作用,而市场的不完美性以及现实中宏观主体策略行为在不同的发展阶段和不同的制度环境下可能是非常不一样的,所以我们必须把宏观经济的发展阶段和结构性特点考虑进来。特别是一旦涉及具体的宏观经济政策的制定与执行,我们就不能再心安理得毫无顾忌地使用完美资本市场的假设,或者照搬教科书中的那几个新凯恩斯主义模型,而必须了解现实经济中最重要的实际制度约束是什么,了解实际的产业结构和实际的金融结构特点是什么,了解货币与财政政策的实际传导机制是什么。

最近,我与林毅夫教授、鞠建东教授构造了一个动态宏观经济学模型,试图说明在不同的经济发展阶段最优的产业结构是不一样的。① 所以如果假设穷国和富国拥有相同的产业结构(比如具有相同的总体生产函数形式),那么我们就会忽视掉不同发展阶段的国家最优产业结构的内生性差别而提出误导性的宏观经济与产业政策。既然最优的产业结构在不同的发展阶段是不一样的,那么这些产业对金融市场的需求特点也是不一样的,所以最优的金融制度结构也是随着产业结构的升级而不断演化的。我们目前正试图模型化这一点。既然不同发展阶段的结构特点和货币政策的传导机制很有可能是不一样的,那么我们就必须将这种金融制度结构的多样化和内生性特点有效地引入我们的宏观经济学模型中。

启示二:金融市场是否应该以及如何加强监管需要具体问题具体分析

此次金融危机直接起源于发达国家的金融市场。有不少经济学家认为,缺乏对金融市场必要的监管是危机产生的一个重要原因,从而批评了市场经济过于自由放任,呼吁要加强政府监管。从事后来看,这次危机的确存在着信贷过于放松的问题,很多人甚至

---

① 参见 Ju, Lin and Wang (2009)。

将原因归结为美联储前主席艾伦·格林斯潘(Alan Greenspan)长期的宽松货币政策。John Taylor(2009)认为,美联储在此次危机前仍然犯了一个重要错误,就是没有能够坚持泰勒规则(Taylor Rule),导致实际利率严重偏低。罗伯特·芒德尔(Robert Mundell)最近则在批评美联储的汇率政策。

我们知道,由于金融技术的高速创新,广大投资者和市场对某些金融衍生产品和工具的风险评估可能会产生系统性的误差。Diamond and Rajan (2009)认为,这次危机之前,对以住房抵押贷款(mortgage-backed loan)等为基础的新型投资的高回报率,无论是监管者还是市场参与者,都搞不清楚这究竟是反映了那些聪明的投资者的资产组合能力强还是只是反映了高风险投资所必需的风险溢价。而投资经理人市场的竞争是很激烈的,投资经理的个人回报主要取决于短期的盈利能力。这些技术和激励因素,以及整个金融监管的缺位加起来就导致了整个金融系统风险的不断积累,最后爆发了危机。

加强政府监管,事后看似乎的确很有道理,但是怎样加强?怎样在事前就保证金融监管部门一定比市场更先知先觉?这一点并不显然。如果政府对新型金融衍生品和投资工具的风险特性同样没有经验和准确的评估,甚至比市场本身掌握的信息还要少的话,那么监管者究竟该怎样监管?① 在不完全信息条件下如何选择监管变量?如何把握监管力度?会不会导致过分监管而使得真实经

---

① 在学术界很难找到比伯南克更懂得危机理论的宏观经济学家,而且很难相信有人会比来自华尔街的财长亨利·保尔森(Henry Paulson)更加熟悉实际的金融界操作。即便这样,他们的政策还是饱受批评。

济的融资能力和创新激励受到严重影响?

有些学者借此下结论,主张中国的金融发展要进一步加强监管,但我想提请注意几个潜在的"选择性偏误"的问题:第一,我们不能对经济运行良好时的金融市场化政策的潜在正面作用视而不见,而只是在出问题的时候说事;第二,不同的发展阶段,不同的国家,在金融市场建设上的主要矛盾可能是不一样的。我认为,目前的中国,在防范金融危机的同时,必须更加放松对中小民营银行的市场准入限制。该监管的监管,敢放松的放松,必须具体问题具体分析。

启示三:中国不应该立即开放资本账户

经济的全球一体化使得这次危机迅速从美国波及全球。有学者指责这次危机的罪魁祸首是中国,称中国人为控制的低汇率和贸易的巨大顺差导致了美国的巨大贸易赤字和资本流入这种全球的不平衡得以长期维持,进而触发了这次危机。对这个问题本身,希望日后能专文讨论,这里只想就中国的金融市场开放阐述自己的看法。

对于国际贸易的自由化,经济学家基本上已经达成共识:利大于弊。但是对于金融的全球化却仍然褒贬不一。[1] 金融全球化的好处,理论上主要是能够使得各国之间可以分担风险,并使得金融资本能够在全球范围内更加有效地配置,提高总体的回报率。但是主要挑战在于:首先,金融全球化以后,世界各国,尤其是发展中

---

[1] 参见 Kose et al. (2006); Obstfeld (2009); Mishkin (2006)。

国家,将更加容易受到外部经济的冲击,发生金融危机的风险会因此提高。这是因为与国际货物贸易的同期(或者几乎同期)交换特征不同,金融资产的国家间交易更多地涉及跨期交换,所以更容易受到预期、承诺(commitment)等一系列动态因素的影响,不确定性更大。其次,金融资本每一笔交易的转移速度和流动规模通常远远超过商品与服务贸易,这种潜在的高频高幅的资源移动能力很容易冲击一个国家的经济,尤其是小国。最后,金融安全涉及社会政治经济秩序的稳定性。不同于市场上的一家小公司的破产倒闭,如果发生国际收支危机和巨额资本外逃,就会对整个经济体的所有经济活动产生巨大的负外部性。

我认同中国目前全面开放资本账户的时机并没有成熟,主要理由如下:第一,中国的金融体系仍然不够健康和稳健;第二,中国的养老保险和社会保障体系还没有完善;第三,中国的宏观经济需求结构仍然不够合理;第四,中国的地区发展不平衡与个人收入不平等还比较严重。所以如果现在就贸然立即开放资本账户,就有可能会直接冲垮中国现有的银行体系,放大股市和房地产的震荡,并且会使得政府失去很多现有的有效的宏观经济政策的操作经验,届时在外部经济和内部经济的双重冲击下,一旦处理不当,很容易引发经济、政治与社会的不稳定。

另外,一个特别值得中国参考的国际经验是 20 世纪 80 年代日本的情况。当时日本对美国也是具有高额的贸易顺差,美国政府也对日本施加影响,逼迫日元升值。日本的高增长也是主要依赖出口,而日本国内当时的银行体系也有着各种弊端,后来日本通过对外直接投资将贸易顺差大量转移到美国,将那些资金用于生产汽车并且投资于房地产。随着日元的被迫升值和贸易顺差的下降,到了90年代,发生了日本经济的十几年的萧条。虽然中日情况有所不同,但中国应该引以为鉴、居安思危。

总之,我们不能因为认同市场化改革的主导方向就想当然地认为应该将国际资本账户一次性地全面开放。在保持稳定和不断学习中渐进地改革,这似乎更为可取。

启示四:经济研究和政策建议应基于事实与推理而非意识形态

经济学是科学,不应受到意识形态的影响。这里所说的意识形态,不只是政治层面上的,还包括经济学领域内的"主流想法"与思维惯式。克鲁格曼那篇文章批评了宏观经济学家们常常将模型中的数学美感混同于现实情况。这一点是深刻的,也是对我触动最大的地方。

我不由扪心自问:在多大程度上是通过现有理论模型来看世界,而不是从现有世界来看理论模型的?在多大程度上对克鲁格曼文章观点的反应是由于受到芝大老师们的先验影响而非经过自己大脑独立认真思考过的?我非常认同林毅夫教授的观点:对于经济学理论的正确性,评判的标准应该是内在逻辑的自洽性以及推论与经验事实的一致性。[1] 但在实际分析中,我自己常常并没有真正做到这一点。比如,我几年前写的随笔"我被'芝加哥化'了"中的一些观点其实就是带有某种宗教性质的迷信的。[2] 不能

---

[1] 参见林毅夫(2005)。
[2] 该文修改稿发表于《经济学家茶座》2008年第34期。

因为和某些经济学大家比较亲近,就盲目地全盘接受对方的所有学术观点。不得不承认,对凯恩斯主义的评价,对于金融问题重要性的看法,对于财政政策有效性的判断,我现在已经不像几年前那么决绝地自信了。

非常遗憾,由意识形态引导的非独立思考的言论在各种分析和媒体报道中也比比皆是。比如有不少经济学家盲目地断定民主总是有利于促进经济发展的,问其原因,答曰,最发达的经济体基本上都是民主国家,而且民主是人权,所以是好的。这是典型的由意识形态代替逻辑推理与实证检验的非科学的思考方式。事实上,Barro(1996,1999)以及 Acemoglu *et al.* (2008)对民主与经济增长和收入水平之间的关系进行了极为细致和认真的实证考察,结果发现两者之间没有特别显著的相关性。这在其他实证研究中也得到了普遍支持。事实上,在不同的发展阶段,民主程度对于经济增长的影响很有可能是非单调的。毫无疑问,民主本身具有其独立的重要价值,但是这一点本身并不必然意味着它对经济增长就必定有正面的促进作用,需要深入的科学分析才能做出正确的判断。

另一种在中国比较常见的现象就是"网络舆论"主导经济观点。例如,对富人征收高的收入税的确就是在变相地对投资征税,可能会妨碍经济增长;单纯地"杀富"是不能够达到长期"济贫"的目的的。这是经济学推理的大实话。但是拿到公共论坛上就会马上受到"为资本家代言""被富人收买"的批评。其实,广大网民大多只是反对那些通过违法犯罪、贪污受贿而致富的行为,而这个问题则应该通过加强法制严惩犯罪加以解决,虽然执行起来有现实难度,但和收入税本身的制定完全是两码事。诸如此类。

启示五：策略性宏观经济行为与经济政策的内生性

如果翻开曼昆的《中级宏观经济学》教材，或者是保罗·克鲁格曼与莫里斯·奥伯斯法尔德(Maurice Obstfeld)合著的《国际经济学》教材，我们会发现，以往各次经济危机之间的那种表面上的高度相似性令人惊讶：先是经济一派繁荣，但是贸易与财政赤字显著，然后突然股市与房地产市场大跌，银行面临挤兑风险紧缩信贷，大公司破产，失业增加，消费与投资低迷。

标准的新古典宏观经济学模型的一个重要特点就是所有行为都由价格信号来指导，所以内生宏观变量的时间序列比较平滑，因为预期是理性的，市场是完备的，而消费者是希望消费平滑的。所以，如果要解释危机中内生变量的急剧变化，就需要依赖于引入外生的足够大的各种冲击。虽然这也许可以在事后用来解释危机的后果，但是事前很难用来预测危机的发生，更不能分析如何防范危机。要想完整地解释这次危机产生的原因，我们似乎需要至少明确地引入更加具体的金融市场的特征，同时必须对人们的预期与信息加以模型化。金融市场行为对预期和公众信心非常敏感，同时各种金融机构之间又高度杠杆化，"追涨杀跌"的投资行为与产品市场上通常的需求定律正好是相反的，是反稳定的。所有这些因素都使得金融市场均衡的稳定性比较低。当投资者的预期和信心发生变化的时候，金融系统的风险因素就常常会主导回报率而成为投资者行为的主要考虑因素。无论是由于基本面的恶化而导致真正的泡沫破裂，还是因为纯粹"太阳黑子"式的自我实现危机均衡,在危机发生的过程中,所有价格下跌,因此价格本身几乎已经失去了基础性的对资源配置的指导作用,而只是被动地承载市场在每一个时点上的集体预期。此时,作为没有明确量化的信心和互相之间的预期则成为投资行为的主要依据,换言之,此时的市场是博弈策略行为而不是通常的价格行为了。

基于以上认识,我认为,要理解金融危机,我们就需要考虑策略性宏观行为与价格行为之间的内生转换关系。在我们的宏观经济模型中,博弈论应该与一般均衡更好地结合起来,充分地研究这个过程中不对称信息或者异质信念所引发的贝叶斯行为。

另外,一方面,面对危机,政府与央行都会采取各种政策,而公众以及投资者在考虑自己最优的策略函数时也的确是基于对各种反应式的、自由裁量式的宏观政策的预期。另一方面,政策当局在制定政策时也需要将预期的公众行为考虑进来,包括长期的和短期的预期。这就使得分析变得更加复杂,更加具有策略性。

这些还不是全部,在经济全球化的今天,应对危机需要政府间的国际合作与协调。这就常常涉及国家间的利益冲突和协调,往往就不再是单纯的经济问题了。换言之,我们不仅要考虑开放经济之间的互动,而且必须将政府的目标和行为考虑进来。这些都说明,很多政策并不像标准的新古典和新凯恩斯主义模型那样是外生给定的,而是内生的,需要研究政策是如何制定的政治经济学过程。

参 考 文 献

Acemoglu, D., S. Johnson, and J. A. Robinson et al., "Income and Democracy", *The American Economic Review*, 2008, 98(3), 808—842.

Barro, R. J. , "Democracy and Growth", *Journal of Economic Growth*, 1996, 1(1), 1—27.

Barro, R. J. , "Determinants of Democracy", *Journal of Political Economy*, 1999, 107(6),158—183.

Ciorciari, J. D. , and J. B. Taylor, *The Road Ahead for the Fed*, Stanford:Hoover Press, 2013.

Diamond, D. W. , and R. Rajan, "The Credit Crisis: Conjectures about Causes and Remedies", *National Bureau of Economic Research*, 2009.

Ju, J. , J. Y. Lin, and YongWang, "Endowment Structure, Industrial Dynamics and Economic Growth", *Working Paper*, 2009.

Kose, M. A. , E. S. Prasad, and K. S. Kogoff *et al.*, "Financial Globalization: A Reappraisal. Washington DC: International Monetary Fund", *Working Paper No. WP/06.189*, 2006.

Mishkin, F. S. , *The Next Great Globalization: How Disadvantaged Nations Can Harness their Financial Systems to Get Rich*, Princeton:Princeton University Press, 2006.

Obstfeld, M. , and K. Rogoff, "Global Imbalances and the Financial Crisis: Products of Common Causes", *Social Science Electronic Publishing*, 2009, 131—172

林毅夫,《与林老师对话——论经济学方法》,北京:北京大学出版社,2005年。

新结构经济学中的
产业政策

新结构经济学中的"有为政府"*

2016年8月21—22日,北京大学新结构经济学研究中心与复旦大学经济学院在复旦大学联合举办了一场主题为"产业政策:总结、反思与展望"的学术研讨会。作为此次会议的主要发起者与组织者之一,我个人从这两天的会议讨论中受益匪浅。这次会议从在"货殖365经济社"微信群中酝酿发起,再到对"产业升级与经济发展"微信群中的嘉宾进行邀请与组织,直至会议顺利闭幕,前后总共不到一个月,但是有将近300人从全国各地赶来参会,说明这个议题非常重要,很多人都感兴趣。

现代社会中,支撑宏观经济增长的微观基础是技术进步、要素积累与产业升级。尤其是对于一个发展中国家而言,经济增长速度加快,通常意味着它的经济结构的转型和产业结构的升级也在

---

* 本文发表于《经济资料译丛》2016年第2期。感谢"产业升级与经济发展"学术微信群诸多群友的讨论。

加快。在这个过程中,政府应该发挥怎样的作用？在实际中政府又扮演了怎样的角色？要回答这两个问题,显然,产业政策就是一个绕不过去的重要问题。

在此次研讨会上,林毅夫教授做了题为"摆脱中等收入陷阱的产业政策:新结构经济学的视角"的演讲。顾名思义,这是从新结构经济学的角度对产业政策问题的一次系统性的论述。也是在新结构经济学的框架中,对"有为政府"与"有效市场"应该如何互相促进的一个具体的运用。从学理的角度来看,"有效市场"与"有为政府"两者都是争取要达到的目标,而并非指现实中政府总是有为的,市场总是有效的。若是再进一步具体到当下中国的情形,如果强调"有效市场"的重要性,即如何进一步完善市场,如何增强市场在资源配置中的主导作用,如何进一步推进市场化改革,那么学术界基本上对此达成的共识要超过分歧。如果强调"有为政府"的必要性,那么各种争议则要大得多,所以值得再次澄清与讨论。

在我个人的理解中,"有为政府"除了指政府需要弥补市场失灵,还应该包括另外一层重要的含义,就是政府机构与职能的改革,包括简政放权、取消错误干预与管制的过程。这个过程本身也是需要领导力,需要胆识、魄力、努力、行动、计划、策略、时间和财力的。我之前在财新网发表的"什么是新结构经济学中的'有为政府'"一文中之所以非常强调这一层含义(王勇,2016),主要有以下两个原因:第一,政府目标与机构职能的改革构成了中国改革开放以来经济发展比较成功的重要经验之一;第二,"有为政府"的这层含义似乎一直都未受到讨论者的足够重视。大多数人的论述,都似乎忽略了市场化改革和简政放权过程中政府本身的能动性、主动性与功劳。在现实中,邓小平、赵紫阳、朱镕基等人为此都需要殚精竭虑,而并非只是轻松地对下级官员简单地吩咐一声:"你们别管得太多!要相信市场!"然后市场化改革就自动且容易地大踏步进行了。这需要各级政府的基层干部去具体落实市场化改革的每一项政策,需要充分调动地方官员的能动性才有可能完成"简政放权",也需要划分地方政府官员"怠政""乱为""有为"三者之间的界限。

政府效率的提高与职能改革,以及在推动渐进改革过程中所发挥的积极作用,都是"有为政府"的重要内涵。强调这一点,并非否认政府乱为现象的存在与严重性,亦非否认1978年改革之初的制度扭曲本身也是由之前政府"乱为"导致的结果。但是评价政府做对做错,是否有为,是需要结合给定的初始条件与各种约束的。经济制度改革与政治体制改革的具体执行者是谁?是政府。所以,我们应该进一步研究经济发展过程中政府的行为、激励与约束,以便更好地理解政策的内生性与市场化改革,包括更好地理解产业政策的制定与执行。

这些都是政治经济学的研究范畴,在现代经济学分析中也变得越来越主流了。然而,令人遗憾的是,对中国内生经济政策的分析,现有经济学文献是极度匮乏的。比如阿西莫格鲁、佩尔森、塔贝里尼、贝斯利等经济学家对中国等东亚经济体的政治经济学分析就相对较少。如果不深入理解这个政治经济学过程,就无法更好地对中国的经济增长与制度改革的前景做出比较客观的判断。从学术研究的角度来看,改革开放的三十多年间,与改革之初相比,政府总体一直是"乱为"的吗?政府有做对了什么吗?与世界其他发展中国家相比,中国各级政府的这种"做对"、这种"有为"是更多还是更少?支持政府去采纳、执行正确的改革发展的政策建议的条件是否在改变？市场化改革本身的动力机制是否发生了变化？对这些重要问题的学术研究，无论是否应该被划入新结构经济学的研究范畴，我个人都认为是非常重要的。

究竟如何衡量与判定政府的"有为"？我认为应该结合具体的问题分析在给定条件下政府所做出的选择（包括选择"不作为"）。在已有的新结构经济学的文献中，对此也已经有了不少的实证研究，包括发表在中英文学术杂志上的。对新结构经济学不了解的读者，我会首先推荐林毅夫教授的马歇尔讲座（林毅夫，2008）。在那里有不少跨国实证分析，包括研究不同的政府发展战略所带来的不同绩效。那些学术研究是从政府发展战略是否符合要素禀赋比较优势这个特定的角度来衡量政府是否有为的，有具体的定量指标。具体到产业政策问题上，反对产业政策的学者绝大多数不是否认市场失灵的存在，而是认为政府失败更严重，认为政府没有能力或者意愿去较好地纠正市场失灵，担心经济学家善意的政府"有为"的建议容易在实际中变成政府"乱为"，使结果反而比原来的市场失灵更糟。这是分歧的核心根源。

那么，如何防止政府"乱为"呢？对于学者而言，就需要明确地分析指出政府不应该做什么。对于产业政策，新结构经济学并非主张无条件地对所有产业的所有先行者都进行无时间限制的补贴，而是有很多理论上的附加条件。我和林毅夫、鞠建东两位老师有一篇关于产业政策的论文，理论模型已经完成，正在加强做其中的实证部分。在那里，我们希望说明，国际上，产业政策的失败在很大程度上是目标产业选择的失败，而目标产业选择的失败，在很大程度上是因为政府选择的目标产业不符合当时该经济体的要素禀赋比较优势，所以某产业存在马歇尔外部性本身并不构成政府应该对其加以扶持、干预的充分条件。而在现有的有关产业政策的经济学文献中,理论模型中大都只有劳动力单要素,而不是多要素的,从而忽略了要素市场本身的价格信号对目标产业选择的引导作用。要提高产业政策成功的概率,政府所应该做的,是扶持与要素禀赋密集度比较匹配的而且又同时存在严重马歇尔外部性的产业,而不是去扶持所有具有马歇尔外部性(市场失灵)的产业。

我们的模型的主要结论是,如果政府扶持的是那些资本密集度与本国要素禀赋结构比较匹配的且具有马歇尔外部性的产业,那么经济的绩效就会优于自由放任的市场均衡,而如果政府单以存在市场失灵为由扶持的是要素密集度严重偏离要素禀赋结构的产业,那么经济的绩效还不如自由放任的市场均衡。所以,在这篇论文中,我们强调的有效的产业政策是市场引导、政府扶持的思路,既不是新自由主义经济学所强调的政府"不作为",也区别于旧结构主义强调的因存在市场失灵而需要的"大推动"。有兴趣的读者,不妨参阅我曾写过的非技术性介绍(王勇,2013)。

值得强调的是,雷锋式好人政府,政府比市场更聪明,这两个都不是现实世界中成功产业政策的必要前提条件,更不是新结构经济学理论框架的必要逻辑前提假设。一方面,政府也是由自然人构成的,只要激励与约束搞对,即使是自私自利、缺乏家国情怀的政府官员也会选择去采纳对当地经济发展有利的举措。另一方面,政府既具有市场所不具备的政策工具,包括暴力手段,也具有与市场中私人个体不同的目标函数,所以在很多情况下,某一产业发展过程中的"市场失灵"病症在现实中自我呈现得非常清楚,并不复杂。既不需要政府比市场更聪明,也不需要政府在事前就能完全设计、预测、精巧计划,所需要的只是当具体的问题出现以后,当地政府事后愿意及时地去提供对应的公共服务和公共品,放松产业升级瓶颈,降低产业升级的交易费用。在中国,这样的较为成功的产业政策实践,在很多产业集群发展的案例中比比皆是,不妨参见北京大学国家发展研究院张晓波教授的相关著作(张晓波、阮建青,2011)。事实上,在中国经济体制改革的实践中,如果一个地区的产业升级与经济增长过程出现了某种制约瓶颈,那么为了促进增长,政府会进行"倒逼式"的制度改革或者政策调整,放松该瓶颈约束,使得经济增长得以继续,如果遇到新的瓶颈约束,政府会再进行"倒逼式"的改革,如此往复。对于这种"倒逼式"的渐进改革与经济增长互动过程,我曾专门构建了一个数学模型加以严格刻画(Wang,2015)。

此外,需要特别指出的是,新结构经济学并非中国经济学,只研究中国问题。对新结构经济学提出的理论概念的理解与阐释,我们不应该总是囿于中国的情景。比如,虽然中国的政府力量比较大,国家能力比较强,但是还有很多发展中国家的国家能力非常弱,政府严重缺位失职,所以强调如何建设"有为政府"对于这些国家就是一件重要、刻不容缓的事情,而且对作为一般理论的新结构经济学的学术探索也很关键。不能因为中国的政府经常过于强势,就去断然否认"有为政府"对其他许多发展中国家的重要性,就去立即否定"有为政府"对一般学术讨论的价值。对于这些方面,虽然我已经做过多次澄清,但令人遗憾的是,还是经常能够看到不少学者对"有为政府"做出误解性的解读和错位的批评。的确,即使在学者中间,认真阅读理解新结构经济学相关学术论文的还是少数,没有清楚理解概念的最初提出者的定义而单纯地凭借自己的想象以讹传讹的较多。当然,新结构经济学本身刚起步,肯定存在许多不足和需要发展完善的地方,尤其是相关正式学术论文的国际发表还太少,通过学术论文所做的正面立论也还不够充足,以至于很多人对新结构经济学的了解往往并不是通过参加正规的学术讲座或阅读学术期刊论文等正常的学术渠道,而是通过通俗媒体上的报道获得的,所以很容易产生各种混淆误解,将中国特定的实际政策操作问题与基于发展中国家的普遍现象构建理论进行学术探索这两者混为一谈。

一个正在逐步建立的经济学理论本身的对错,该理论的政策主张在实践中是否已经被忠实、正确地执行,以及政策执行的实际效果如何,是三个不同层次的问题,只可惜在很多辩论中都被搅在一起,造成了很多混淆。我认为,新结构经济学要想在国际学术思想史上有其立锥之地,当前最主要的任务就是立足于对中国经济本土问题的研究,并逐步拓展到其他处于各个不同发展阶段的发展中国家,以及发达国家,将一个个有学术价值的具体想法通过学术论文去更加规范地表达出来、发表出来,让这些想法首先能够赢得学术界的认可,然后又经受得住政策实践的检验。只有这样,提出的理论才能够真正具有持久的生命力,也只有这样,才是对有关误解与批评的最有效的澄清与反驳。与有志者共勉。

参 考 文 献

Ju, Jiandong, Justin Y. Lin, and Yong Wang, "Marshallian Externality, Industrial Upgrading and Industrial Policies", *World Bank Policy Research Working Paper*, 2011, 5796.

Wang, Yong, "A Model of Sequential Reforms and Economic Convergence: the Case of China", *China Economic Review*, 2015, 32, 1—26.

林毅夫,《经济发展与转型:思潮、战略、与自生能力》,北京:北京大学出版社,2008年。

王勇,"什么是新结构经济学中的'有为政府'",财新网,2016年3月29日。

王勇,"我们还需要继续研究产业政策么",《经济学家茶座》,2013年第61辑。

张晓波、阮建青,《中国产业集群的演化与发展》,浙江:浙江大学出版社,2011年。

漫谈"产业政策"[*]

经济学中始终会有些重要的问题让人觉得很纠结,原因是已有的研究尽管很多,但是偏偏没有说清楚,比如"民主对经济发展的作用",另一个例子是"产业政策"。具有讽刺意味的是,经济学中有一条比较公认的重要定律:分歧越大的问题,对经济学家们反而具有越大的政策影响力。这显然不是什么好消息,可是各种关于产业政策的讨论却一直见诸各大刊首报端,不绝于耳。

似乎大多数受过正规训练的经济学家对"产业政策"的第一反应都是怀疑:为什么相信政府会比市场机制更能有效地甄别具有发展潜力的产业?为什么不依赖"物竞天择,优胜劣汰"的市场法则去自然地形成新的有竞争力的产业,而要去依靠政府来"选择赢家"(pick the winner)?

---

[*] 本文删减版发表于《瞭望东方周刊》2010年9月29日。

这是一种合理的怀疑。但是从经济理论上来说,教科书中已经有不少经典的数学模型和理论解释了政府干预的合理性,比如当存在信息不对称,或者存在"外部性",或者存在协调失灵等状况,并且还有足够多的实证证据证明这些市场失灵的情形并非经济学家的主观臆造,而的的确确都是普遍存在的经济学现象。

既然如此,那么为什么大家对"产业政策"还是如此怀疑呢?一个重要的原因就在于实际政策操作过程。首先,政府是否有足够的能力去判断市场失灵是否存在以及诊断问题的根源所在?其次,政府是否有足够的动力去发现并及时地诊断这种市场失灵?再次,政府是否有足够的良心去真正帮助提高广大群众的根本利益而不是借此去谋取私利或者是受利益集团的操纵而为少数人服务?从次,即使是一个充分爱民的政府,它是否有足够的政策工具和能力去有效地解决市场失灵问题?最后,也是一个常常被忽略的问题,政府的政策成本是否低于解决市场失灵问题所带来的好处(即是否能通过 Bastable 检验)?如果这五个问题中的任何一个答案是否定的,那么这个产业政策就可能会失败。

事实上,这些考虑不仅仅适用于对产业政策的分析。正如哈佛大学的丹尼·罗德里克(Dani Rodrik)愤愤不平地指出的那样,为什么经济学家们对教育、健康、科研等方面的政府政策都普遍比较认同,而偏偏对产业政策就有着先天性的歧视和怀疑?

一个重要的原因就是产业政策总体上缺乏系统性的相关经验证据的支持。在 2009 年出版的《发展经济学手册》中,加利福尼亚州立大学伯克利分校的安·哈里森(Ann Harrison)和宾夕法尼亚州立大学的安德列斯·罗德里格斯-克莱尔(Andres Rodriguez-Clare)合著了一章,题为"发展中国家的贸易、外国投资与产业政策"。该文的一大贡献是系统地回顾和归纳了将近两百多篇相关的实证研究论文,得出的基本结论是:对于产业政策的有效性没有特别稳健的实证支持,经验证据比较杂乱。

当然,在这些经验研究中,数据的质量、指标的选用以及各种回归定量分析方法的适用性等诸多方面本身就有很多需要改进的地方。因此对于相关结论的可信度,仁者见仁、智者见智。其中一个比较突出的问题就是如何更加有效地从各种具体案例的分析中获取洞见。

如果我们静下心来认真地读一读相关产业政策的案例研究,我们经常又会觉得,政府的产业政策在很多时候的确是有效地促进了产业的发展和升级。对亚洲"四小龙"的各种产业政策的案例研究已经有很多了,其中政府所发挥的正面促进作用几乎无人质疑,比较有代表性的研究包括伦敦经济学院的罗伯特·韦德(Robert Wade)所著的《管理市场》(Governing the Market)一书。可是拉里·萨默斯(Larry Summers)说,选择成功的产业政策就像是选股票。亚洲"四小龙"这些经济体的政府在崛起过程中就像是非常成功的投资专家,正好选对了股票,但是我们不能期望所有的股民都能够像这些投资专家那样获得成功,所以不要妄图去学习他们,还是应该老老实实地分散风险,把鸡蛋放在不同的篮子里。

那好,即使撇开亚洲"四小龙"的例子不谈,在发展中国家产业政策成功的例子仍然比比皆是。我最近就阅读到了大量有关产业政策的案例研究,比如厄瓜多尔的鲜花产业、秘鲁的芦笋产业、孟加拉国的服装产业、智利的三文鱼和葡萄酒产业、印度的软件产业、马来西亚的棕榈油产业、肯尼亚的花卉种植产业,等等。这些产业的发展过程和政府的作用各式各样，但是却有着某种共性，那就是通常这些产业在没有政府扶持的时候，私人部门就已经进入了。但是私人部门发展到一定阶段就遇到了增长的瓶颈：各种制度或政策限制、运输能力限制、通信能力和能源供给限制、外部市场信息不足、关键性生产原料或配套服务短缺、技术力量不足、资金短缺、销售渠道有限而产能过剩、产品质量下滑甚至假冒伪劣产品出现、垄断、相关劳动力供给不足、为抢生意发生黑社会火并，等等。"病症"已经出现，这个时候政府介入，对症下药，帮助产业克服当前的主要约束，这样私人部门就会进一步扩张，然后又遇到新的发展瓶颈，政府再介入帮助克服这些新的约束，继而产业再向前发展……

不难发现，在这些具体的案例中，由于产业发展的制约因素不同，从而成功的产业政策的具体形式也不一而足，并且常常富有创造性地与当地的实际情况相结合。但是在理论讨论中，人们却常常不约而同地将产业政策自动地归为中央政府主导的宏观经济政策，这是一种不正确的偏见。事实上，在很多情况下，在推动产业发展的过程中，地方政府所发挥的作用往往要更加直接和明显。特别是对于像中国这样的发展中国家而言，地方政府有着比较强的资源组合能力和政策操作自由度，同时也有着比较强的激励去帮助当地的企业或者产业获得发展，加上地方政府官员与当地企业家的互动比较多，所以前者能够比较及时和全面地了解当地企业发展所遇到的瓶颈问题。这一点在 80 年代中期到 90 年代中期中国乡镇企业的发展中就已经明确地体现了出来。换言之，即使不同国家的中央政府的宏观产业政策目标相同，由于不同的国家具有不同的政治体制和公共财政结构，最后地方政府实际产业政策的执行情况还是有可能存在巨大的差异。所以产业政策的操作问题必然也是政治经济学问题。

另外,作为发展中国家,中国的很多公共品的供给,诸如道路、桥梁、通信、水电、医疗、教育等在很多地方本来就是不足的,而银行和土地等资源也都是国有的,司法与行政的独立性还有待进一步提高,这些约束也使得任何关于中国产业发展的讨论都不可能抛开政府去谈,这和许多发达国家的情况不同,同时也和许多主流文献中的模型的制度背景不同。这也就同时意味着,如果对于任何产业的发展,政府必然会插一杠子,而不管你喜不喜欢,那么这个状况本身并不令人鼓舞。事实上,之所以现实中还存在大量政府产业政策失败的案例,其中一个重要原因就是有些产业政策被某些政府官员或者少数利益集团劫持,用以保护他们的一己私利而不是增加整个社会的福利,比如对"夕阳产业"的过度补贴或者是提高"朝阳产业"的市场准入门槛。而且就算政府的初衷是好的,但所采取的政策工具是否恰当、时机是否适合、力度是否准确,这些都是有理由去质疑的。毕竟,政府官员是拿着纳税人的钱去做事情的,如何正确评估各种政策效果就显得特别重要。在中国,政治集权和财政分权,加上改革开放,促使地方政府之间形成了有效的GDP竞赛(yardstick competition),张五常先生将之归纳为县际竞争。这在很大程度上克服了地方官员的过度寻租行为,但是也有不少的弊端。就产业政策而言,这种GDP考核标准使得地方政府官员容易忽略对产业政策的Bastable检验。因为消费者福利的变化需要比较专业的定量分析,而GDP和税收收入等却非常直观,所以人们容易误将产业政策促使GDP的增加等同于产业政策的成功,而没有计算这些政策本身的执行成本以及由此带来的各种隐性的机会成本,包括消费者福利的变化。

尽管有种种类似的问题和缺陷,但是不可否认,中国改革开放三十多年总体来说是比较成功的,政府在这一过程中所发挥的积极作用也是不可抹杀的。那么就产业政策而言,中国经济到底在哪些方面具有可供参考的成功经验呢?这是一个庞大的问题,但是请允许我结合自己的阅读和思考尝试性地做一下粗略的归纳。

第一,不惮于甚至善于政策试点和试验。我们不能指望政府总是能够在事前就充分地预测到产业发展将会遇到的各种瓶颈,我们也不能指望政府总是能够一旦发现问题就可以很有效率地加以解决。事实上,政府也不见得事先就知道该扶植哪些产业和怎样去扶植。这些都是一个贝叶斯学习的过程。但是在中国政府几十年的执政经验中,"搞政策试点"是一条非常宝贵的经验。它背后的逻辑就是承认政府不是万能的,计划与现实并不总是匹配的。在发展实践中去发现问题、解决问题,如果成功就加以逐步推广,如果不成功就吸取教训放慢步子,这是一种实事求是的务实态度。正如很多产业政策案例所揭示的那样,不同国家的不同产业在不同的时间点上所面临的约束性条件经常是不同的,而可供选择的政策选择集也有可能是不同的。成功的产业政策经常是特定于当时的具体情况的(context-specific),如果盲目地认为必然存在一条放之四海而皆准的产业政策的"圣杯",然后进行教条化的执行,结果往往是徒劳和失望的。纽约大学的威廉·伊斯特利(William Easterly)为此专门写了一本书《经济增长的迷雾》(*The Elusive Quest for Growth*),该书以很多案例和实证研究生动地说明了发展经济学家对经济发展原因的无知。

第二,市场识别、政府扶持。有很多新兴产业在政府扶持之前就已经在市场上存在了,并且也已经展示出它的发展潜力,但是在发展中遇到了一些瓶颈妨碍了企业和产业继续做大。这时候政府再去看自己是否有能力去帮助企业解决这些问题,如果可以并且并不需要花特别大的力气,那么这就说明这个产业本身就是一个具有自生能力的产业,不需要长期依赖政府的保护就可以很快地形成规模并具备市场竞争力。所以这种产业政策并不是政府在选择赢家,而是这些产业已经经受到了市场的预备性检验,政府只是在后面助推了一把。这种模式对政府的信息要求并不是很高,而且政府官员也乐于成人之美,锦上添花,将该地区的产业发展归入自己的政绩中。

第三,充分利用出口和外国直接投资。中国的改革逻辑是先开放产品市场再慢慢开放要素市场。对于收入和消费水平比较低的地区而言,如果一个新兴产业的产量不能输出到其他地区甚至是其他国家,那么该产业的规模就不可能快速扩大,"干中学"所带来的生产率提高的潜力也就无法充分挖掘。另外,如果该产业的产品只用于当地消费,那么也会更大程度地伤害现有的生产替代性产品的企业,这更容易引发行业间的内耗以及寻租行为。中国出口推动的产业政策帮助当地政府和产业更加认清了自己的比较优势所在,同时也更加认清了现有政策制度的相关环节的局限所在,再加上与争夺国内市场相比,争夺国际市场时来自国内的政策阻力比较少,这些都有利于产业和相关制度的发展和完善,并且将改革再慢慢引导到要素市场。当越来越多的资源集中到具有比较优势的产业,也就意味着劣势行业中的资源越来越少,从而整个社会的资源分配变得更加合理,全要素生产率(TFP)也就随之提高。另外,中国是吸收外国直接投资最多的发展中国家,而外国投资者为了最大化利润自然有动力去选择它们认为具有潜在国际竞争力的产业。这样外国投资者在客观上也帮助中国选择了具有比较优势或者是具有潜在比较优势的产业,并且提供了资金、技术、管理、销售等一系列的关键性投入。同时这也带动了上下游产业的发展,促进了产业内的竞争。

第四,重视海外留学人才,吸引他们回国创业。由于出于对国际专利的保护和对国家安全的考虑,对于一些涉及高科技产品的产业,通过逆向工程(reverse engineering)加以模仿的程度非常有限,因此必须有处于世界技术前沿的专家亲自指导才可以研发相关产品,从而可以避免以高额的垄断价格从国外大量进口甚至是买不到相关产品。钱学森和邓中翰都是这方面很有代表性的留学归国人员。以邓中翰领导开发的"中国芯"为例,该产业之所以能够取得技术和商业上的成功,是因为邓中翰等人不仅从国外带回了先进的技术,而且还带回了国际上整个产业运作的模式和理念以及人才网络和销售网络。这其中自然也离不开中国政府对该产业从资金、人才、原材料到销售的大力扶植。改革开放后,中国政府明智地抵制了所谓的"人才流失"的恐惧,放松了对出国留学和进修的限制,从国外大量"进口"教育。事实证明,这些都为产业升级和创新提供了宝贵的人才准备。

第五,产业升级和调整的过程讲究"渐进",兼顾政治稳定。标准的新古典模型都会认为那些不再具备比较优势的产业应该被淘汰得越快越好,然而不要忘记,这一结论是基于劳动力市场和资本市场都能够瞬时出清的假设。当新的产业尚未完全成熟,吸纳的就业能力还比较有限,劳动力的产业间转移和培训都需要时间,各种社会就业、医疗、养老等保障体系尚不健全时,如果马上就完全放开国际市场，那么就会冲垮现有的产业，并且很有可能导致原有旧产业的工人对产业升级和全球化产生抵制和不满，甚至引发社会动荡。如何在社会保障体系尚不健全的条件下引导产业的平稳交替和升级，是政府产业政策中不可忽略的棘手问题。但必须澄清，本文张的是尽量维持结构变迁中的"帕累托性"，而非对夕阳产业进行永久性的保护，那是愚蠢的想法，只有夕阳产业的既得利益者才会拍手叫好。

最近，世界银行首席经济学家林毅夫教授与他的同事塞勒斯汀·孟加(Celestin Monga)合著了一篇论文，题为"增长甄别与因势利导"。该文肯定了政府产业政策的积极作用，并且还提出了政府如何识别具有比较优势或者潜在比较优势的产业以及如何加以因势利导的六个具体的操作步骤。这是一种大胆的理论探索，非常值得一读。

之所以称其为"大胆"，是因为整个发展经济学界至今对"华盛顿共识"所提出的具体的"改革步骤"和"休克疗法"仍然心有余悸。加上前文所述的产业政策的具体形式具有多样性和灵活性的特点，这就使得这种具体到操作步骤上的一般性政策建议容易成为别人攻击的靶子，除非这种操作步骤写得足够宽泛。

在林毅夫教授与芝加哥大学的加里·贝克尔(Gary Becker)教授之间的关于产业政策的电子邮件讨论中，双方对发展中国家新兴产业中的第一个吃螃蟹的人(first mover)是否应该得到政府的扶持这个问题阐述了各自不同的看法。林毅夫教授主张政府应该对先进入的厂商进行扶持或者补贴，因为这些厂商无法获得专利保护，但是他们的尝试会产生信息上的"外部性"，替很多潜在的后来者支付了学习成本。而贝克尔教授则倾向于认为，在很多情况下这些第一个吃螃蟹的人会具有先行优势,比如更快地建立自己的名声和网络效应,所以市场本身就会对其有更多的补偿,即使没有专利。而且发展中国家的这些先行者也可以参考发达国家相关产业和企业的历史经验,所以政府未必需要介入对这些先行者进行补贴。

从理论上来说,双方都有道理,关键是看是在事前还是事后。一方面,如果这个产业在事后被证明并不符合当时该经济体的比较优势,那么作为先行者的厂商仍然能够对社会产生信息上的正外部性,因为它至少告诉了大家它的那套做法是行不通的。可是在政府事前并不确定该产业是否具有竞争力的情况下,是否有能力对于所有尝试性产业的先行者都进行补贴,如何确定补贴方式和扶持的力度,这些都是需要考虑的。另一方面,并不是所有的产业都具有较强的网络效应,而且即使能够产生网络效应,所需要的时间也有可能会很长。特别是如果该技术本身在国际上已经非常成熟且潜在的市场已足够大,而且该发展中国家的主要约束是公共品或者公共服务的供给不足,包括制度或者政策的供给不足,那么先行者就需要花费很高的成本去和政府交涉,来改善所有这些公共设施和服务。而第二个行动和第三个行动的厂商却可以马上利用先行者在信息上的外部性以及改善好的公共产品和服务,迅速地直接模仿先行者的成功经验,并且可以免费享受先行者独立争取来的公共产品和服务。这就类似于集体行动的逻辑,没有人再愿意当第一个吃螃蟹的人,从而整个产业就有可能发展不起来。

所以究竟扶持不扶持,在很大程度上取决于政府在事前的先验判断(prior belief):该产业是否具有潜在的比较优势以及该产业的发展是否具有自然垄断的特点。

换个角度来说,如果产业政策是有效的,那么一定是政府可以更有效地办到但是市场办不到或者办不好的。既然如此,作为"产业政策"漫谈的结束,就让我归纳一下政府相对于市场而言具有的优势:

第一,政府可以强制性征税(比如通货膨胀税),并且可以强制性惩罚个体(比如罚款、吊销营业执照、没收财产,甚至将人枪毙),市场本身并不具备这些政策工具。更一般地,政府可以制定游戏规则并强制执行,但是市场规则总是自愿交换的。

第二,政府可以非货币性地补偿和奖励经济主体,但是市场有时候无法做到。比如政府可以授予经济主体"全国劳动模范"等荣誉称号,但是这个称号是无法用金钱买到的。

第三,一般情况下,政府要比任何私人组织都具有更强的资源动员能力。

第四,政府的目标函数与很多市场主体的利己目标不一样,所以政府有可能有激励去处理和纠正市场失灵或者市场不完备的问题。

第五,有些经济资源本身的所有权属于国家,比如中国的国有企业、国有银行和土地。

令人遗憾的是,政府这种超市场的能力是一把双刃剑。一剑劈下来,断掉的是"项上人头"还是"颈上锁链"? 这只"看不见的手"是否是一只"颤抖的手"? 经济学家们将继续为此纠结。

我们需要继续研究产业政策吗？*

尽管产业政策在被世界上几乎所有的国家执行着，但其在经济学的学术研究中却还是一个常令人望而却步的课题。不仅是因为它的分析难，需直面政府和市场的双向互动因而涵盖面实在太广，还因为它的话题敏感，常会遭到市场原教旨主义者意识形态式的抵触：政府失败要比市场失灵更严重，所以最好的产业政策就是政府"无为而治"，难道政府干预的苦果我们尝得还不够吗？大多数经济学家在提到某个现实经济中的产业升级，提到产业政策时，往往是还没有对这个问题进行具体的"诊断"，就已然开出了万能的政策"疗方"：政府不仅不要有新的干预，而且最好要取消已有的干预！

在如今的中国公众网络媒体上，有时甚至会经常出现一种非

---

* 本文发表于《经济学家茶座》2013年第3期。

常可悲的现象:如果有经济学家胆敢公开支持政府的某项产业政策,就会马上受到人身攻击,被贴上"拍政府马屁"的道德标签;而只要是批评政府产业政策的,那就是有良知和不畏权贵的"反腐勇士"和"学术良心"。没有调查就有发言权,全无科学严谨之态度。如此造成的客观后果,就是对产业政策的研究主要集中在政府部门的政策性研究上,严重缺乏比较独立的学院研究和基础研究,客观上使得产业政策的学术研究严重滞后于实践操作,产业政策的制定和执行缺乏足够全面的理论指导,进一步增加了产业政策失败的可能性,浪费了更多纳税人的钱,形成恶性循环。比如最近讨论较多的我国光伏产业的失败,不少人据此主张所有的产业政策肯定都会失败,所以政府就不应该推行产业政策,其潜台词就是,也没有必要继续对产业政策进行研究了。这个逻辑非常有市场,但其荒谬性就如同看到有很多癌症患者没有被现代医学治愈,就主张癌症是不可能被治愈的,因而没有必要再对癌症进行研究一样。

  市场失灵的理论分析和实证证据在经济学的教材上都有,产业发展停滞与经济落后在很多国家更是活生生的事实。现实中也存在着政府的各种干预和产业政策,但遗憾的是虽有不少产业政策成功的案例,但更多的则是失败的情形。面对这些,"华盛顿共识"的支持者主张先把市场尽快地完备起来,把政府干预尽快地全部取消掉,这样,我们就可以逼近满足福利经济学第一定理的新古典环境,剩下的就交给市场了,因为理论上产业升级与经济增长将会自动出现。

  但是中国过去30年的改革与发展的实践并未遵照"华盛顿共识"的"疗方",而是采用了更加实用主义的实验和试错的渐进方式,一方面以改革启动发展,另一方面又在发展过程中逐一地将每一阶段最直接遏制经济继续增长的瓶颈约束暴露出来,并通过及时的改革依次放松这些最紧迫的约束,从而维持经济的高速增长。这种策略不仅在政治上更加容易获得每一步改革方向的民意支持,而且对政府的信息处理和执行能力的要求也相对较低,因为不需要政府事前就制订一份长期详细的针对各种可能性的改革计划,同时在财政上也可以平滑改革成本,可进可退。

我认为,中国的产业政策应该继续以这种非教条主义的方式进行,在绝大部分情况下都应该采取"市场主导加上政府因势利导"的策略。因为只有让"市场主导"才能够最大限度地利用好分散在各经济决策者头脑中的零散信息,才能够充分摸索当时的市场机会,毕竟商人们对商机的捕捉能力要远高于政府;另外价格信号和市场的充分竞争也是大规模经济资源优化配置的根本性机制。但与此同时,政府也应充分听取广泛的商界意见和国内外专家学者的意见,并试图找出最为集中的遏制产业升级而市场本身又无法及时有效解决的瓶颈约束,然后在充分研究的基础上,提供政策扶持或者制度改革,将这些瓶颈约束放松,给这些产业更大的生存可能性和成长的空间。特别是当经济中的产业发展趋于停缓时,政府的适当作为就显得尤为必要。

最近,我与林毅夫教授、鞠建东教授在一项合作研究中讨论了为什么产业政策在某些国家成功了,但在很多国家却失败了。我们对已有的关于产业政策的研究文献进行了回顾,发现现有的模型基本上都忽略了最重要的一点,那就是如何帮助政府有效地甄别具有潜在比较优势的产业。常见的关于产业政策的理论模型都是作如下假定:存在一个传统产业,另外还有一个新产业具有马歇尔外部性,但由于协调失灵,市场无法自动升级到新的产业,所以需要政府干预。在那些模型中,哪个产业需要政府扶持被直接假设为共同知识,所以"目标产业如何甄别"这个最重要的问题就被直接抽象掉了。但事实上,具有马歇尔外部性的产业有很多,而且它并非具有潜在比较优势的充分条件。比如苏联的航空航天产业,是一个需要大量配套产业提供中间产品和服务的庞大产业,其显然具有很强的马歇尔外部性,按照现有理论,这样的产业就应该被扶持。事实上苏联也的确这样做了,该产业也建成了。但由于该产业资本非常密集,并不符合苏联当时要素禀赋结构的比较优势,因此在扶持过程中造成了很多资源配置的扭曲,轻工业被过分遏制而整体经济效率低下,经济增长缓慢,所以这种产业政策是以拖垮整体经济为代价的。现实中还有很多这样的产业政策失败的例子。归根结底是因为"产业甄别"的失败,失败在目标产业违背了该经济体要素禀赋结构的比较优势。

基于上述认识,我们构建了一个新的产业政策的理论模型,明确地引入了要素禀赋结构,重点强调了在不同发展阶段如何去甄别当时具有潜在比较优势的产业。我们认为,要素市场的价格信号本身就对如何甄别具有重要的指导作用:在一个资本相对稀缺的经济体中,劳动力成本比较便宜而资本比较昂贵,所以具有潜在比较优势的产业就应该是那些相对劳动密集型的,但是由于交易费用过高或者马歇尔外部性等原因尚未充分发展甚至是尚未出现的产业。随着经济的增长以及要素禀赋结构的变化,产业目标也会随之变化。我们证明了正确的产业甄别再辅以产业政策的因势利导,就可以使得经济效率高于完全自由放任的市场均衡,而错误的产业政策,尤其是违背要素禀赋结构比较优势的产业甄别,则还不如政府无为而治的市场均衡。遗憾的是,现有的相关理论模型大都假设劳动力是唯一的生产要素,工资的提高对所有产业的影响是中性的,因此要素市场无法帮助甄别正确的产业目标。而我们的模型则是强调一种"市场决定、政府扶持"的理论机制,强调在甄别目标产业时,需要充分利用相对要素市场的价格信号,并在升级过程中需要政府积极扶持。这既不同于旧结构主义的"市场失败论",也不同于新自由主义的"政府无用论"。

总之,作为经济学家,我们应该果断地抛弃"产业政策究竟应不应该要"的意识形态纠缠,着力研究如何帮助制定和执行正确有效的产业政策。我们必须反思现有文献的不足,结合当代中国的改革实践以及其他各国成功和失败的产业政策的具体案例,从理论上帮助理解和促进产业结构的升级和经济的可持续增长。

产业政策大讨论:企业家、法治与产业政策[*]

在关于国有企业改革与产业政策的讨论中,张维迎老师一直比较强调企业家与企业家精神的重要性。虽然我也很认同我们国家的确应该形成充分尊重企业家、培育企业家的环境氛围,但张维迎老师批评经济增长等主流经济学文献不研究企业家,这是不恰当的。事实上,单单经济增长与发展文献里就有很大一个分支是关于职业选择(occupational choice)的,研究的是当企业家还是工人时的选择。还有很多主流经济学研究是关于最优投资选择的,关于动态契约设计的,关于企业的最优研发投入规模的,等等,这些所刻画的也都是企业家的一些核心决策活动。企业家精神,如果非要作为独立的生产要素,那么它与物质资本、人力资本等在

---

[*] 本文发表于 FT 中文网 2016 年 9 月 22 日。

GDP 的实现上也并无本质差异,都是稀缺的,都需要充分竞争、可流动的市场,也都需要所有权的充分保护。

讨论产业政策,就必然要提及市场缺陷。假冒伪劣、有毒牛奶、地沟油等现象的普遍存在,说明法律的规范、政府的干预都是必不可少的。在企业家论坛上呼吁要重视保护企业家,政府要少干预、少插手,这些自然会获得欢呼与掌声。但是如果跳出企业管理的微观框架,将企业绩效和制度环境纳入对应发展阶段的动态宏观框架下,我们就会发现,保证市场有序竞争的法治环境、金融体系、教育水平等都是内生于经济发展水平的,而且它们的实施与监督也都离不开政府。譬如说,较高的法治水平就需要足够的财政投入以保证对具有较高人力资本的法律专业人才的培养与储备,需要足够的财政收入来维持、更新执法技术设备并且供养执法队伍,需要足够的财政投入以保证整个立法机构的高效运作,需要足够的财政收入以保证立法与执法都能够同时受到有效监督。而所有这些财政投入都是与这个国家本身的经济发展阶段相匹配的,除非有一个经济足够富强的殖民宗主国愿意为这一切操心和买单。

张维迎老师相关分析的失误之处在于,他似乎过于局限于企业的内部治理结构,却未足够重视企业的外部治理,并且他无意识地将企业的外部治理水平与经济发展阶段做切割,将政府的作用、法治水平与经济发展阶段做切割,或者将前两者完全对立起来,把市场运作中出现的一系列缺陷与外部性统统归咎于"制度"不完善、"法治"不完善,主张政府应该靠边站,用制度来替代政府干预。应该说,这些也是比较普遍的看法,其实也是新制度经济学的想法,主张制度重要,但却没有充分重视与强调制度是内生的。良好的法治水平,的确是一个社会长期所应该追求的目标,但是各国的改革实践证明,脱离经济发展阶段与制度起点谈制度改革,谈法治水平,将目标当手段,只有比较静态没有过渡动态的改革策略分析实际上是非常低效的。

具体到企业改革问题上,持"华盛顿共识"的学者,往往会给出如下政策建议:先将企业私有化,着重解决公司内部代理人问题,然后把剩下的所有问题主要归结为外部法治环境的改善问题。比如认为此时政府的主要作用就应该是加强法治,然后依靠法治来处理、解决市场失灵的问题,等等。这种经济发展思路的主要问题在于:落后国家可能在所有方面都是相对落后的,无论是技术、资本,还是法律执行、金融体系,政府效率……这时候经济的发展就需要从已有条件出发,边发展边改革、改善制度与体系。不能等所有制度都先变成与发达国家一样是"最好"的,然后再去发展经济。因为这个过程非常漫长,所以必须要充分考虑在经济发展、制度改善这一漫长的过渡动态路径上老百姓的福利,考虑制度改革的最优路径,而不能单纯地考虑制度改革结束以后的稳态。

现实中,一个国家的政府如果强势到可以长期指定企业去承担种种额外的非营利性的功能和政策性负担,那么这个企业的所有制形式、管理方式的内生均衡结果是什么?不消除这种指定的额外政策性负担这一根本性问题,而只是将其私有化是否能够解决官商勾结的问题?是否会让问题更加糟糕?这个时候,强调这些企业缺乏企业家精神,有意义吗?换成一家民营企业的老总去管理这个国有企业,在这些政策性负担不变的情况下,真的能够解决企业的经济绩效问题吗?在经济水平发展较低的时候,真的能够建立一个超然于经济发展阶段的先进法制体系(包括相关法律的及时制定与有效执行)来解决政策性负担的问题吗?一个更加务实的改革与发展政策究竟应该是怎样的?如何结合相应的发展阶段和由此内生出来的资金、人才、技术等一系列约束,来推行在整个过渡动态路径上的最优经济发展与制度改革,才是真正需要深入思考的核心问题。对于政府的作用,包括产业政策,也应该放置在这个动态宏观一般均衡框架下去思考。

一个企业家或许并不需要关心这个全局性的宏观发展问题,他只需要关心在既有制度条件下如何整合资源,自己去创新或者套利以达到赚钱的目的(创新型与套利型企业家的划分是张维迎老师的深刻洞见),所直接面对的就是政府无处不在的各种管制与干预,还有贪婪的索取贿赂的双手。对此,企业家在心里当然会反感"有为政府"这个词,即使自己也没搞清楚这个词的学术含义;他们也会大声疾呼要求政府减少干预、取消管制,即使很多时候他们自己其实也在利用这种政府管制与干预去套利且赚了大钱。

建立职业经理人市场、培育和保护优秀企业家对于一个经济体来说的确至关重要。但是,如果是讨论诸如产业政策这类涉及全民利益与长期发展的改革问题,我们学者就必须同时聆听、分析企业家与政府部门官员两边的说法,聆听、分析被雇佣者、消费者与广大居民的看法与其利益之所在。在商学院教书、认识很多企业家、更加了解企业内部的微观管理、了解企业如何与政府打交道,这些的确都更有利于了解真相,但是对于中国的国有企业改革,对于产业政策,这个微观层次的视角是不够的,是远远不够的,因为当下的国有企业改革与产业政策问题,影响的是整体的经济,而绝非单个企业是否赚钱、企业老板与政府官员如何在桌底下从事黑幕交易的问题。

为避免产生误解,我也必须说明,法制建设乃至政治体制改革,我个人认为都是重要的,都是需要认真借鉴和积极学习发达国家的经验的。但我想强调的是,这是一件有成本的长期过程,是一个与经济发展水平相配套的过程。在法治不健全的实际过渡动态路径上,如何考虑政府的能动作用,如何尽量引导政府去做积极的有利于经济发展的事情,如何有效地批评政府所做的错误选择,如何形成客观、全面、正确的社会思潮,才是更加务实的方式。倘若只谈将政府手脚绑住,只谈"所有的产业政策都注定是失败的,所以都应该被取消"。这些所谓的"常识",这些口号,虽然可能一部分企业家听了以后会觉得遇到了知音,觉得非常赞同,但是这无助于我们对产业政策成败原因的客观理解,亦非实际改善世界的有效方式。

中国产业升级的主要成就与问题[*]

产业转型升级是产业从价值链的中低端向中高端的上升过程,是产业竞争力全面提升和经济迈上新台阶的关键。在经济新常态下,中国的产业转型升级面临着许多新趋势、新机遇和新矛盾、新挑战,进入到了一个新的阶段。那么,中国的产业升级取得了哪些成就,应该怎样持续推动产业升级,为中国经济提供新动能呢?

北京大学新结构经济学研究中心学术副主任、博士生导师王勇在接受《中国经济时报》记者采访时表示,改革开放以来,中国在产业升级方面取得了很大的成就。

首先,中国已经建立了相对完备的工业体系。国家在过去的三十多年中已经基本上实现了工业化,已经从过去的农业大国转

---

[*] 本文摘选自《中国经济时报》2016 年 12 月 5 日,"经济信心调查系列报道之六 | 产业升级篇",记者王松才。

型为工业大国,而且近几年来,中国的服务业比重已经超过了农业和工业,因此经济结构转型也在朝着更加正确、健康和现代化的方向迈进。

其次,在产业升级方面,中国已经在如何建设经济特区、工业园区特别是出口加工区方面取得了很大的成就,积累了丰富的经验,总体上也做得非常成功,促进了中国的出口,以及技术的吸收和出口。中国现在已经成为世界上最大的贸易出口国,中国在这方面的实践经验也被推广至其他发展中国家,目前来看,效果非常好。

再次,中国的创新能力提高虽然还有很长的路要走,但也应该看到,中国在专利、技术方面已经取得了长足的进步。现在无论是中国科研论文的发表还是专利的数量和质量,进步都是非常快的,包括华为等企业走出国门所取得的成就,以及世界500强中越来越多的中国企业数量,都从侧面证明了中国在产业升级层面所取得的成就。

最后,过去几十年,中国在基础设施,包括电信互联网等软基础设施方面的投入非常大,这为我们后续的工业化和产业升级提供了非常强大的支撑力量。同时,我们的产业类型已经逐步从劳动密集型转型为资本密集型和技术密集型,产业升级取得了长足的进步。

不过,王勇也对记者表示,尽管在产业升级领域已经取得了不少成就,但也应该注意,中国已经是中等收入国家,应进一步转向创新型产业,而不是更多地模仿,应鼓励大家从不同的角度进行创新,政府应增加对创新型产业的扶持力度。

同时,中国需要进一步降低一些产业的进入壁垒,特别是上游的源头产业,生产性的服务业等产业应进一步打破行政垄断和国企垄断,允许民营企业进入。在土地配置方面要更加合理,改革土地管理模式,来适应产业升级,适应从制造业向服务业升级的需要。

"我认为,国家要吸引投资,就要进一步减税,尤其是对投资减税。宁可提高消费税,也要增加企业的投资回报率,降低各个流通环节的税负。"王勇告诉记者,国家应进一步对创新型企业降低税负,提高企业的生产积极性,提高企业在国际市场上的竞争力。此外,还应进一步清理"僵尸"企业,将更多的有效资源配置给有需求的企业。

王勇对记者表示,要持续推动产业升级,就需要国家一系列配套的政策和举措。

首先,应该关注实体经济,防止实体经济"空心化",解决房地产过热问题,防止房地产过多从其他行业"抽血",损害实体经济。

其次,在后续的产业政策推行当中,应该吸取以前的教训,例如光伏产业的教训。要避免一窝蜂和重复建设,以及产能过剩问题,进一步发挥地方政府的主导作用,挖掘、发展地方各自不同的优势产业。

再次,要重视缓解收入不平等问题,进而才能持续推动产业升级。穷人与富人对产品质量与服务品质的需求是不同的,严重的收入不平等会遏制社会对服务业的总需求,不利于服务业的进一步发展,也不利于制造业内部产品质量的提升与产业升级。

最后,要注重吸收世界级高端人才,注重人才战略储备。人才对产业的持续升级发挥着不可或缺的作用,应当重视,为中国经济提供新动能。

崇明岛产业发展之忧乐*

中国的第三大岛是哪个岛？如果我拿这个问题去问别人,很有可能会伤自尊心,因为要论知名度,故乡上海崇明岛比起祖国第一大岛台湾岛和第二大岛海南岛实在是相差很远,尽管明朝皇帝朱元璋曾赐之以"东海瀛州"的美名,尽管它作为世界上最大的河口冲积岛和最大的沙岛现在仍以每年147米的速度向东西方向增延,尽管新近建成的连接它与市区的上海长江隧桥为目前世界上规模最大的隧桥结合工程,尽管徐根宝在这里建立了足球训练基地。

没有太大名气主要有三个原因:第一,它比钓鱼岛更加远离日本;第二,它不是西门庆的故乡(据报道,近年来为发展当地经济,山东省的阳谷县、临清市和安徽省的黄山市都由政府亲自出面引

---

* 本文发表于《经济学家茶座》2010年第6期。

经据典地争辩自己才是西门庆的故乡,并引发了竞争性的文化投资浪潮);第三,也是最重要的一点,是因为它穷。作为上海市最穷的郊县,崇明县 2009 年的人均 GDP 约为 3 600 美元,是上海市平均水平的 1/3,不及香港的 1/8,虽然面积超过 1 000 平方公里,若加上附属岛屿要比香港还大。

与文学家、历史学家和社会学家相比,经济学家,尤其是发展和宏观经济学家,大概都比较"势利眼",看一个地方首先是看穷富。记得有次我在香港科技大学的饭桌上与哥伦比亚大学的魏尚进教授闲聊到崇明岛,说起上海长江隧桥这个自然实验的确产生了国际贸易理论中的 Stolper-Samuelson 效应,他一听马上掏出计算器开始计算崇明县的人均 GDP。经济学家紧接着要做的第二件事情就是试图解释该地区为何"穷"或者缘何"富"。

就崇明县本身的产业结构而言,2008 年,农业、工业和服务业分别占该地区 GDP 的 12.3%,49.5% 和 38.2%。相对于上海市的其他郊区而言,崇明县的生态环境更好,有国家级的森林公园、候鸟保护区和东滩湿地,是全国十五个"中国长寿之乡"之一,而且地势平坦、土壤肥沃、无丘陵;另外,附属的长兴岛是国家重点扶持的海洋装备中心。

在 2009 年上海长江遂桥建成通车之前,困扰崇明县发展的最重要的制约因素便是交通瓶颈。崇明县与上海市区无陆路相通,而坐船的话,就算撇开去码头的时间和漫长的等船时间,从上海市区最北端的宝扬路码头到距离最近的崇明堡镇码头,客轮至少也需时三刻钟,运输货物和车辆的车客渡则需时 75 分钟,夜里则停航,遇到大雾大风也停航。这对于崇明县的招商引资和生态旅游业都是非常不利的。如今"南隧北桥",公交车可直达上海浦东和浦西的地铁站,自驾车去浦东不需 20 分钟,昼夜畅通;而且北连江苏启东,辐射整个长三角。

根据崇明岛所处的地理位置和比较优势,国务院和上海市政府将崇明岛及其所属长兴岛和横沙岛的发展规划具体定位为"森林花园岛、生态人居岛、休闲度假岛、绿色食品岛、海洋装备岛、科技研创岛",试图将崇明岛开发成上海市的"绿色后花园"。这就意味着崇明岛的产业政策将明显向第三产业倾斜,除附属的长兴岛外,期望实现跳过"工业化"的所谓"跨越式"的发展。事实上也的确如此,仅 2008 年一年,崇明县就关闭了 24 家污染性企业,2009 年计划关停并转 40—60 家。

对于这一地区的产业升级规划与发展战略,我虽认同其主体思路,但是却又不禁对发展过程中已经凸显的或者可能将会出现的某些问题产生担忧。

一忧本地就业前景。对于拥有近 70 万人口的崇明县来说,整体劳动力仍旧比较低廉,且平均受教育水平并不高,如果迅速放弃发展劳动相对密集型且技能要求相对较低的制造业,转而重点发展诸如高尔夫球场和生态旅游等符合高收入阶层需求特点的产业,那么势必会对劳动力的技能需求发生结构性转变,对本地劳动力的需求会相对下降。

二忧工业技术传递。上海市区的工业企业显然是在向周边地区逐次扩散和转移的,位于浦东的出口加工区和贸易保税区与崇明岛距离并不远,而且随着上海长江隧桥的建成和海洋装备中心的建立,无论是陆路还是水路的各种运输成本都会大大下降。在这种情况下,如果过分强调生态服务业,就等于自动放弃了接收和吸纳从市区和浦东转移出来的工业和技术的机会,放弃了"近水楼台先得月"的工业发展和升级的机会。

三忧生态旅游内涵。平心而论,崇明岛并无桂林山水或是海南风光,亦无太多人文景观名胜古迹。在这种情况下,如何保证可持续地吸引外来游客甚至将其发展成支柱产业?光说空气清新能远远地望见候鸟是远远不够的。即便是依托上海市发展商务旅游、承办大型会议,也急需大量配套产业和基础设施的跟进。要知道,迄今为止,偌大的崇明岛最高级别的宾馆也只有三星级。

四忧城建圈地运动。崇明岛的产业和区域规划的直接后果,是目前正在经历的前所未有的大面积拆迁和强制性农户住宿集聚化过程。与此同时,政府对集中起来的土地控制得比较严格。在这个过程中,有不少新近建成的私人豪华小洋楼被浪费地推倒而代之以千篇一律的住宅区,同时还存在大量套利性的短期建房行为:为将来能够换取更多的政府拆迁补偿而临时扩建毫无用处的新楼和围墙,然后再等待拆迁。另外,考虑到地价迅猛上涨,如果将来中国土地实现私有化,那么,目前的这种圈地运动其实是一种巨大的财富再分配过程。

五忧科技研创前景。尽管愿望很美好,可是建立科技研创区的必要条件之一是与著名的高校和科研机构在地理上非常接近,比如美国硅谷与斯坦福大学近在咫尺,北京中关村与北京大学、清华大学就隔条马路,经济学中称之为正"外部性"。凭什么相信几乎没有什么大学的崇明县能够战胜复旦大学、同济大学所处的杨浦区和上海交通大学所处的闵行区,而一跃成为"科技研创岛"?凭借空气清新有候鸟出没吗?前不久风闻著名经济学家杰弗里·萨克斯(Jeffrey Sachs)到崇明岛进行实地考察,考虑建立一个可持续发展研究中心,希望是真的。

不过话又说回来,担忧归担忧,对崇明岛的发展前景我仍持乐观态度。以我管窥之见,崇明县政府大可不必现在就抛出所谓"不唯 GDP 追求"的时髦之论,而应正视经济相对落后的现状,切实考虑如何充分发挥崇明岛的比较优势,引入外来投资,增加就业机会,以帮助市场打造实实在在的"能赚钱"的支柱性服务产业。

比如,政府是否可以考虑帮助建立较高层次的"老人疗养院"?上海是全国老龄化最早的城市,就连崇明县本身也已经连续 15 年人口负增长,60 岁以上人口已占总人口的 25%。如今,70 年代末首批执行独生子女政策的父母已经进入了退休年龄。随着家庭收入的提高和养老保险制度社会化的深入,人们对健康保健和社会性养老的意识越来越强,但是在上海乃至整个华东的发达地区都严重缺乏针对收入较高的退休群体的疗养院。崇明县是全国长寿之乡,天蓝水静,加之地价便宜,交通便利,应该在这个产业上具有潜在的比较优势。

再比如,政府是否可以帮助引资建立大型的"婚纱摄影基地"或者诸如浙江横店的"影视拍摄基地"?我 2010 年夏天在上海结婚,所以切身地感受了一下婚纱摄影行业的高利润。这家由何润东和大 S 代言的婚纱摄影公司店面设在南京东路和四川北路,但是真正的摄影基地是放在了较偏远的宝山区,离崇明岛已经不远了,而其外景比起"崇明八景"实在是差得多。同样,近几年中国拍摄的很多电影和电视剧,特别是关于旧上海题材的,似乎绝大部分都放在了浙江横店的影视基地。我就在《新上海滩》《新安家族》《少年杨家将》等不下十部影视剧中看到了属于该基地的那同一条旧得都褪了色的红地毯。那为什么就不可以在本就属于上海的崇明岛建立一座影视基地,拍摄关于上海题材的电影呢?至少观众们可以看到一条不同风格的地毯吧。

当然,以上这些都是抛砖之见,相信在市场上摸爬滚打的商家们对于商机的嗅觉一定会比我这个书呆子灵敏无数倍。上海长江隧桥所带来的巨大商机能否转成老百姓切实的收入流,在中国的体制下就特别需要政府政策的扶持和规制的松绑。没有国家的土地和产业政策的优惠,就不可能有今天的深圳和浦东,所以在政绩考评中,崇明县政府的官员们一定要继续承受足够大的发展经济的压力,要真正有足够的动力去积极帮助市场收集相关信息并对符合潜在比较优势的产业加以足够大的政策扶持,而不只是拆房建小区,关闭一些制造型企业后,变成花匠种上几朵小花,然后消极被动地等待上海市区的富人们来崇明岛看候鸟,撒银子。

新结构经济学中的
有为政府

什么是新结构经济学中的"有为政府"*

林毅夫教授所倡导的新结构经济学主张"有效市场"和"有为政府",而学术界似乎有不少人对有为政府等观点持批评态度,争论颇多。有学术争论是值得鼓励的一件好事,可以促进论辩双方思维的互相砥砺,共同提高。林毅夫教授是我在北京大学国家发展研究院硕士就读期间的老师、在世界银行与香港科技大学经济系任职时的前同事以及新结构经济学研究的主要合作者之一,在此,我希望对一些基本概念做出澄清,使将来的交流更加有效率。

市场力量、民营企业是中国经济增长的根本引擎,中国应该继续朝着市场经济的大方向改革,这些都是毋庸置疑的。但是,对于

---

* 本文发表于北京大学新结构经济学研究中心网站 2016 年 10 月 26 日,删减版发表于财新网 2016 年 3 月 29 日。

发展中国家,尤其是社会主义转型国家而言,政府需要同时在两个大方向上做得比较好,即政府必须"有为",才有可能会带来,至少是容许几十年的经济高速增长与社会发展。一是在社会政治秩序比较稳定的条件下,政府要结合本国的特征推动实现较优速度的试验性摸索性的市场化改革,包括如何简政放权。二是经济学教科书意义上的政府弥补市场失灵。对于中国的讨论,大家似乎不太重视第一条中的政府有为,或者将第一条完全等价于政府"无为"的市场化,我觉得这是值得商榷的。

丹尼·罗德里克(Dani Rodrik)曾在《经济展望评论》(*Journal of Economic Perspective*)上撰文试图总结中国发展的有用经验,其中他对中国政府的"猫论""摸论"这些实用主义的试验性的不教条的改革方式大为赞赏。要知道,比如经济特区,并不是在所有发展落后的国家都能够取得像中国这么大的成功,非洲、印度等很多地方的政府比较弱势,没有领导人愿意承担特区试验失败的政治风险,所以市场化改革本身就卡着动不了,其实这就是政府无为的失败。

再次强调,克服体制内与体制外的利益集团的阻挠、策略性地有序地推进市场化改革,这一点本身是我所理解的有为政府的内容,也是在前面提到的第一层含义里。有效市场不是从天上掉下来的,也不是学者们喊喊口号就能够让政府吓破了胆而自动实现的,而是在很大程度上需要政府官员具有政治智慧、领导力与坚韧不拔的改革意志,朝着正确的方向积极推动。最优改革的过程本身就需要有魄力、有担当的改革派领导人,需要政府有为,虽然这种政府有为对于市场而言的表现是更加"无为":把原来的干预之手缩回去了。这个最优改革的政治经济学过程本身就非常值得更为深入的学术研究。

林毅夫教授一直主张的"有为政府"应同时包括上面提到的两个"有为"。遗憾的是,他经常会被很多媒体与经济学者误解,似乎被刻画成了主张"政府主导、市场失灵"的反市场改革派了。

有为政府在概念上并不复杂,复杂的主要是政府在现实经济中究竟应该如何发挥作用这个问题。在中国现实的政策实践中,可能的确存在政府官员将有为政府当作"乱为政府"的理论借口,进一步乱加干预市场,强化扭曲与管制,使得改革发生倒退。因此,不少学者对有为政府这一提法的反对与顾虑其实并不在于学理上的反对,而主要是担心政府官员将这一理论概念自由地无限延伸,加以"政治口号化",那将不利于改革实践。这种担心固然是值得重视的,但是解决问题的关键在于厘清具体问题上有为政府与乱为政府的明确界线,而不是因噎废食,只提倡政府无为,不去研究辨析政府如何做才是正确的有为。如果是那样,可能会导致政府该为而不为,或者是由于缺乏理论指导即使心存善意却也胡为、乱为,结果可能会更糟。

值得强调的是,新结构经济学虽然主要来源于,但并不局限于中国经济发展和制度改革的理论与实践,而是试图提出更加一般化的经济发展理论。不能因为当下中国存在政府过度干预、管制市场的问题,就否认很多其他发展中国家政府过于弱势、过于"不作为"的现实,就不允许新结构经济学提出有为政府的理论概念。

此外,林毅夫教授经常讲制度不仅重要,而且是内生的。这句话也有可能被误解。讲制度内生并不是说现有的制度就一定都是最优的。制度变迁本身也有自身的路径依赖,而且制度有小制度、大制度之分。我想,林毅夫教授的意思是"最优的/最合适的"制度是内生于该经济所处的发展阶段和当时很多具体的约束的,比如当时的乡镇企业形式,但他并不是说所有现存的制度就一定是最优的,否则就不需要任何制度改革了。请别忘了,林毅夫教授是中国最早那批引入新制度经济学分析、强调制度变迁重要性的学者之一。

有效市场与有为政府之我见[*]

最近,学术界围绕着新结构经济学当中的有效市场、有为政府的讨论,又开始活跃起来。特别是在我担任群主的两个学术微信群"结构,宏观,增长,制度"以及"产业升级与经济发展",田国强教授、文一教授、林毅夫教授、文贯中教授等近十位经济学家就有效市场、有为政府、有限政府、"华盛顿共识"、新结构经济学等概念与问题展开了激烈的辩论。后来不知是谁将群内一段不完整的讨论经过删减转发至群外,引发了外界的热议与围观。由于未经双方本人的审定核实,转帖颇具断章取义与误导性之嫌。遂在诸多群友强烈建议之下,我重肃群规:未经发言者同意,不可擅自将别人在本群的发言转发至群外,以避免误解。同时,我也期待参与辩论的各位学者能够全面总结一下自己对这些问题的看法与主张,形

---

[*] 本文发表于北京大学新结构经济学研究中心网站 2016 年 10 月 26 日,删减版以"不要误解新结构经济学的'有为政府'"为题发表于第一财经 2016 年 10 月 31 日。

成可积累的理性交流的努力,以促进更加深入的探讨。

下面,我试图总结一下我的理解。我认为,新结构经济学中的"有效市场"和"有为政府"都是理想状态的概念,都是目标,要实现都需要各种条件,而未见得都已经是现实。现在常见的一个错误的批评方式是,举出一个现实中政府"乱为"的例子,然后说:瞧!这就是你们新结构经济学所说的有为政府,所以"有为政府论"多么荒谬、多么危险。但事实上,新结构经济学中的"有为",是在所有可为的全集中,除去"不作为"与"乱为"之后剩下的补集。而"不作为""乱为"与"有为"的界线具体在哪里则需要具体问题具体分析,否则说不清楚,容易空洞,只会陷于语义学之争,哲学之争,无法证伪。

那么,如上定义的"有为政府"会不会犯错误呢?有可能。当存在不确定性的时候,有为政府事前的选择也许在事后会被证明是失败的、无效的,但从事先给定的信息角度来看,有为政府所做出的选择应该是正确的、理性的。所以,有为政府并非"Perfect foresight"的政府,并非全知全能的政府,而是在理性预期意义上做出正确决策的政府。

对于一个起点是计划经济的强势政府而言,若要成为一个有为的政府,还必须首先是一个勇于反省纠错,接受并且真正锐意改革的政府,也就是一个朝着市场化方向"简政放权"的政府;对于一个制度起点就错误的经济体而言,一个不具有改革意志与改革行动的政府,就不是一个有为的政府。而且对于一个欠发达的经济体而言,当很多市场的不完美性和不完全性都比较突出的时候,有为政府还应该同时是一个培育市场的政府。

而"有限政府",按我的理解,强调的主要是在市场制度建立得比较完善，变成稳态以后，政府应如何纠正市场失灵、维持提供公共服务、当好"守夜人"角色，这个概念没有明确地区分发展中国家与发达国家之间的政府角色的区别，没有区分已经建立了比较成熟的市场经济与尚未完成市场化改革的前计划经济之间的政府角色的区别，等等。新结构经济学强调的是不同发展阶段结构特点的差异性与内生性，所以新结构经济学中的有为政府的具体含义也就一定是随着发展阶段的不同而发生变化的。

需要强调的是，有效市场与有为政府并不是含义重叠的概念，两者都很重要，是不同的目标。对于一个初始状态为市场不有效的情形，我们既需要市场化改革，也需要有为政府去纠正、弥补市场，去培育市场、规范市场，以求市场有效；对于一个"乱为"或者"不作为"的政府，我们需要政府机构与体制改革，使之变成有为政府。另外，有效市场只能解决效率问题而不解决公平问题，这也需要有为政府的干预。在现实的经济发展过程中，市场机制建设的完善与政府职能改革的优化，都是长期的过程。所以，无论是对于像非洲不少国家那样国家能力（state capacity）太弱，因能力不够从而无所作为的政府，还是对于那些政治体制不稳定、民主制度不巩固（unconsolidated democracy）的国家的因所出台的政策每每受到掣肘从而无法切实推进和落实合理举措的无法作为的政府，抑或是对于那些计划经济过多、政府错误干预过甚的乱为政府，有为政府本身都是具有改革含义的，而不是像有些人批评的那样，只是在一味地谈给政府权力松绑，鼓吹要做大、做强政府。

大家如果讨论自己主观定义的有为政府，那与新结构经济学没有什么必然关系，不构成对新结构经济学的直接讨论或者批评；但如果讨论的是新结构经济学中的有为政府，则似乎首先应该在充分聆听、阅读学术著作与理解概念提出者的诠释的基础上,再做出有针对性的批评与辨析,这样既有利于互相学习,也更有利于帮助新结构经济学不断完善,我们是非常欢迎的。

最后,我想强调一下,讨论有效市场与有为政府,最好还是能够结合具体的经济学问题与情景讨论政府应该如何做,这样讨论才能够更加有的放矢,避免抽象与宽泛,才能够更好地分辨出大家的分歧究竟在哪里。

以上的很多看法与理解其实在"什么是新结构经济学中的'有为政府'"(财新网)、"新结构经济学中的'政府'"(财新网)、"产业政策大讨论:企业家、法治与产业政策"(FT中文网)这三篇拙文中都已经反复论述了。这三篇文章综述了我对新结构经济学中的"有为政府"的理解与诠释。欢迎各位批评指正。

新结构经济学中"有为政府"的改革含义*

　　从中国改革开放前的制度与经济的起点来看,引入地方政府之间的竞争机制客观上推动了当时的经济市场化改革。地方政府意识到如果不提供足够的公共服务与公共设施,不改善市场环境,那么就无法吸引到投资,就不会有经济发展与增长。在法律制度与执行监督等尚不独立且不完善,对政府实行民主监督的政治机制尚不成熟的时期,地方政府面对这种政治及经济的竞争压力有利于约束政府不利于经济增长的"乱为",有利于惩罚地方政府不思进取的混日子的"无为"。

　　在我看来,时至今日,地方政府可控的市场化改革大部分已经

---

* 本文即将发表于《经济学家茶座》。

完成,剩下的重大改革则基本上都是需要中央政府主导的全国一体化改革,包括土地、劳动力、人力资本(教育与医疗健康)、金融资本这些要素市场的改革。所以,我们就需要进一步认真讨论什么是更有利于中国进行进一步市场化改革的中央与地方政府的目标函数,以及与改革开放前三十多年相比是否应该以及如何调整才是最好的和最可行的。

在中国的政治体制下,市场化改革必须要考虑到各级政府的激励机制,而改革本身也需要上级政府是"有为政府",需要关键领导人有魄力、有担当。不解决政府对市场化改革的激励相融问题,回避政府问题,或假设政府会被经济学家骂得害怕而自动不干预,那都是掩耳盗铃。即使政府官员被骂怕,也有可能会导致政府不求有功但求无过的怠政行为。

谈到制度改革的动力,让我不禁想起在芝加哥大学读博期间,我的二年级论文写的就是一个直接刻画内生的"倒逼式"改革机制的经济增长理论模型,指导老师是诺贝尔经济学奖得主卢卡斯。该文题为"一个次第进行的改革与收敛的理论模型:基于中国的案例"(A Model of Successive Reforms and Convergence: The Case of China),后作为当期首篇论文发表于 2015 年某期的《中国经济评论》(*China Economic Review*)。我估计大概并没有多少人会注意到这篇论文,但它却是我最喜欢的文章之一。对于中国这样的转型中的发展中国家来说,最为重要的是如何保证释放生产力的那一系列制度改革的动力能够继续足够强地存在。带来将近四十年高增长的制度改革的"倒逼机制"在当下的中国是否已经失效了呢?

过去的半年，在中国的学术界，围绕着林毅夫教授所提出的"有为政府"的概念出现了非常多的辩论与讨论。为了澄清大家对新结构经济学中的"有为政府"的特定含义的误解，我曾在财新网上专文撰写了"什么是新结构经济学中的'有为政府'"。这里我要重申一下我的看法，市场化经济改革的具体执行，不管你是否喜欢，也得依靠各级政府去具体操办，而不是希望他们怠政不作为。现在我们经常听到有不少人呼吁"政府最好什么都别干"，这里的"都别干"其实指的是"将政府原来错误的干预之手缩回来"，而不是将手放在原处一动不动。我将这一政治上很艰难的"缩手"过程理解为新结构经济学中"有为政府"的两个内涵中的第一个。但是，从某微信群的讨论中可以看出，显然许小年教授并不认同我的这个看法，他认为，政府的这种纠错的"缩手"就是"无为"，不是"有为"，他将政府错误的干预之手一动不动地依旧放在干预之处这个做法归结为"政府有为"，但在我的理解中，这属于政府"不作为""怠政"等。也就是说，有为与否，我们的参照系不同。我是以已经存在的扭曲形的体制作为初始参照点，而许小年教授则是以理想中的政府完全不干预的状态作为初始参照点。

对于新结构经济学中的"有为政府"的英语翻译，我们统一采用"facilitating state（government）"。既然政府的角色是"因势利导"，所以有为政府的含义就不仅包括伸出手去纠正市场失灵，同时还包括将错误捣乱之手收缩回来。目的是相同的，都是希望市场变得更加有效，资源配置变得更加合理、公平。关于有为政府的经济学合理性，在抽象层次上讨论到这个阶段，其实可以告一段落了。接下来更需要做的，是具体地结合非常实际的问题，分析与讨论政府究竟应该怎么办。这不仅是中国的问题,而且还需要考虑和对比其他发展中国家的类似问题,包括发达国家在早期对应发展阶段所面临的类似问题。这需要有正式的学术论文来专业化探讨,而这正是新结构经济学研究中心所要重点去努力的。

新结构经济学与国有企业改革问题

中国国家资本主义与国有企业的命运[*]

自 2008 年金融危机爆发以来,欧美等主要发达经济体经济疲软,而中国经济却一枝独秀。经过 32 年均速 9.5% 的连续增长,目前中国已成为世界上最大的出口国和制造业国,GDP 总量也于 2011 年跃居世界第二,人均收入达到了中等收入国家水平,并被普遍认为将于 2030 年之前超过美国成为世界上最大的经济体。

这种强烈的国际对比促使学界、商界、政界不得不思考如下问题:中国的经济增长模式与欧美模式有何不同?中国这种增长模式是否可持续?

---

[*] 本文发表于财经网 2012 年 4 月 9 日。

国家资本主义

与欧美等的自由资本主义不同,在中国的市场经济中政府发挥着更重要的作用。以国有企业为例,政府参与投资的企业占整个中国股市价值的80%以上;而且2011年进入全球500强的57家中国企业基本上都是国有企业。

如今,在包括中国在内的"金砖四国"的市场经济中都比欧美等主要发达经济体存在着更多的国家干预,这些市场经济被笼统地称为"国家资本主义"。我与香港科技大学李系、刘学文两位教授的一项研究从国家资本主义的角度解释了如下问题:为什么中国的国有企业在20世纪90年代的平均利润率较低,工资待遇较差,而近十年来国有企业的平均经济利润率节节攀升,反而超过了民营企业?

最重要的原因之一是国有企业与民营企业之间的垂直结构。2000年以后,国有企业仍垄断着上游的一些关键性产业和市场,而下游的产业绝大多数允许民营企业进入竞争并对外开放。由于中国目前存在着大量的廉价劳动力,加上贸易开放,使得符合中国要素禀赋比较优势的下游企业得以大量出口,经济迅速增长。同时,下游产业对上游产业的产品和服务的需求迅速增长,而国有企业恰恰垄断了这些上游产业,所以国有企业的盈利得以快速增长。

很多人将目前中国国有企业的高利润完全归因于垄断和补贴,却忽略了一个重要问题:对于上游的国有企业而言,垄断和补贴在改革开放之前和改革开放以后的20世纪90年代都普遍存在,甚至有过之而无不及。为什么之前的国有企业平均利润率相对于外资企业和民营企业较低呢?

一方面是由于改革和开放,尤其是1992年邓小平"南方谈话"以后,下游的符合中国劳动力比较优势的民营和外资企业得以快速发展;另一方面是在政府"抓大放小"的国企改革政策下,除了烟酒,很多下游产业中的国有企业都失去了先前的垄断地位,并且由于它们承担了额外的社会性和政策性的负担,加上产权引起的各种公司内部治理问题,所以竞争不过民营和外资企业,纷纷亏损、倒闭、转制,从而将国有企业的整体平均利润率拉低了。

2001年,中国加入了世界贸易组织,国际市场的竞争进一步推动了下游的低效率国有企业的退出和转制。所以在这段时间里,国有企业整体上从短期来讲是改革和开放的受害者。

国有企业增长之谜

但当亏损的国有企业从下游产业基本退出完毕后,剩下的位于上游的垄断性国有企业能够从充满活力的下游非国有企业的发展中得到好处,转而成为改革和开放的受益者。国有企业和民营企业的关系也从先前的同行业之间你死我活的竞争对手,变成了上下游之间互补性更强的共生伙伴。

需要强调的是,假如没有国际贸易的自由化和强劲的外需,对下游企业产品的需求就只能限于本国的消费能力,那么下游企业产品的产量就会远低于现在的水平,从而对上游的国有企业的产品和服务的需求也会大大降低,国有企业就不可能像现在这么富。

反之,中国对出口实行各种鼓励性的政策,并积极投资道路、港口等基础性设施,这不仅有利于下游企业的出口和扩张,也间接地有利于上游的垄断性国有企业的发展。更进一步地,在给定中国的高储蓄率和低消费的情况下,假如中国政府把钱借给外国的消费者能立即换来大量外需,那么中国上游的国有企业就可以从这种资本项目的不平衡中获得更多好处。

另外,上游的国有企业之所以能够持续地高盈利,与中国的二元劳动力市场密切有关。中国是一个尚未完成城市化和工业化的人口大国,仍存在大量的农村剩余劳动力。大量廉价劳动力为上游国有企业的垄断定价创造了更大空间。

反之,假如中国是一个人口小国,那么大量的劳动密集型产品的出口一定会迅速拉升劳动力成本,而为了保持最终产品的国际竞争力,上游的国有企业就无法对它所提供的中间产品和服务再征收那么高的垄断价格,利润就会大幅减少。

尚需继续改革

行文至此,我们自然要问:世界经济危机和人民币升值等因素使得中国的外需相对下降,另外,近两年来中国的劳动力成本也在不断上升,如果不继续改革,国有企业的高利润会持续下去吗?进一步地,中国的这种具有垂直结构特点的"国家资本主义"增长模式可持续吗?中国会不会也像一些拉丁美洲国家那样陷入"中等收入陷阱"而不再高速增长?

根据我们的"垂直结构"分析框架,答案很清楚:若不进行结构性改革,上游的国有企业的高利润便不可持续,而要使上游的国有企业继续维持高利润有三种途径:

一是不要轻易放弃外需,这就必须让产业结构顺应要素禀赋结构的变化,以合适的速度向附加值更高的资本密集型和技术密集型方向不断地升级;二是要保持内需的高增长,特别是要提高严重偏低的消费内需,这就需要提高广大劳动者的收入,健全养老、医疗等社会保障体系;三是要提高上游国有企业的生产效率。

如何使具有垄断地位的国有企业提高生产率?是否必须私有化?一方面,上游某些产业的垄断地位并非完全是由所有制而导致的,而是自然垄断。所以,即便将这些企业私有化或允许新的民营企业进入,这些产业最终仍可能保持较高的垄断性。而且其中有些产业的确涉及国家安全,需要政府的参与或监管。此外,正如西方很多国家所抱怨的那样,中国的大型国有企业在日益激烈的国际商业竞争中经常名正言顺地得到股东政府的支持而占据很多额外优势。

另一方面,必须看到,"垂直结构"绝不意味着分属不同产业的国有企业和民营从此不再具有排他性的竞争关系。相反,国有企业和民营企业不但要在附加值链条上分蛋糕,而且还要在资本、劳动力等要素市场上竞争。

尤其是在资本市场上,政府主导了银行业、保险业,国家控股企业又主导了股市,这种格局使得国有企业的融资渠道更多,成本更低,在一定程度上挤占了民营企业的生存空间,尤其是影响了中小型民营企业的发展。而中国下游企业的发展才是中国经济增长最重要的引擎,如果不大力发展为下游民营企业服务的金融机制,那么中国经济的增长就会失去最基本的原动力。

论国有企业改革的沉浮
逻辑与结构变迁[*]

2015 年 9 月 13 日,中共中央、国务院印发了《关于深化国有企业改革的指导意见》,引起了商业界和学术界广泛而密集的关注。对于这一重要改革文件的专家解读与评论也是铺天盖地。这也说明了国企改革问题对中国经济全局的重要性。

不久前,我在清华大学参加了一场关于中国宏观与货币政策的经济学学术会议,与会者几乎一致认为,现在有关中国货币政策的学术研究之所以重要,之所以复杂,在很大程度上是因为其实它在同时执行传统的货币政策、财政政策与产业政策的功能,与经济政治制度的方方面面都纠结在了一起。其实,当前中国的国有企业又何尝不是如此呢?

---

[*] 本文发表于凤凰大学问 2015 年 9 月 17 日。

国企问题还重要吗

我自己对国有企业问题的研究让我深深地意识到：如果不理解中国的国有企业问题，就无法真正理解中国的政商关系与产业升级问题所面对的很多核心制度与政策的内生性，也就无法真正理解中国的经济增长。

但并非所有学者都会像我这么认为。可能有些学者会皱着眉头不耐烦地说：改革开放已经进行了三十多年，其间也一直在讨论中国的国有企业，什么时候是个头？还有不少学者甚至会带着轻蔑的口吻反问说：国有企业问题还重要吗？比如，2014年美国彼特森国际经济研究所的中国经济专家尼库拉斯·拉蒂教授写了一本引起广泛关注的书，《民有民享：中国私营经济的崛起》(*Market over Mao: The Rise of Private Business in China*)，该书的主要观点是：第一，中国的国有经济在整体经济中的份额已经越来越小，所以国有企业已经不重要了；第二，中国经济的增长主要是由非国有部门的经济增长所带动的，而不是由于国有企业的成功。

2014年拉蒂教授到香港科技大学来宣讲这本书，我与他面对面进行了深入的交流，我提出：我非常认同他的第二个观点，这也是他最重要的观点。但是我不认同他的第一个观点，因为他犯了一个错误，即他只考虑了数量比例的变化而没有考虑结构问题。

垂直结构与中国经济增长的逻辑关系

在与香港科技大学的同事合作的一项研究中，我们发现，经过

20世纪90年代后期国有企业大规模的改革以后,整个经济形成了一个垂直结构,即一些核心的上游产业(比如能源、金融、电力、电信)依旧由国有企业主导和垄断,而绝大多数的下游产业(比如作为消费品的制造业和酒店、宾馆、娱乐等消费性服务业)都已经放开,国有企业退出,由民营企业占主导地位,市场结构比较接近充分竞争,所以基本完成了市场化改革。

这种不同所有制企业、不同市场结构在上、下游产业的非对称性分布,我们称之为垂直结构。在这种比较独特的经济结构中,下游的民营企业通过充分利用中国比较充足而廉价的劳动力,以及中国2001年加入世界贸易组织的机会,在结构转型(即工业化)和贸易全球化的过程中不断壮大,带动了整个中国经济的快速增长。

正是由于下游民营企业生产规模的迅速扩张,使得它们对上游的能源、电力、电信、金融等一系列关键性的投入品与中间服务的需求不断增大,而这些关键的上游产品与服务恰恰是被国有企业所垄断的,因此下游民营企业的生产率越高、产出越多、出口越多,上游的国有企业就越能赚钱。

这就解释了为什么2002年以后,国有企业的平均利润率反而超过了民营企业。比如2011年在进入世界500强的57家中国企业里,国有企业占到了93%,而同年美国国有企业的占比为3%,法国为11%;其中这些企业分布在最上游的25%的产业里的比例,中国接近50%,是美国的3倍,法国的5倍。所以,我们不能只看到国有企业在很多维度上的数量比例在整个经济中的份额在下降,而是要看剩下的这些国有企业分布在什么产业,有着什么样的产业结构,以及在整个宏观经济结构中所发挥的作用。这也是对前世界银行首席经济学家林毅夫教授倡导的新结构经济学所主张的结构分析法的一个具体运用。

为什么 20 世纪 90 年代国有企业的平均利润率要低于民营企业

那为什么 20 世纪 90 年代国企改革时国有企业的平均利润率要低于民营企业呢？这是因为，90 年代的国企改革主要发生在下游产业，是水平结构的改革，也就是说，国有企业与民营企业是在相同产业的(下游)产业内竞争，国有企业因被国内民营企业与外资企业打败而退出。那个时候，民营企业的生产率提高、业务做大，对外贸易较开放，伤害到了同产业中的国有企业，正好与 2002 年以后的垂直结构下的情形截然相反。

因此，如果不理解 90 年代水平结构下的国企改革与现在要面对的垂直结构下的国企改革的区别，那么就无法对现在的国企改革提出有针对性的有效建议，也无法对新一轮国企改革的政策做出有效的评估。然而，遗憾的是，我认为现有的关于这一轮国企改革的绝大多数评论，基本上都只是在强调国有制不好，或者垄断不好，却没有足够强调此轮改革与 90 年代的国企改革的本质区别何在，没有足够强调结构与产业特征，没有足够强调此轮国企改革背后的政经关系与前几轮有何质的不同，从而没有足够强调国企改革对低收入国家与中等收入国家的经济增长与社会福利的不同含义。

为什么说劳动力成本上升是新国企改革的驱动力

在前面的分析中，垂直结构下的国有企业不是赚钱的吗？为什么还要改革呢？这是因为上游国有企业要在垂直结构中攫取高利润还必须满足一个必要条件，那就是劳动力成本足够便宜。只有当劳动力足够便宜，下游的民营企业才能够承受住所支付的比较昂贵的金融、能源与电信成本，在国际市场上才能够与其他发展中国家竞争。但是，随着中国经济从低收入变成中等收入以后，经济结构已经过了刘易斯拐点，所以在过去的五六年中劳动力的成本也随着结构转型的深化而快速上升，再加上人民币汇率升值，土地价格上涨，使得下游民营企业的生产成本越来越高，在与越南等国的下游企业、厂商进行国际市场竞争时，中国民营企业所需支付的高昂的上游投入品与中间服务的价格就会越来越成为遏制民营企业竞争力的瓶颈性因素。如果上游国有企业不提高生产率、不降低产品的价格，那么上游国有企业垄断就会变成压垮下游民营企业的"最后一根稻草"，而如果下游民营企业这头"奶牛"被压死了，那么上游国有企业就无法再继续从民营企业这头"奶牛"中抽取"牛奶"了，整个经济也就会陷入"中等收入陷阱"。这就是为什么上游的国有企业的行政垄断必须被打破，必须要引入更多的市场进入和市场竞争的原因所在。

事实上，我们已经看到，2008年的全球金融危机导致对中国下游产品的外需相对大幅减弱，再加上房产、汽车限购，以及土地、劳动力等要素市场的一系列政策，导致农民、在城市生活的农业转移人口和城市居民的消费需求相对下降，再加上反腐力度加大等各方面的制度与经济因素，所有这些都导致对下游产品与服务的内需也相对下降，从而对下游民营企业产品的总需求相对下降，由此导致下游民营企业对上游国有企业产品的需求也相对大幅下降，进而导致上游不少国有企业的"产能过剩"，比如钢铁、铝业等国有企业的平均利润率大幅下滑,下滑幅度甚至超过了下游民营企业。这有两个原因:一是上游垄断性国有企业对其产品与服务本来就是征收价格加成,所以同等数量产品销量的下降会比下游民营企业遭受更严重的销售收入损失;二是上游国有企业虽然出现大面积亏损但是政府出于就业维稳等政治考虑不让它们破产,而是通过国有银行对其实施巨额补贴,或者依靠增发货币等方式继续维持其经营,不让其退出,从而拖垮了上游整体国有企业的平均利润率。因此,上游国有企业必须要尽快改革!非常迫切!非常关键!

为什么说单纯地国有企业私有化改革是不行的

当我们理解了国有企业在整个宏观经济增长过程中的结构性作用,我们就能够更加明确国企改革应该遵循的方向。比如,当前国企改革若只单纯地将国有企业私有化或者只是在现有的上游国有企业中融入更多的民营股份搞混合制行不行?

我认为恐怕不行。理由是,当上游产业的享有行政垄断权力的国有企业变成民营企业或者是拥有更高民营股份的国有控股公司以后,若该公司依旧是被权贵利益集团控制并且依旧享受实际上的行政垄断保护的话,那么上游国有企业从下游民营企业抽取垄断租的机制就依然没有被打破,因此上游企业的垄断与低效对产业升级、结构转型与经济增长依旧会产生遏制作用。

有鉴于此,更为关键的改革,是要打破上游有些产业的行政垄断,要允许更多的市场准入,尤其是民营企业的准入。对于上游现有的国有企业,即使不改革国家所有制,也都应该尽量剥离本不应该由企业承担的社会性负担,同时取消政府干预性的补贴,让上游产业中的国有企业与新进入的民营企业真正参与公平的市场竞争,实施优胜劣汰,就像 90 年代末下游产业的开放一样。只有上游产业的有效竞争,才能真正促进上游产业的技术进步与产业升级,从而为下游产业的健康发展与升级提供更好的投入品与中间服务。也只有这样,整个经济的产业升级才有可能全面推进,使得中国经济避免掉入"中等收入陷阱"。

总结

以上分析也仅仅是国企改革的一个侧面,还有很多方面限于篇幅无法充分展开。现在国企央企改革的实质性的直接阻力在很大程度上似乎依旧来自中央政府各部委之间企图控制更多国有资源的"本位主义"之战,背后是这些部委领导与员工的利益分配要依赖于对这些国家公共资源控制权的议价和博弈能力,也就是说,核心症结在于政府人事、财政与预算体制的"丛林法则"。试想,如果所有部委公务员的实际私人经济、政治收益都与本部委所控制的国有企业及其他公权力无关的话,那么国企改革又将会是怎样的一幅图景呢?所以国企改革背后是一个利益再分配的艰巨过程。真正落实改革的时候,不能"一刀切",而是要具体情况具体对待,分产业、分阶段、分先后、分主次地进行改革。国企改革也不是孤立的,必须要有全局眼光,需要与其他相关制度改革互相配套,同时也要在不断的渐进改革中引发一轮接一轮的对其他制度与政策的改革。

新结构经济学与
"中等收入陷阱"问题

为"中等收入陷阱"问题正名[*]

按照世界银行的划分标准,1960年,全世界共有101个处于中等收入水平的经济体。到了半个世纪以后的2008年,其中只有13个经济体成功地从中等收入晋升为高等收入,而绝大多数中等收入国家依旧陷在中等收入状态。这个经济增长过程中的非收敛现象,被称为"中等收入陷阱"。这个概念自2006年世界银行的《东亚经济发展报告(2006)》首次被提出以后,迅速在国际商界、政界与学界传播开来。特别是对于中国而言,其人均收入在2014年就已经达到了7 600美元,属于中等收入国家;GDP按购买力平价计算也已经于2014年12月超过美国,成为世界最大的经济体。因此,一个很自然的问题就是,中国会不会也像绝大多数的中等收入国家那样掉入"中等收入陷阱"?如何采取措施以尽量避免这

---

[*] 本文发表于FT中文网2015年12月3日。

种情况的发生？这些问题，不仅在商界和学术界被广泛提及，而且在政界也备受关注，比如中国国家主席习近平、国务院总理李克强、财政部部长楼继伟都曾在重要的公开场合不止一次地明确提及这些问题。

具有讽刺意味的是，时至今日，并非所有经济学家都认同"中等收入陷阱"这一提法及承认该问题的重要性。这里确实涉及不少技术性的讨论与争议。还有些知名的中国经济学家甚至质疑该问题对当下中国的理论与现实意义。这就不免会引起学术界与思想界的混淆，对该问题的学术合理性的"身份"产生怀疑，进而对相关学术研究的价值进行贬低。这甚至还有可能会阻碍学术圈之外的商界与政界人士从"中等收入陷阱"的视角来分析探讨中国目前的经济问题与政策建议。本文的主要目的是从学术的角度试图为该问题"正名"。与此同时，我试图结合自己对"中等收入陷阱"问题的一系列粗浅的学术研究来进一步阐述可能会导致"中等收入陷阱"的一个具体的理论机制，并以此为例来强调"中等收入陷阱"问题潜在的重要学术价值，尤其是对当下中国重要的理论与实践意义。

"中等收入陷阱"是否存在

首先，需要明确，本文所讨论的"中等收入陷阱"并非绝对增长速度的概念，而是相对增长速度的概念。按照世界银行的汇率法划分标准，如果一个经济体 2016 财政年度的人均年收入（GNI）在 1 045—12 736 美元之间，那么该经济体就是中等收入经济体。所以若是按照绝对增长速度的概念，只要一个中等收入国家的平均增长速度大于零,哪怕只是稍微大于零,那么该经济体的人均年收入迟早会突破 12 736 美元的大关。从数据上看,第二次世界大战结束后,除了极少数国家,绝大多数国家的人均收入的平均增长速度的确都大于零,中等收入国家则更是如此,所以有些经济学家据此宣称"中等收入陷阱"是个不存在的伪命题。但本文所要讨论的是中等收入经济体是否足够快地向发达国家收敛,是一个相对增长速度的概念,因此"中等收入陷阱"指的是中等收入经济体有很高比例的国家的平均增长速度没有系统性地明显高于发达国家(比如美国)在同等时段里的平均增速。按照这种相对增长速度的概念,有很多学者,包括我本人在内都在相关学术研究中发现有充分的数据表明,的确存在"中等收入陷阱"这种非收敛的增长现象。"陷阱"并不是指绝对增长速度为零。

其次,必须指出,"中等收入陷阱"的存在与经济增长教科书中的"双峰"现象并不矛盾。所谓"双峰"现象,指的是第二次世界大战以来,按照购买力平价法计算的世界各国相对于美国的人均收入的概率分布呈现两个峰值,一个出现在相对低的收入水平,另一个出现在相对高的收入水平。前者也经常被称为"低收入陷阱",后者则是指主要由 OECD(经济合作与发展组织)经济体构成的富国俱乐部持续地保持富有。这种双峰分布的世界收入概率分布曲线在过去的 60 年一直保持着比较稳定的形态。以往的有关经济增长的学术研究主要关注的是双峰现象,即为什么穷国持续地穷而富国又持续地富?但是对处于双峰之间的中等收入国家是否向发达国家收敛的问题基本则忽略了,或者将其混同于"低收入陷阱"的问题了。事实上,世界各国的收入分布,总体而言,与美国的相对收入差距基本保持稳定,也就是说,绝大多数的中等收入国家的确没有系统性地向发达国家收敛,这就是本文所要关注的"中等收入陷阱"问题。

最后,退一步讲,即便是中等收入国家向发达国家的非收敛只发生在相对比较少数的一些经济体中,比例上也不像"低收入陷阱"那么高,但只要这些中等收入经济体的人口和 GDP 在全球中的比例足够高,那就依然是一个实实在在的重要现象。

总之,关于"中等收入陷阱"是否存在的争议似乎主要是因为不同学者对相关概念所使用的定义和界定标准存在差异,使用的数据来源也有可能有所区别。但是,在过去的 60 年里,有些中等收入国家变成了高收入,而大部分中等收入国家仍旧维持在中等收入,这一点是有目共睹的铁的事实,其实这就已经说明了问题。

"中等收入陷阱"为何存在

既然"中等收入陷阱"与"低收入陷阱"是共存的真实现象,那么导致这两种陷阱产生的原因和机制是否一样呢?有一种观点认为,只有"低收入陷阱"才是需要加以认真学术探讨的真实现象,该观点实际上也是在否认"中等收入陷阱"与"低收入陷阱"在理论机制上的差异。而这种看法之所以是严重错误的,关键在于其没有正确理解中等收入国家与低收入国家之间的结构性区别以及它们在经济增长的动力机制上的差异。在现代经济增长理论中,从 20 世纪 80 年代中期开始兴起的内生经济增长理论主要是为了解释发达国家为何没有受到资本边际报酬递减的约束而得以保持经济长期持续的增长,所以内生增长理论主要强调的是导致内生技术进步的创新、研发、人力资本外部性等理论机制,基本上是发达国家的经济增长问题。而对"低收入陷阱"的机制讨论在经济增长理论中也已经非常久、非常多,比如在1950年就提出的"大推动"的经济起飞理论,强调了由于协调失败等各种市场失灵,导致经济增长无法从传统的"马尔萨斯模式"切换到现代的"索洛模式",无法实现工业化。但是对于中等收入国家的经济增长与收敛问题,相关的经济增长文献非常匮乏,因此是经济增长理论中的一片亟待开垦的沃土。

一方面,与低收入国家相比,中等收入国家已经逐渐失去劳动力低成本的优势,特别是在技术要求与附加值都比较低,且比较劳动密集型的可贸易产品与产业上的国际竞争力逐渐降低。另一方面,与发达国家相比,中等收入国家在研发创新能力方面通常不具备比较优势,其附加值较高的、技术与资本相对更加密集的产品与产业又受到来自发达国家的"打压"。所以,从学术的角度来看,"中等收入陷阱"问题的理论挑战在于如何解释这些中等收入国家前期能够成功地跳出"低收入陷阱",但后期却未能将成功进行到底,把下半场球也踢好。产生这种先成功后失败的转折的理论机制何在?该问题的理论挑战性可能要超过"低收入陷阱"问题。这也许部分地解释了为什么迄今为止,直接探讨"中等收入陷阱"问题的学术论文在主要经济学期刊上正式发表得还比较少。

下面我将结合自己最近的学术研究,重点介绍一个具体的可产生"中等收入陷阱"的理论机制,我们称之为"三明治"理论,观点主要来自我与哥伦比亚大学教授、现任亚洲开发银行首席经济学家的魏尚进老师一起合作的一篇学术论文。在我们的模型中有三个国家:进行技术创新的N国(高收入国家)、进行技术模仿的S国(低收入国家),还有像三明治一样被夹在中间的M国

(中等收入国家)。所以,对于中等收入国家来说,可谓后有追兵,前有堵敌。

我们发现,当 S 国的劳动生产率足够低的时候,该国对夹在中间的 M 国并不产生"追逐效应",也就是说,当此时的 S 国生产率提高,或者是可以生产的产品的种类增加时,都不会影响发达国家 N 国与中等收入国家 M 国之间的人均收入差距。但是当 S 国的劳动生产率提高到某一段中间值的时候,"追逐效应"就会产生,即提高 S 国的劳动生产率会放大 M 国与 N 国之间的收入差距,换言之,它使得 M 国更容易跌入"中等收入陷阱"。当 S 国的劳动生产率进一步提高,继续提高 S 国的劳动生产率则不会再影响 M 国与 N 国之间的人均收入差距,但此时若提高 S 国可以生产的产品的种类,则一方面,S 国的"追逐效应"会依旧存在,即它亦会放大 M 国与 N 国之间的人均收入差距,另一方面,发达国家 N 国会对中等收入国家 M 国产生"压制效应"。只要 N 国的生产率提高,它与 M 国之间的人均收入差距就会放大,也就是说,这会使得 M 国更倾向于跌入"中等收入陷阱"。不仅如此,当 S 国的劳动生产率足够高的时候,若加大 N 国产品种类的创新,也将会对 M 国产生"压制效应"。我们利用跨国数据对这一理论机制进行了检验,回归结果支持了这一理论机制的现实有效性。

该研究启示我们,研究"中等收入陷阱"可能需要将其置放在一个贸易全球化的开放环境里去理解。一个中等收入国家是否跌入"中等收入陷阱",不仅取决于其自身的政策与禀赋,还取决于外部贸易伙伴国的特征与行为。特别地,中等收入国家随时可能会受到"追逐效应"与"压制效应"这两个不同方向的挤压。为避免跌入"中等收入陷阱",该经济体就必须有效地提高已知产品的生产率,并积极研发以增加自己能够生产与出口的产品的种类,否则就有可能在被低收入国家"追击"的过程中不断丧失产业和工作岗位,无法向发达国家收敛。举一个现实中的例子,比如中国改革开放以后,利用在劳动力上的比较优势逐渐成为出口贸易大国,在国际竞争中后来者居上,将原本属于墨西哥的许多出口生意"抢"走了,而墨西哥在加大创新和提高生产率方面又恰好没有很好地调整过来,所以,客观上讲,中国的"追逐效应"可能无意间对墨西哥跌入"中等收入陷阱"产生了促进作用。而在20世纪50—70年代,中国基本上被隔离于世界主流贸易体系之外。中国国内的各种混乱也使得自己的生产率非常低,所以当时中国内地作为低收入经济体,并未对经济腾飞的处于中等收入阶段的日本与亚洲"四小龙"形成有效的"追逐效应",这在一定程度上有利于这些经济体摆脱"中等收入陷阱"。

如今中国也成了一个中等收入国家,它能否摆脱"中等收入陷阱"?根据我们的"三明治"理论模型,这将在很大程度上取决于紧跟在中国之后的低收入国家(比如南亚诸国还有印度)的"追逐效应"与来自美欧等发达经济体的"压制效应"的强弱。

需要澄清的是,以上这种"三明治"理论机制并不是说"中等收入陷阱"只取决于外部因素。在我们的论文中,还同时分析了面对不同的外部环境,被夹在中间的中等收入国家的最优发展政策该如何做出调整。比如,当追在后面的低收入国家的生产率足够低,还不足以产生"追逐效应"的时候,该中等收入国家的最优发展策略就应该是大力提高自己现有的生产与出口的产品的劳动生产率,缩小与发达国家之间的生产率的差距,这要比继续从发达国家那里学习增加所能生产的产品的种类更加有效。20世纪50—

70年代,当面对与亚洲"四小龙"类似的外部环境时,拉丁美洲的很多中等收入国家却没能有效地缩小自己与发达国家之间的生产率差距,在国际竞争中输给了日本与亚洲"四小龙",掉入了"中等收入陷阱"。

常言道,幸福的家庭是类似的,但不幸的家庭各有各的不幸。对处于"中等收入陷阱"的不幸的国家,我们或许不应该指望只存在唯一一种导致这种不幸的理论机制。比如,在另一篇与世界银行前首席经济学家、北京大学教授林毅夫老师合作的研究中,我们刻画了产生"中等收入陷阱"的另外一个可能的理论机制。在那篇文章里,我们强调的是在中等收入国家中处于上游的生产性服务业的进入壁垒将如何影响该经济体从制造业向服务业的结构转型,以及从低质量制造业向高质量制造业的产业升级。值得注意的是,因为讨论的重点是中等收入国家面临的问题,所以在这里我们抽象掉了从农业转向工业的结构转型过程。限于篇幅,我们此处就不具体展开了。

总之,"中等收入陷阱"理论机制缺乏系统性研究的现状,对于学术研究人员而言,恰恰是千载难逢的理论创新的大好时机,可以从很多不同的角度去探索,且由于这种探索需要我们更为深入地分析一个中等收入国家的内在经济结构,及其不同发展阶段的结构性差异,所以经常需要建立多部门的增长模型加以讨论。

"中等收入陷阱"问题对中国的现实意义

作为世界上人口最多、经济体量最大的中等收入国家,中国是否将会跌入"中等收入陷阱",这显然是一个极具现实意义的真问题、好问题、不得不问的问题！从"中等收入陷阱"问题的角度出发来看待中国目前的发展问题，就迫使我们必须认真思考"低收入陷阱"问题与"中等收入陷阱"问题的不同之处，就迫使我们必须思考如下问题：以前的那种依靠廉价劳动力积极生产并出口劳动密集型产品的增长模式是否可以继续下去？以前的那种依靠发挥、调动各地方政府追求 GDP 的积极性的地方竞争模式是否可以继续下去？以前的那种各级政府大规模投资基础设施、以开发房地产业为主导的政府投资模式是否可以继续下去？以前的那种主要依赖技术模仿与"干中学"的技术进步方式是否可以继续下去？以前的那种鼓励"一部分人先富起来的"的增长模式是否可以继续下去？以前那种忽视环境保护、食品安全、人口结构等的增长模式是否可以继续下去？……

这个单子可以列得很长很长，因为中国有太多的制度需要改革，太多的扭曲需要消除。但最核心的，归结起来就是如下问题：未来十年最有可能成为遏制中国经济高速增长的瓶颈约束是什么？也就是说，如果这个瓶颈约束没有被有效地放松，那么中国经济将会掉入"中等收入陷阱"。回答这个问题其实并不容易，因为必须同时回答另外一个问题：为什么这个因素在过去三十多年的经济高增长中没有成为瓶颈因素？同时，要回答好这个问题，就必须对现有的各种潜在的不利因素的重要性和迫切性做一个排序，而这样做的前提就是对中国经济增长过程中各种主要问题之间的内在制度逻辑有全面而深刻的宏观把握。我曾经就这个瓶颈约束问题请教了将近二十位研究中国经济的一流专家，结果得到的回答五花八门：金融体系、土地制度、收入不平等、上游国有企业垄断、房地产泡沫、户籍制度、法律体系，等等，不一而足。甚至还有一些经济学家,比如姚洋教授与张军教授,认为遏制中国经济高增长的瓶颈约束根本就不存在!而支持这种乐观看法的一个经济学逻辑是中国"倒逼式"的经济改革会在未来及时地发生。当然,还有不少经济学家对中国未来十年的经济前景比较悲观,认为中国陷入"中等收入陷阱"的可能性很高。

这些专家学者们对中国未来经济前景判断的差异性、诊断报告的多样性,以及政策建议的分散性,恰恰说明了"中等收入陷阱"问题的复杂性和挑战性,同时也恰恰说明了这个学术问题的重要性与必要性。当今的中国,要面对贸易与金融的全球化,要面对经济结构从早期的工业化逐渐过渡到以服务业为主导的"去工业化"的结构转型,要面对地区间的不平衡发展与城市化,要面对产业结构从劳动密集型的低附加值产业逐渐升级到资本与技术密集型的高附加值产业的产业升级,要面对从"双轨制"改革到彻底实现市场化单轨之间的距离,要面对老百姓从关注温饱问题的解决到关注环境、健康、民主权利的需求结构升级,所有这一切变化也都在共同说明一点,那就是中国经济增长与社会发展的外部环境与内部条件都和以前低收入阶段时截然不同了,不能再自欺欺人地刻意回避甚至是否定"中等收入陷阱"问题。不夸张地说,中国现在面临的所有具有一阶重要性的经济增长与发展问题都是"中等收入陷阱"问题,研究这些问题不仅是学术创新的客观需要,也是研究中国经济的学者们义不容辞的责任。

新结构经济学视角下的
"中等收入陷阱"问题[*]

按照世界银行的划分标准,1960 年,全世界共有 101 个处于中等收入水平的经济体。到了半个世纪以后的 2008 年,其中只有 13 个经济体成功地从中等收入晋升为高收入,而 85% 以上的经济体仍旧陷在中等收入状态。这个经济增长过程中的非收敛现象,被称为"中等收入陷阱"。

当然,有学者质疑"中等收入陷阱"问题是否存在。其实"中等收入陷阱"不应该被理解成绝对增长速度是否大于零的概念,而更为合理的是看相对增长速度,即中等收入经济体是否足够快地向发达国家收敛。从这个角度来看,"中等收入陷阱"确确实实地存在着,并对中等收入国家和低收入国家而言均是一个重要问题。

---

[*] 本文发表于财新智库 2015 年 12 月 23 日。

从结构角度看产业转型、结构升级对"中等收入陷阱"的影响是新结构经济学的一个视角。过去的发展经济学理论,没有足够重视国家在不同发展阶段经济结构的差异性与内生性,简单地提倡学习发达国家的先进经验的思维在具体政策实践中容易被教条地执行,所以非常有害。而新结构经济学理论加入了内生的结构差异,从禀赋结构、产业结构、金融结构、人力资本结构等全面理解不同阶段的比较优势,强调因时因地因部门制宜。

对中国而言,其人均收入于 2014 年就达到了 7 600 美元,已经属于中等收入国家;GDP 按购买力平价计算也已经于 2014 年 12 月超过美国,成为世界最大的经济体。因此,一个很自然的问题就是,中国会不会也像绝大多数的中等收入国家那样掉入"中等收入陷阱",陷入长期停滞?如何采取措施以尽量避免这种情况的发生?

为了更好地解释"中等收入陷阱"问题,我们在理论中强调了结构的概念。中等收入国家面临的结构性问题与低收入国家有所区别。中等收入国家面临着从制造业转向服务业的结构转型,以及从劳动密集型的低附加值产业逐渐切换到资本与技术密集型的高附加值产业的产业升级。如果结构转型和产业升级这两个过程停止,经济增长就会停滞,从而陷入"中等收入陷阱"。

考虑到服务业和制造业部门内部也存在很大的异质性,所以在我们的模型中,将服务业分为了生产性服务业和消费性服务业,将制造业分为了低附加值制造业和高附加值制造业。这四个部门之间并非相互独立,而是通过投入产出表相联系。

从理论上讲,上游生产性服务业对经济增长的作用在不同阶段是不同的。在低收入阶段,发展具有比较优势的低附加值制造业就能够保持经济增长,而这并不需要过于复杂的金融、电信、法律咨询、租赁等生产性服务业。但是到达中等收入阶段后,对旅游、娱乐、餐饮、酒店、购物等消费性服务业和诸如智能手机、高档化妆品等高端制造业的需求增加,这时上游生产性服务业的发展就十分重要,因为在劳动力成本逐渐丧失竞争优势的情况下,如果上游生产性服务业因存在进入壁垒、竞争不足而导致生产率低下、价格过高,那么就会增加下游消费性服务业与高端制造业的生产成本,成为经济增长的瓶颈。很多国家正是因为没有做好这一点,无法成功实现结构转型和产业升级,从而导致无法跳出"中等收入陷阱"。

在中国,服务业占总体经济的比重,与其他处于相似发展阶段的经济体相比,明显偏低。进一步研究就会发现,中国上游的一些关键性的生产性服务业仍存在较高的进入壁垒,大都被国有企业垄断,且存在行政性准入限制。因此,到达中等收入阶段后,中国应增加生产性服务业的竞争,打破行政垄断,降低进入壁垒,提高效率。

有为政府

那么,结构转型和产业升级仅依赖市场是否可行?北京大学教授林毅夫提出了我们也需要"有为政府"。注意,不能将"有为政府"片面地理解为"干预市场,做大政府"。其"有为"不仅包括伸出手去拯救市场失灵,还包括政府下定决心把不该管的手缩回来,把已经存在的不合理障碍扫走,简政放权。

在结构转型和产业升级的过程中,市场毫无疑问在资源配置中发挥着最基础的作用,但也可能无法实现最有效率的配置。市场是否最有效率,要看是否存在外部性。我们的研究发现,在结构转型和产业升级的过程中,市场的确存在外部性,外部性来源于结构转型过程中各产业部门之间的投入产出关系。

一方面,当一个企业决策是否进入上游生产性服务业时,首先关注的是自己的利润,而不会考虑对下游产业的影响。但如果所有企业都能够自由进入上游生产性服务业,那么可能会存在协调失灵的问题。假设政府完全交由市场调节,可能会导致多重均衡,形成企业蜂拥进入的高均衡或进入很少的低均衡,前者有利于产业升级,而后者则会影响产业升级。所以,当市场存在协调失灵时,政府应该通过补贴、价格信号等,把市场引导到更好的均衡。

另一方面,市场可能存在不成熟的产业升级,即产业升级速度过快或过慢。通过对国际数据进行比较可以发现,在相同的发展阶段,陷入"低收入陷阱"的国家的生产性服务业占 GDP 的比重反而高于跳出"低收入陷阱"的国家,而陷入"中等收入陷阱"的国家的生产性服务业占 GDP 的比重低于跳出"中等收入陷阱"的国家。所以政府应防止产业结构升级过快或过慢这两种倾向。

正是由于存在上述市场不能自发达到最优均衡的情况,政府应该加以协调,在高均衡和低均衡之间做出较优的选择。而且因为存在外部性,高、低市场均衡有可能都不是最优的,政府不仅要防止过早的不成熟的结构转型和产业升级,同时还要防止过慢的被拖延的结构转型和产业升级。政府在这个过程中需要发挥有为的作用。

需要强调的是,这并不意味着政府要主导结构转型和产业升级,在外部性比较小的情况下,市场是最有效率的配置资源的方式。中国以及很多发展中国家的经济增长仍然是市场力量占主导地位,中国未来也应该坚持市场化改革的方向。同时也必须认识到,在给定的发展阶段和现有制度框架下,政府什么都不做也不是最优的。

因此,市场机制应该作为资源配置的基本机制,但政府也必须发挥积极的作用,以对产业升级和多样性的投资行为进行协调,并对动态增长过程中先行者产生的外部性予以补偿。在不同的发展阶段,政府能够做的事情不同,政府必须有为,纠正市场失灵,但不能是乱为。

国企改革

具体到中国的情形,要打破上游生产性服务业的行政垄断,允许更多的市场准入,其中的一个关键点是国企改革。

讨论国企改革,必须充分考虑不同时期的国有企业分布在什么产业,有着什么样的产业结构,在整个宏观经济结构中所发挥的作用。这也是对新结构经济学所主张的结构分析法的具体应用。

我们看到,20世纪90年代的国企改革时国有企业的平均利润率要低于民营企业,但2002年以后,国有企业的平均利润率反而超过了民营企业。

这是因为,20世纪90年代的国企改革主要发生在下游产业,是水平结构的改革,也就是说,国有企业与民营企业是在相同产业的(下游)产业内竞争。民营企业通过充分利用中国比较充足而廉价的劳动力,生产率得到了提高,挤压了同产业中的国有企业。

而经过20世纪90年代后期国有企业大规模的改革,整个经济形成了一个垂直结构,一些核心的上游产业(比如能源、金融、电力、电信)依旧由国有企业主导和垄断,而绝大多数的下游产业(比如作为消费品的制造业和酒店,宾馆,娱乐等消费性服务业)则已经放开。随着下游民营企业生产规模的迅速扩张,它们对上游的能源、电力、电信、金融等的需求不断增大,而这些领域恰恰又被国有企业所垄断,因此下游民营企业的生产率越高、产出越多、出口越多,上游的国有企业就越能赚钱。

随着中国经济从低收入进入中等收入,经济结构已经过了刘易斯拐点,过去劳动力成本优势随着结构转型的深化而逐渐丧失,使得下游民营企业的生产成本越来越高,在与越南等国的下游企业、厂商进行国际市场竞争时,中国民营企业所需支付的高昂的上游投入品与中间服务的价格就会越来越成为遏制民营企业竞争力的瓶颈性因素。如果上游国有企业不提高生产率、不降低产品价格,那么上游国有企业垄断就会变成压垮下游民营企业的"最后一根稻草",上游国有企业也就无法再继续依靠民营企业获益,整个经济也就会陷入"中等收入陷阱"。因此,上游的国有企业行政垄断必须被打破,必须要引入更多的市场准入和市场竞争。

而在这个过程中,值得注意的是,并不能只简单地将国有企业私有化或者搞混合所有制。因为如果上游产业仍然享有行政垄断权,那么即便国有企业变成民营企业,上游企业的垄断与低效对产业升级、结构转型与经济增长依旧会产生遏制作用。只有上游产业的有效竞争,才能真正促进上游产业的技术进步与产业升级,使得中国经济避免掉入"中等收入陷阱"。

新结构经济学与中国宏观经济

有为政府与中国宏观政策

——兼与钱颖一教授商榷*

日前清华大学经济管理学院院长、经济学家钱颖一教授在财新网的访谈中,批评国内有将中长期的经济趋势问题混淆于短期波动问题的倾向,说中国养成了不好的习惯,就是经济一旦下行,民间就催促政府出台财政、货币政策刺激经济以求"搭便车"。他质问道:"既然要让市场在资源配置中起决定性作用,怎么一到关键时刻,全都指望政府出台各种刺激政策呢?"他进而主张要回归市场,发挥企业自身的调节与创新能力,因为中国当前的问题不是短期经济周期的问题。

---

* 本文发表于 FT 中文网 2015 年 11 月 2 日。
  作者感谢林毅夫教授、黄益平教授、何东博士、王红林博士与陈秋霖博士的评论,很多观点也直接受到韦森教授、牛慕鸿博士与李斌博士相关讨论的启发。

这篇访谈,我读后受益匪浅。处于中等收入阶段的中国,目前正面临着从先前的工业化逐渐走向"去工业化"的结构转型,面临着从劳动密集型的低附加值产业逐渐切换到资本与技术密集型的高附加值产业的产业升级,面临着从先前的"双轨制"渐进向市场单轨目标靠拢的深水区的制度改革,当这三个转换过程同时进行时,经济就特别容易出现不稳定,而此时的波动往往就不再是单纯的商业周期性的短期问题,而更多的是增长与发展中的中长期结构性调整的趋势问题。因此,我非常认同钱颖一教授批评那种将中长期的增长与发展的问题误认为短期波动问题的错误倾向。另外,我也非常赞同钱颖一教授的呼吁,即中国要回归市场,坚持市场化、民营化方向的经济改革,要给企业更多的自由,而不是加重税收等负担,或是加强对市场准入及运营过程的管制。这个大方向在当前的国内形势下尤其值得强调,不能动摇。

　　然而,钱颖一教授的发言中也有值得斟酌与探讨之处,特别是他批评民间(包括一些学者)经常一面对经济减速压力就呼唤政府帮忙,催促其立即出台财政与货币的刺激政策。这样的批评声音在中国国内学界颇为常见,比如许小年教授亦持此观点。我以为,这种批评似有以偏概全的不妥之处,故不揣浅陋,撰文商榷,并同时阐述对其他相关问题的拙见,求教于各位方家。

　　回顾过去三十多年,当中国经济有下行压力的时候,常常也是某种结构性的制度或政策变成显性遏制增长的瓶颈约束的时候。若此时正好还受到外生的短期负面冲击,那这些冲击就会让这种制度结构的遏制约束显得更加突出。此时,正因为民间或市场的自发力量已经无法绕行回避这些制度约束,处于非常无奈的境地,所以政府就必须采取行动,改革放松这些约束。从这个意义上讲,我们不能责怪此时此境下的民间与学界对政府"有为"的期待。按照我的理解，北京大学林毅夫教授所提出的"有为政府"，其"有为"不仅包括伸出手去拯救市场失灵，还包括政府下定决心把不该管的手缩回来，把已经存在的不合理障碍扫走，简政放权，降低市场交易费用，也就是将自己"瘦身"。后者同样需要官员的魄力、智慧、担当，所以不能将"有为政府"片面错误地理解为"干预市场、做大政府"。要达到钱颖一教授所说的向市场的回归，在中国当前的体制下，就必须要求政府是"有为"的。如果此时政府因受到外界批评而畏手畏脚地不作为、怠政，那政府官员当然省事，可是经济就会卡住不动。

众所周知，真实商业周期理论中所说的经济波动是由外生的全要素生产率的短期波动造成的，市场已经是处于帕累托最优的状态，所以该理论主张政府不作为。但对于当下的中国，正如钱颖一教授所讲的，经济的下行不是一种短期问题，所以"政府不干预、不作为"就不再是符合经济效率的最优选择。那么该如何作为呢？政府此时有两种选择：要么对相关的制度政策进行"刮骨疗伤"式的深层次结构性改革，将最具遏制性的制度约束放松，要么采取短期的反周期宏观政策。我们知道，传统的教科书式的反周期刺激政策有时治标不治本，但因为不需要或较少涉及人事制度改革及对跨区跨系统的利益的卡尔多式的再分配，所以短期内容易执行，通常见效也快。如果反周期宏观政策掌握得好，就可以起到"止疼药"和"麻醉剂"的效果，可以缓解深层次结构性改革的迫切性和疼痛感，并为其营造更好的宏观就业和社会稳定环境；但若掌握得不好，剂量过了，则不但可能会让政府产生麻痹思想，严重拖延深层次的结构性改革，甚至可能会进一步恶化原来的结构性的病症。

当整体经济面对很紧的下行压力时,尤其是当其他相关国家也在同时经历衰退时(比如 2008 年的全球金融危机),宏观刺激政策这剂药就不是要不要的问题,而是如何拿捏分寸、把握时机,以及如何执行的问题。国际货币基金组织(IMF)的何东博士认为,从理解中国的总负债与 GDP 之比的角度来看,要分析分子与分母,就必须在反周期宏观政策与结构性政策之间掌握好平衡。当然,这说起来容易,做起来难,但不能因噎废食,必须得做。而要提高做好的概率,就需要同时加强官方政策机构与民间独立智库的科研实力,包括在研究性大学中进行对中国宏观经济的基础性研究。尤其是相关研究领域的中国学者,不应该只是"冷眼"批评而不积极给出有建设性的建议,否则就是逃避责任。

值得强调的是,中国的财政与货币政策与教科书中的发达国家的财政与货币政策是不同的。比如,颇为引人争议的是关于硬件基础设施投资的财政政策。一般而言,在那些硬件设施非常落后的发展中国家,这种投资是具有生产性的长期投资,所以它与基础设施齐全的发达国家扩张性的财政政策不太一样,更不是"挖洞填洞"式的浪费,这也正是林毅夫教授经常提到的"超越凯恩斯主义"的宏观政策。当然,这种财政政策对于现在的中国是否仍旧能够发挥"超越凯恩斯主义"的效果,就取决于目前的硬件基础设施是否已经饱和,亦即这些公共投资的长期贴现的社会边际收益率是否已经等于或者低于社会边际成本,这是值得重点研究的问题,但这毕竟是另外一个不同的问题,不能提前假设从一开始就与发达国家一样是饱和的。

再说中国的货币政策。民间对它的呼唤常常是因为金融制度结构的扭曲。民间知道结构性改革是很难在短期内实现的,所以只好退而求其次,希望国家多发总量货币以期待能从"制度缝隙"中多漏出一些货币以满足自己的需要。中国的货币政策本身也常常是内生的、被动的,比如在以前较长的一段时期内主要是为维持较低的固定汇率而在很大程度上被外汇占款主导了。如今随着人民币的升值、贸易顺差的下降以及外汇储备的减少,中央银行货币政策的主动性有所增强,但却依然是被扭曲的,主要是因为中国的中央银行不像美国那样相对独立。比如对应到国有商业银行,它们的有些贷款是定向到某些具体产业的,比如扶助"三农",而且对存贷比的要求和监督执行的力度,以及征收的利率也都是歧视性的,所以表面上的货币政策,实质上执行的却是财政政策和产业政策的功能。这在西方发达国家几乎没有听说过,在标准教科书中也是根本没有的,属于中国特色。正因为民间对货币政策的这些特殊功能形成了预期,因此对货币政策的呼唤其实也是对这些功能的呼唤与期盼。复旦大学的韦森教授认为,在目前世界各国普遍汇率贬值及刺激出口的情势下,中国的中央银行就应该顶住舆论压力,进一步增发货币,调低市场利率,为国内企业的偿债减负,并为出口创造成本优势,以保全大批挣扎在生死线上的中国企业家。

最后,必须要说增长目标的设定问题。如果政府将增长目标定得过高,那就容易内生地造成过度使用刺激性的宏观政策,进而导致经济中更大的扭曲和效率损失,这是清华大学白重恩教授的担心,非常有道理。根据凯恩斯的模型,这样的增长目标即使实现了,也不稳定,还会导致经济有通胀的压力,必须不断地采取刺激性的货币与财政政策,方才有可能将这种超过自然增长水平的状态维持更长的时间。但是如果政府将增长目标定得过低或者甚至不定目标,那又会怎样呢?这不仅会导致经济短期内有通缩的压力,而且政府更容易有理由"不作为",丧失咬牙闯制度改革深水区的必要激励与压力。而剩下的制度改革,若政府自己不下定决心,就几乎不可能完成,长期以来比较有效的以维持高增长率而产生"倒逼式"改革的动力机制就有可能瘫痪。所以,要把握好宏观政策的度,首先就需要设定比较合理的增长目标。据北京大学国家发展研究院黄益平教授的观察,目前很多中国的专家学者对未来五年中国经济增长率的个人预测都介乎6%—7%之间,似乎差别不大。但是,这些预测数值可能已经包含了他们对预期政策反应的考虑,如果不考虑预期政策的变化,这种预测值的方差可能会更大;而且由于中国经济结构的变化以及当前不容乐观的世界经济形势,现在GDP增速每增加0.1%的难度可能要远高于10年前。如果,当前中国刺激性宏观政策被频频使用的根源在于政府制定了过高的经济增长目标,那么问题来了,中国政府为什么会给自己出这么难的考试题?仅仅是因为观念与认识上的偏误吗,还是因为有着更为深刻的制度原因?这个问题就留给各位来回答吧。

中国经济增长率到底有多少[*]

在第十二届全国人民代表大会第四次会议和中国人民政治协商会议第十二届全国委员会第四次会议上,中国政府出台了"十三五"规划。其中,最引人注目的一条就是明确提出未来五年的GDP增长率要达到年均6.5%—7%,以实现之前提出的使中国2020年要比2010年总收入翻一番的增长目标。对于6.5%以上这个增长率目标,学界、政界与商界都纷纷给出了各种解读。有观点认为,这个目标定得过高,不切实际,中国实际的经济增长率将会甚至已经跌破3.5%的大关;也有观点认为,正因为过去几年中国经济增长率的目标定得过高,所以导致了宏观经济一系列的后遗症,并且认为如果真的要执意完成6.5%的增长率目标,那将会继续恶化中国的宏观经济病状,因此主张下调甚至是放弃增长率

---

[*] 本文发表于FT中文网2016年4月13日。

目标。如何看待这些观点？

先说中国经济的实际增长率问题。从 2007—2008 年全球金融危机开始，大家对中国经济增速的预期就普遍性地开始下调，官方因此也推出了"新常态"这个词。当然，不同的学者对下调的幅度与速度的看法并不一致。与 1998 年亚洲金融危机时中国经济总量小、政府财政预算吃紧不同，2008 年时的中国经济总量已经翻了一番，政府的财政收入更是之前的好几倍，所以在世界各国纷纷搞大规模刺激的时候中国政府抛出"四万亿"刺激政策也就显得底气很足。

在这一宏观政策背景下，随着老百姓收入的增加，他们的投资愿望也在提高，所以各财经媒体版面报道最热闹的，也最受国内与国外瞩目的是外汇、股市等金融市场与房地产市场的短期波动。而经济学家们一直论述与强调的数个"慢性病"式的结构性改革，却反倒越发显得不受重视，改革步伐缓慢、停滞，甚至倒退。如今提出的供给侧改革，提出"三去、一降、一补"，都是硬仗，要看政府是否真的能够以壮士断腕的勇气来清理"僵尸"企业、促进国企改革、培育好制造业升级的土壤、开放生产型服务业、改善好社会型服务业。其中，产业升级和结构转型是关键，而土地、劳动力、资本等生产要素的市场一体化改革是不应绕开的核心问题。

现在有不少人担心中国经济增长率会断崖式地"硬着陆"，甚至会出现经济/金融/社会危机。依我之见，在"十三五"的未来五年，如果经济平均增速维持在 5％ 以上，那么中国就依然可以在社会比较稳定的情况下调整经济结构，并且有财力进行各项改革。目前中国股市占金融市场总融资的比例尚小，所以股市震荡的影响虽大但是相对有限；城市化远未完成，从而一线城市的房价在近几年内大幅下跌的可能性不大;给定商业银行当中的国有银行的占比很高,而国有银行会得到中央银行与政府的全力支持和担保,所以发生大规模银行挤兑的金融危机的概率也很低;现在资本账户的开放程度依旧有限,离人民币完全自由可兑换还有相当大的差距,所以发生像当年拉丁美洲国家所经历的因大规模资本外逃而导致经济危机的条件也不具备。虽然我不敢保证未来五年中国肯定不会发生大的经济/金融/社会危机,但我对中国宏观经济的基本面与未来五年经济走势的判断总体上保持谨慎乐观,认为增长率跌破 3.5％的概率较小。

我之所以对中国未来的经济增长率没有那么悲观,其中一个原因是中国有太多有关政策和制度的技术性改善和提升增长的空间,全要素生产率、投资的效率都还太低,客观上讲,中国在技术上依旧落后于发达国家很多,所以产业升级和结构转型的潜力巨大。而且政府目前掌握的资源依旧非常多,对经济的操控力远高于很多发达与发展中国家的政府,虽然这种"国家能力"(state capacity)在很多时候更加表现为对经济效率的扭曲与压制,甚至在某种程度上是经济危机的根源之一,但是我认为,这种政府的强势在未来五年里依然是有利于其通过政策改革和宏观调控来防控系统性风险的。

有很多海外投资者与观察家对中国经济的前景非常悲观。一方面,可能是因为他们过度自信于西方媒体对中国经济与社会的报道。事实上,我观察到,过去的三十多年海外主流媒体似乎基本上就没有对中国经济真正乐观过。另一方面,我觉得还有可能是因为他们既对中国宏观数据的真实性缺乏信心,又没有在中国长期切身的生活体会,所以无法证伪那些令他们悲观的报道。再加上很多所谓的对中国宏观经济的分析经常都不太严谨,要么将中国与发达国家的制度做简单类比、要么与那些开放小国做简单类比,缺乏发展阶段与内生结构的开放大国的一般均衡视角。

要说中国经济最大的风险,我认为主要有两个:一个是政策自己"作"死,在前述那几个经济学家们已经重复无数遍的应该改革的地方拖着不改而窒息;另一个是被自己"吓"死,明明可以扛过去的困难却硬生生地被信息的不透明和媒体的唱衰声放大,发生信心的集体崩塌。收入不平等需要靠民生方面的长期补短板来扶贫,来提高整体老百姓的生活质量。

接下来说一说 6.5% 的增长率目标是否定得过高而必须应该放弃。中国当前产能过剩,投资回报率低下,总体负债比例很高,有不少经济学家认为,造成这种局面的原因在于政府制定了过高的经济增长率目标。一方面,的确,如果目标设得过高,容易导致政府揠苗助长,各级政府盲目追加扩大各种投资,进而导致杠杆率过高的风险。但另一方面,我们也需要考虑可替代的地方各级政府考核目标的调整问题,以使得各种结构性改革真正得到执行和有效推进。单单降低增长率目标而不做其他调整,官员的日子自然会更好过,压力也会减小,但市场化改革的动力是否必然变大了呢?市场化改革的阻力是否必然变小了呢?我觉得这些需要好好思考。

有论者呼吁中国应该完全放弃对增长率目标的设定,甚至认为即便是低增长率也无所谓。我非常反对这种观点。低增长率的背后将意味着很多问题,比如高失业率、社会福利投入减少,等等。我们不能因为太习惯于高增长率,就忘却了它的好处并幻想它很容易达到,招之即来,挥之即去。不同于发达国家的常态,对于人均收入只有 8 000 美元左右的中国来说，如若两年内经济增长率就降至 3.5% 以下，各项民生改革就有可能停滞，社会就会不稳定，因为降低的不只是实际速度本身，对未来的负面预期也会产生很大的影响。

最适合中国市场化改革的增长率目标应该为多少？这一点学术界并没有给出理论上的答案，值得进一步研究。按理说，能倒逼改革的，既可以是经济/社会危机，也可以是各级官员为实现某个（较高）增长率目标的政治压力。2010—2020 年这 10 年的计划窗口不算短了，照理说，是可以允许先苦后甜的，一开始几年艰难推进一些改革，增长率可能会低一些，但只要做得好，后面就会有改革红利，增长也会快一些。根据中国目前的人均 GDP 水平、较大差距的技术水平以及部分扭曲与低效的制度和政策遗留，如果把各种市场化改革实质性地推进，我认为，6.5% 不见得就是不可行的目标。本质问题在于，现实中究竟是什么阻碍了市场化改革的倒逼机制的发挥，真的只是目标增长率设定得过高这么简单吗？

从政治经济学的角度来看，政府如果公开宣布放弃 6.5% 的增长率目标，往下调低，那政府有可能会担心这将进一步放大国内外市场对中国经济前景的悲观预期，从而进一步降低投资与消费信心，使得实际的增长率比现在还要低，并导致一系列严重的政治、经济与社会后果。值得注意的是，这个高增长率目标可是政府给自己布置的作业，是没有人硬逼的。这么做是因为什么？我认为，这是中国经济增长的一个核心问题，值得深入研究。

为何中国的外商直接投资人均吸收量是印度的九倍?[*]

导致中印两国吸引外资的政策存在巨大差异的根本原因在于:中国的中央政府与省政府在对企业的所得税进行分成时中央政府所获得的比例要比印度高。

根据商务部外资司近期的统计数据,中国 2008 年上半年对吸收的外商直接投资(FDI)的实际使用金额为 532.88 亿美元,同比增长 45.55%。而 2007 年中国吸收的 FDI 总量高达 747 亿美元。事实上,自 2000 年以后,中国吸收的外资总量一直基本稳定在全世界第三位,紧居英国和美国之后,近十几年来中国一直是吸引外资最多的发展中国家。

对于发展中国家而言,资本和技术无疑是相对稀缺的,而 FDI

---

[*] 本文发表于《东方早报》2008 年 8 月 24 日。

不仅意味着引进资本和技术,同时也意味着增加就业和扩大税基,因此吸引外资具有非常重要的战略意义。那么同为发展中国家,为什么有些国家的人均FDI吸收量要远远高于其他国家?

一个具体而又绝好的比较就是中国和印度。2005年,中国的人均FDI吸收量为55美元,大约是印度的9倍。从绝对量来说,2005年中国的FDI吸收量是720亿美元,约为印度的12倍。自2007年以来,虽然印度的外资吸收量呈强劲的上升态势,但是与中国依然有着极大的差距。

造成这种巨大差距的因素肯定是多方面的,但是我的博士论文研究发现,关于FDI决定因素的传统的新古典经济理论不足以完全解释中印之间的这种巨大差距。传统的新古典经济理论认为:对于发展中国家而言,大量的剩余劳动力、居民受到良好的教育、政治社会稳定、足够的市场规模、经济增长迅速、巨大的经济总量、政府清廉、产权保护良好、运输便利(地理位置)这些因素都有利于吸引外商直接投资。可是在这些指标上,中国与印度相比并没有任何特别显著的优势。事实上,在其中的很多指标上,印度甚至比中国更有利于吸引外资,而且印度有更多人讲英语且为民主国家,似乎更能吸引西方发达国家的投资。

有人可能会说,中国内地有很多FDI是来源于香港和台湾地区以及海外华商的。可是那部分投资中有很大一部分其实是来源于东亚和西方很多发达国家的,只是出于各种考虑借道而已。而且,在中国内地的外资来源构成中,来自香港和台湾地区的比重近年来已经大幅下降。另外由于历史等原因,在英美等西方国家的印度裔商人非常多,而且总体要比华商更为成功,他们为什么就没有大量地回到印度进行投资呢?

也有人可能会说,印度在20世纪90年代初才真正地开放,比中国晚了8—10年。可是,中印之间的FDI差距在20世纪90年代是在迅速拉大而不是缩小的,而且20世纪80年代末90年代初,中国的对外开放政策曾经一度是暂停的,而且中国的FDI的快速上升主要是在1992年邓小平"南方谈话"和1994年分税制改革以后才开始的。

还有人可能会说,中国吸收外资主要是靠经济特区。可是要知道,经济特区最早恰恰是印度首先发明并实践的,后来却被中国较为成功地运用了。在印度,总体而言经济特区办得并不成功。英国的《经济学家》杂志还曾报道,包括韩国汽车产业在内的很多国外投资者在印度经济特区的项目因受到当地部分民众的强烈抵制而流产或长期搁置了。为什么经济特区在中国更加成功?

对于这个问题,我理论研究后的核心观点是:2005年,中印两国的人均FDI吸收量之所以存在九倍之大的差距,最直接的重要原因在于中国的中央政府和地方政府给予FDI的政策要远远优惠于印度政府,而导致两国政策存在巨大差异的根本原因又在于中国的中央政府与省政府在对企业的所得税进行分成时中央政府所获得的比例要比印度高,在中国,中央政府获得全部企业所得税税收的60%,省政府获得40%;而印度的中央政府获得38%,省政府相应为62%。

为什么分成比例很重要?因为,足够高的税收分成比例能够保证中国的中央政府从FDI中得到的好处(包括税收收入的提高、技术的更新、就业的增加、GDP的提高和消费者福利的提高)足以弥补FDI所带来的损失(包括进口关税收入的相对下降、由于竞争导致的国内企业平均利润的相对下降,以及国内企业对政府支持度的相对下降)。于是,中国的中央政府在制定外资企业的所得税税率和进口关税税率的时候,就会有意使得所得税税率低到足以吸引外资进来,但同时又高到足以诱使这些追求GDP最大化的省政府官员去竞争外商直接投资,这样地方政府就有足够的激励去造桥铺路,改善投资环境,为外商投资建厂提供最便捷的服务和最全面的条件。在有些地方,外资吸收量的大小甚至被直接作为考评官员政绩的标准之一。因此,我们观察到,外资企业在中国具有"超国民待遇",全国对外资企业的平均所得税税率大约为30%,低于国内当时的企业所得税税率。而且中国各个地方政府也在争先恐后地进行基础设施建设并加强对外商的扶持优惠力度。

而在印度,至少在2005年之前,由于中央政府得到的税收分成比例过低,因此它从FDI中得到的综合性好处不足以弥补FDI所带来的综合性损失,所以我们观察到,印度对外资企业征收的平均所得税税率大约为41%,远高于中国。而且,印度地方政府是由当地选民选举产生的,更容易受到当地国内企业利益集团的影响,因此尽管FDI对整个社会是利大于弊,但是地方政府并没有足够的激励去和国内企业作对而大力地吸引外资。所以,在印度,除了少部分地区,我们观察不到像中国那样各个地方政府之间对外商直接投资的激烈争夺现象,一个可观察的证据就是印度的市政交通等基础设施建设要明显地落后于中国。事实上,根据世界银行公布的各国的商业活动难易指数,印度对外商直接投资的制度性壁垒明显高于中国。比如,2005年,在中国新开一家公司平均需要48天的时间,而在印度则为71天,在中国进行财产注册平均需要29天,而在印度就需要62天,等等。因此,无论是在政府对外资的需求方面还是在外商对外资的供给方面,中国显然更具吸引力。

当然,造成中印 FDI 巨大差距的因素还有很多,比如印度的劳动力市场比中国更加僵化,以及中国的出口政策比印度更为优惠,等等。我国 2008 年实行的新《劳动法》在某种程度上加强了劳动力市场的刚性,也提高了劳动力成本,另外 2007 年 10 月开始实施的《物权法》也提高了对外资企业的税率,再加上人民币汇率升值出口的影响,这三方面的政策变化都将对并且已经对中国吸收 FDI 造成负面影响,值得更为深入的分析。

北京奥运会开幕式巨额成本是否为合理的政府财政支出？*

相对于1996年美国亚特兰大举办的一百周年奥运会开幕式，2008年中国北京奥运会开幕式无疑规模更加宏大、表演更加精彩、技术更加现代，在国际上也更具震撼力。但是据专家估计，开幕式的成本至少要数亿元人民币。考虑到中国面临着一系列诸如灾后重建、扶贫和制度改革等迫切任务，第一个很自然的问题是，开幕式这笔钱是否应该由国家出？换言之，如果完全采用类似于商业电影的私人投资承包方式来筹备运作开幕式，而政府除必要的维持治安、反恐和提供外交支持以外不出一分钱，也不额外多加干预，那么会不会举办得更有经济效率？第二个问题是，如果的确

---

* 本文发表于《东方早报》2008年8月16日。

应该由国家出钱,那么花这么多钱究竟是不是最优的?

对于第一个问题,标准的经济学教科书给出的答案是:这取决于是否存在"市场失灵"。具体而言,这要看"奥运会开幕式"是否具有公共品的性质,即是否具有消费权的非排他性和消费量的非竞争性,或者更具体地说,它是否具有外部性,即所带来的社会总成本(或总收益)与私人总成本(或总收益)不一致。若是,那么就需要政府的干预。反之,如果对于"奥运会开幕式"这种消费品,产权都是定义清楚的,而且市场是完备的、充分竞争的,那么就不需要政府干预。对于第二个问题的完美解答需要定量分析,取决于社会目标函数的界定和各种社会收益成本的核算,需要看事后的审计数据。但是单从宏观经济学的角度来看,应该将奥运会开幕式的政府支出作为一项重要的财政政策来看。是否有效?这主要取决于它是否能够比挤出的私人消费和投资更有效地拉动总需求,发挥凯恩斯式的"乘数"效应。

首先,奥运会开幕式这种服务的确具有公共品的性质。开幕式不仅是经济活动,而且也是重要的政治、外交、文化和教育活动。而政治外交所带来的"国际地位"与"国防服务"一样,都是典型的公共服务,每一个中国人都要消费而且消费的量相同。国际上总有人到处鼓吹"中国威胁论",诋毁中国人的形象,而这次奥运会开幕式成功地体现了"同一个世界、同一个梦想"的主题,向世界展现了中国爱好和平、融入世界大家庭的美好愿望。同时,开幕式又向世人动态地展示了悠久的中国文化历史和灿烂的人类文明,这不仅增加了国际社会对中国文化历史的了解,同时对国人本身也是一次爱国主义教育和民族凝聚力的提升。当 56 位身穿各族服装的小朋友一起将一面巨大的五星红旗送入场内举行升旗仪式的时候,当一位小女孩《歌唱祖国》的清脆童声在全场回荡的时候,当姚明举着国旗和九岁的汶川地震小英雄一起将庞大的东道主中国代表队领入现场的时候,相信每一个中国观众的内心都是无法平静的。

其次,由政府组织很有可能要比私人承包更能节约成本。据报道,参加开幕式排练的人员众多且长期努力训练,而获得的酬劳要远远低于市场工资,还有很多是志愿者无偿服务。政府出面给他们发聘书本身就是崇高的荣誉,要比私人公司更能有效地运用非货币性的激励和补偿机制。而且,政府可以通过行政命令动用一切组织和信息资源最高效地发挥协调作用,若完全市场化操作,其间的交易与协调成本将是巨大的。

再次,奥运会开幕式的政府支出对拉动中国内需有着特殊的积极作用。在目前中国的宏观经济需求结构中,国内私人消费占 GDP 的比重要低于国际平均水平,而私人投资占 GDP 的比重要高于国际平均水平,出口(外需)占 GDP 的比重比较大。中国的经济增长主要是靠投资和出口拉动的,私人总消费的增长率远低于 GDP 的增长率。中国的私人消费比重偏低主要有三个原因:一是我国的医疗、养老、就业、教育、住房五大制度改革至今还没有全部完成,普通居民面对着很多制度不确定性,因此具有很大的预防性储蓄动机;二是我国的企业和家庭面对的税收负担过重,最终减少了国内居民的可支配收入和购买力;三是我国的收入分配两极化趋势越来越大。根据消费的恩格尔定律,低收入阶层对非日用必需品的支出非常少,而在高收入阶层的消费结构中进口商品与服务的比重又偏高,比如外国名牌的汽车、电器、服装、化妆品,以及出国旅游、留学等。因此贫富差距拉大总体上就会不利于内需的提高。

假设政府事前已有的税收收入足以给开幕式买单,那么从拉动总需求的角度来看,是将这笔钱全部以总量转移的方式直接返还给老百姓更有效,还是全部拿来举办开幕式更有效?我认为,这笔钱都用于举办开幕式是相对更有效的,理由至少有三。第一,在短期内,中国制度改革的不确定性会持续存在,因此老百姓拿到这笔钱以后还是会主要用于预防性的低风险投资储蓄而不是消费,而且中国的中小型民营银行比重太小,整个金融机构的总体资源投资效率过低,所以居民的高额储蓄无法快速转化为理想的收入流。第二,如果将这笔钱作为再分配政策更多地补贴穷人,以希望能够拉动来自低收入阶层的购买力,但是这里有两个问题。一个问题是,只有当这种补贴大到足以有效地克服长期的预防性储蓄动机的时候,方能有效拉动内需,可是中国的低收入人口基数非常大,就算是将奥运会开幕式全部支出的钱都转移平摊给穷人,也不足以克服预防性储蓄动机,尤其是当人们有着比较高的通胀预期的时候。另一个问题是,如果选择性地只转移给一部分穷人,或者是只转移给那些对提升内需的收入弹性最大的中产阶层,那么就会遇到分配问题上的政治可行性难题,可能会引发不同地方政府之间或者是不同收入群体之间的矛盾,这与"和谐社会"目标相悖。第三，奥运会开幕式具有投资性的"信号发送"功能。众所周知，自从奥运会商业化以后，举办奥运会能够给东道国带来很可观的宏观经济纯收益。因此，首次承办奥运会的中国需要一场高质量的奥运会开幕式来向全世界发送以下信号：中国有足够的能力承办大型国际赛事，而中国政府也会对此全力支持。这就为今后中国争取到更多大型国际赛事的主办权提供了更大的胜算。

最后需要强调的是，羊毛出在羊身上，政府开支主要来源于财政税收，作为纳税人的每一个中国人都有权利知道这次奥运会开幕式到底花了多少钱，是否合理，最终得由全体老百姓说了算。

中国的收入税亟需调整[*]

近来中国各界对税收改革的新呼声持续不断,应该提高工资薪金所得减除费用标准(俗称个人所得税起征点)成为普遍共识。时任财政部部长谢旭人亦于 2008 年 9 月初在财政部官方网站上撰文明确表示要"推进个人所得税改革,调高工资薪金所得减除费用标准,减轻低收入者负担"。

我也认同应该适度提高个税起征点,主要有四点原因:一是高收入者的实际税负偏低;二是生活必需品的消费成本上涨,对低收入者冲击更大,低收入者对各种不确定性的风险的抵抗与平滑能力也相对较弱;三是中国的税收执行能力足够强;四是中国的宏观经济的确到了应该执行刺激性财政政策的时候了。对第二点和第四点,国内的讨论比较多也容易理解,所以本文将着重讨论第一点

---

[*] 本文发表于《东方早报》2008 年 9 月 13 日。

和第三点,并力图揭示个税调整问题的复杂性。

首先,需要指出,最优税收问题在经济学中一直是个难题。难点之一在于如何量化税收目标和界定税收用途,因为税收政策同时需要兼顾公平和效率,带有政治考量,而"公平"是主观价值判断,较难量化。难点之二在于税收政策的制定、税收的征收和使用都需要克服高昂的信息成本,因为国家对纳税人的能力、收入、偏好等关键信息的掌握都是不完全的。我在芝加哥大学的导师迈尔森2007年获得诺贝尔经济学奖就是因为在这方面做出了贡献,涉及如何在信息不对称条件下进行最优机制设计。难点之三在于税收的动态特征,因为税收对经济的影响不是单期的,而且税收政策需要保证相对稳定,以最大限度地减小人们对未来预期的波动。

在国内的税制改革政策讨论中,一种常见的错误就是拿其他国家尤其是美国等发达国家与中国进行比较,潜含的逻辑就是美国的标准就应该是中国的标准,而中国和很多国家都不同,所以我们肯定错了,因此要调整。别国的经验当然值得参考,但是没有任何经济学理论支持说各国最优的税法和税率必须都一样。即便人们对最优税收的目标达成共识,即便有现成的公式可以计算最优税率,但是各国的产业结构、人口构成、政府征税能力、公共品需求、教育分布、收入分布、法律环境、宏观经济态势、货币政策与其他财政政策、政治制度都是不同的,而这些都会直接影响最优的可行税率,所以不能单凭跨国比较或者"收入差距拉大"这一项就认为必须提高个税起征点。

其次,如果单从效率的角度来看,经济学中有三条最优税收的准则。一是尽可能使用总量税而不是价格税;二是"拉姆齐法则",即对需求价格弹性较低的产品应该相对多征税;三是宏观经济学中的"萨缪尔森原理",即宁愿课征消费税,也要尽量降低对投资征税,否则会妨碍经济的长期增长。

有趣的是,如果将这三条学术界公认的原则直接运用到中国的税制改革分析上,我们就会得出不应该提高个税起征点的结论。因为:第一,收入税是扭曲性较小的"直接税",它不像消费税和关税等"间接税"那样会直接扭曲市场价格,形成"哈勃格三角"的社会福利净损失,所以在给定税收收入目标量的条件下,应该尽量保留收入税的比重;第二,人们对食物的价格需求弹性较小,所以应该对食品和其他生活必需品征收比较高的税;第三,富人收入的边际投资倾向更高,所以对富人征税在客观上就相当于对投资征税,这不利于经济增长。而且如果承认收入主要取决于个人能力的话,那么1996年诺贝尔经济学奖得主米尔利斯的结论是,在信息不对称的条件下,最有效率的收入税应该是累退的,即收入越高的人适用的税率应该越低,以防止挫伤高能力者的工作积极性。

然而仅从效率的角度考虑税收政策显然是不够的,必须兼顾社会公平与公正的目标,特别是在各种社会保障制度尚待建立和完善的中国,个人所得税的征收就直接影响到老百姓的最终福利水平。同时我们还必须认真分析当下的中国是否完全满足上述经济学原则赖以成立的前提条件。事实上,很多人支持累进税是因为观察到很多富人是通过不正当甚至是非法手段发财的,并非因为勤劳或者能力高,所以他们认为,提高个税起征点既可以"反腐杀富",又可以"调节收入差距"。但是否真正能够取得理想的效果,在很大程度上取决于"富人"们的避税能力,进而取决于政府的征税能力、法律环境和政治制度。如果存在法律制度漏洞,使得大多数富人可以足够容易地非法隐瞒收入或将财富秘密地转移至海外,那么提高个税起征点就等价于驱赶国内资本,并且把税收负担过多地压在为社会创造较多财富而且奉公守法的老实人头上。因此,若政府既想提高个税起征点又想防止资本外逃和税收遽减,那么就必须加强法制监管。另外,如果要切实降低低收入者的税负,那么就必须保证改革后,政府仍然有足够大的能力实现税收目标量,而且保证不加重低收入者在其他方面的实际税收负担,这就要求任何新的税收立法都必须有广泛的民意基础、学术论证和可行性考察。新《劳动法》的实施在一定程度上防止了富人投资者通过减薪将税负转嫁给低收入者。

最后,我们必须对政府的征税能力有清楚的认识。经济学家 Gordon and Li(2005)的新近经济学研究表明,发展中国家的税收结构与发达国家存在着系统性的差异,最重要的就是发展中国家的税收收入往往依赖于很狭窄的税基或者税种,大量集中在进口关税和铸币税(即多印钞票来征收通货膨胀税),而发达国家的税基要广泛得多。其主要原因在于很多发展中国家的政府征税能力不足,特别是当金融体系不发达的时候,很多商业交易无据可查,现金交易和地下交易盛行,因此政府只好主要依赖于那些易于执行的税种。

但是在中国,国家的实际征税能力还是比较强的。原因有三,第一,中国国有部门的规模仍然比较庞大,其中包括很多垄断性的具有高盈利能力的大型企业。第二,中国已经基本建立了比较高效的基于增值税的国际先进税收体制,税务系统比较完善,税基比较大。第三,政治稳定,中央与地方政府的政令相对畅通,税收收入经常与地方官员政绩考核直接挂钩,而且还有不少具有中国特色的额外的征税手段。比如,中国人民银行副行长易纲曾在2000

年复旦大学的一次演讲中指出,很多政治上较难执行的宏观经济政策,在中国只要"加强政治思想工作"就可以完成了。北京大学经济学教授宋国青也认为,中国政府的收入除了预算内收入和预算外收入,还有一块是"预算外外"的收入,所以文件上一道"抓紧加强税收工作"的命令,就可以对实际的税收收入产生很大的影响。这些具有实际重要作用的财税政策在经济学教科书上是没有的,在很多发达国家几乎也都是没有的。

总而言之,税收政策的调整需要针对中国的具体国情,绝不可照搬教科书或者照抄别国经验。现在中国政府的税收能力足够强,而宏观经济又需要刺激性财政政策,高收入者的实际税负偏低,在这种条件下,适度提高个税起征点既有助于实现社会公平与公正,又不至于产生灾难性的经济后果,而且还会进一步提高政府加强法制建设的经济激励。

参 考 文 献

Gordon, Roger, and Wei Li, "TaxStructure in Developing Countries: Many Puzzles and a Possible Explanation", *NBER Working Paper No. 11267*, 2005.

新结构经济学与政治经济学

"体验"经济政策[*]

在经济学中,有一类消费品被称为"体验产品"(experience goods),比如一部新电影、一本新小说、一场马上就要直播的球赛、一场经济学博士候选人的求职学术报告、第一次去迪士尼乐园游玩的经历,甚至是一场恋爱,在没有看过、听过、玩过、谈过之前,人们并不是特别清楚自己到底喜不喜欢,或者适不适合自己。与体验产品不同,如果是一瓶自己喝惯了的"健怡可口可乐"、一把普通的椅子、一碗大米饭、一家经常光顾的按摩院的按摩服务,或者逛商场之于女孩子、香烟之于烟民,在消费之前,消费者就已经比较自信地预期到这个消费品或者服务所带来的效用会是怎样的,不会觉得新鲜,但是只要仍然喜欢或者需要,还是会长期地消费这种产品或者服务。

---

[*] 本文发表于《经济学家茶座》2010 年第 5 期。

当然,体验产品与非体验产品之间的区别也并不是完全清晰的。同样一瓶可乐,对于一个从未喝过的爱斯基摩人来说,那也会是一种体验产品。关键在于这种产品和服务对于消费者来说是否新奇,在消费之前,其所带来的效用的不确定性有多大。对于很多体验产品来说,消费者偏好的就是这份不确定性和异质性,所以在宣传新电影时,厂商只会选取其中的几个精彩片断来做广告,而不会将整部片子都向大众免费播放。而对于很多非体验产品来说则正好相反。喜欢健怡可口可乐的顾客在购买时就希望它喝起来就是那种熟悉的感觉,而不是矿泉水或者芬达的味道。

然而本文所要谈论的重点却不是产业组织理论中的体验产品,而是"经济政策",尤其是如何促进发展中国家经济增长的政策。这似乎一下子让话题变得严肃了很多,但是这两者之间存在很多类似的地方,却并不为包括经济学者和政府官员在内的很多人所注意。

首先,由于不同的消费者有着不同的生理特点、人生经历和生活习惯,所以对于同样的体验产品,不同的人在消费以后得到的效用可以是迥然不同的。类似地,不同的发展中国家也有着不同的要素禀赋结构、制度结构、发展路径、历史文化和政策操作方式,因此没有足够的理由在事前就去盲目地相信外来的某一套特定的"经济政策"对自己就一定会完全适用。遗憾的是,在经济政策的引入和执行中,教条主义却在历史上一次又一次地被重复着。

其次,正如在新电影的宣传中,厂商只会挑选比较精彩的部分展示给潜在的消费者,一项新的具体的经济政策的提出者和宣传者也很有可能会选择性地更加强调这套政策主张的成功例子,而没有认识到或者是足够强调其失败的可能性。这也使得在对政策价值的事前判断上,就像"经验产品"的定价一样,会有强烈的"品牌或声誉的依赖性"。越著名的经济学家在政界里的声音就越高,正如越著名的导演和演员阵容就越容易吸引更多的观众。而且,体验产品的价格弹性比较低。很多时候,如果出场费要价不高,反而会使得听众猜测这个演讲者没什么水平。

最后,正如体验产品使得消费者的决策变得更加困难,对于政策的操作者来说,他们对以前和现行的政策比较熟悉,而对一项新的经济政策的效果往往拿不准,容易踌躇。政策当局更愿意在知道了小说的结局是悲是喜之后再去决定是否花时间看这本小说,所以通常只有当现状足够差或者是到不改不行的时候,才更有决心去试验和采纳新的经济政策。另外,正如很多消费者只有在听到足够多的正面影评后才会去看新电影,不少国家的政策当局也倾向于策略性地推迟采纳新的经济政策。

更具体地说,书店里有不少有关《致富秘籍》和《炒股指南》之类的体验产品。即使是在最为乐观的情形下,一项新的成功的经济政策顶多也就像是一本新菜谱。菜谱是由很会做菜的人总结后写出来的,但是买到菜谱以后并不能保证人人都能够达到像五星级饭店大厨那样的水平。原因是,最后菜烧得好不好,不仅取决于各种原料、调料和厨具的质量,而且还取决于烧菜的人对那些没有被菜谱详尽描述的细节的掌握。"道可道,非常道。"最后还是需要自己去逐渐摸索和反复试验。运用之妙,存乎一心。而且,菜谱有很多种,泰国菜、印度菜、西班牙菜、韩国菜、日本菜等各有各的特点。就算是中国菜,也分鲁菜、川菜、粤菜等不同的菜系。既然菜做出来都是给人吃的,那是不是就意味着苏联人民就一定会喜欢玻利维亚的菜谱呢?是不是几个发达国家的五星级饭店的大厨们到华盛顿一商量，总结出来的菜谱就一定适合所有的穷国呢？答案似乎很明显："否"。但是在经济改革中，"休克疗法"和"华盛顿共识"的支持者们对此的回答却是斩钉截铁的"是"。

经济政策常常需要回答如何帮助一个贫穷或者出现问题的国家摆脱现状，以实现健康的发展，所以这些政策更多的时候是像一本医学书，教给大家不同的病该怎么治。很多医生相信：只要是同样的病，能治好美国人的方法也就能治好中国人。但在实际操作中，问题还是有很多，对于经济发展的"病理症状"各国有各国的不同。如何确诊究竟是什么毛病？由谁来确诊？确诊之后由谁来下药或者操刀手术？会不会有假药？药很苦手术很疼病人能否熬得住？能不能付得起医疗费？非常不幸，五位宏观和发展经济学家一起去给某个穷国"会诊"，吵架后的结果是诊断出六种不同的病。到底听谁的？问题并不局限在医院里。一听说这种病需要截去一条腿，皮鞋厂的工人马上联合运动鞋厂的工人一起跑到医院门口罢工，打出的口号是："这个医生是庸医，肯定是拐棍厂的代言人。"事情闹到最后，拐棍厂和鞋厂的老板们坐下来一起吃了顿饭，第二天医院纠正说："得这种病的人有些需要截肢而有些不需要。"看病如此，经济政策执行的过程亦经常如此。有鉴于此，有些人说，必须先把这种腐败的问题完全解决了，才能给病人看好病，所以得先改革制度后治病。另外一些人则说，不行，等所有制度改革都完成了再治病就来不及了，还是先给医院塞个红包，把自己的病治好了、有力气了，再回过头来做改革的事情。哪种看法对，经济学家们至今仍在争吵。

回过头来再看中国的经济政策。做得最成功的地方就是鼓励各个地区去大胆"体验""摸着石头过河"。实事求是、不磨嘴皮子，只要能"捉到老鼠就是好猫"。正如哈耶克所指出的那样,市场之所以比计划能够更有效地配置资源,本质原因是前者能够通过价格信号更有效地利用分散在不同经济个体头脑中的零散信息。而对于政策的制定、采纳和执行来说,不存在显性的价格来提供信息,所以当经济出现了各种问题的时候,需要各地政府自己去尝试、去体验,方能逐渐找到问题之根源、约束之所在,进而提出有效的办法。不同于个人看电影,经济政策是公共品,会影响到一方百姓,国计民生。所以对于"经济政策"这种"体验产品",从识别到选取再到执行都需要谨慎小心,要结合自己的实际情况,不能期望存在包治百病的"万能药"。

很遗憾,在现有的经济与发展理论中,绝大部分模型都是在讲如果是某种病症就会有怎样的症状,还有少数模型是在研究出现了这种病症具体该怎么治,但是却鲜有模型去刻画政府本身是如何以及应该如何去"体检"、给自己确诊,并且去搜寻适宜的疗方的。毕竟,经济学家们本身也在不断地"体验"着经济政策。

内生宏观经济政策、技术引进与经济发展[*]

问题的引出

在过去的四分之一个世纪里,世界上最重要的宏观经济现象之一就是中国和印度的经济崛起。"龙象之争"受到了国际学界、商界和政界的广泛关注。① 亚洲的这两个国家具有很多相似之处。中华人民共和国于1949年成立,而印度则是在1947年独立。两国在20世纪50—70年代都有很明显的优先发展重工业的计划

---

* 本文发表于《浙江社会科学》2008年第6期。
① 对于中印两国1994年以后的宏观增长比较分析,可参见 Bosworth and Collins (2007)。

经济的特征。两国都在70年代末80年代初开始市场化经济改革,在随后的二十多年间两国的GDP年平均增长速度都远远超过了全世界的平均增长速度。尽管如此,中印两国仍然都属于"人口多、底子薄"的发展中国家。两国人口都超过了10亿,共占世界总人口的近五分之二,而人均GDP在2005年仍然都排在了全世界100名之外。

但有趣的是,在吸收FDI这一重要的宏观经济指标上,这两个国家却存在着巨大的差异。30年前,两国FDI的吸收量都几乎为零,然而,在2005年,中国FDI的吸收量将近720亿美元,竟是印度的12倍!① 究竟是什么原因导致了这么大的差距?

首先我们需要分析影响FDI的决定性因素有哪些。就要素价格而言,中国吸引的外资很大一部分是为了利用廉价劳动力做出口加工贸易,可是印度劳动力的平均成本比中国还要便宜,2005年,印度的人均GDP为680美元,还不到中国的一半。就政治风险与产权保护而言,印度是一个资本主义国家,而《中华人民共和国宪法》则明确规定,中国是一个以公有制为主体的社会主义国家。就投资障碍而言,印度作为英国的前殖民地,英语的普及使用要先于中国。这些因素在理论上都应该更有利于印度吸收来自西方发达国家的FDI。② 可为何事实却恰恰相反呢?

显然,我们很难单从两国经济基本特征的差异找出令人满意的解释。然而经验观察告诉我们:在中国,各地政府的主要党政领

---

① 印度FDI的统计方法与国际通用的国际货币基金组织的方法不太一致,有低估的倾向,但是即便经过调整以后,印度的FDI仍然大大地少于中国。

② 诚然,就供给而言,中国内地的很多FDI是来自中国香港与台湾地区以来海外华侨,可是外籍印度裔商人也非常成功。

内生宏观经济政策、技术引进与经济发展 | 273

导都非常积极地争取吸引外资,为此不但在市政硬件设施上都做了巨大的投资,而且在软件设施上也争相为境外投资者提供各种优惠政策。外资企业所享受的待遇甚至都远远超过了本国企业,以至于产生了资本绕道回流(round-tripping)的奇特现象,即有些内地的资本先以各种隐蔽的方式绕过资本项目管制流入香港等地,然后再假借外资名义回国套利。① 然而在印度,20 世纪 80 年代的经济改革主要是为了增强本国已有企业的竞争力,从而取消了很多经济管制,但是却限制外国企业的进入。直到 90 年代初,印度的国际收支危机才触发了真正的对外开放。在很长的一段时间内,印度各地方政府之间对外资的争夺亦远远不如中国那么激烈。2005 年,印度对外资企业的所得税税率为 41%,而中国则不到 30%。另外一个间接但可观察的证据就是印度各地的道路交通等市政建设相对于中国而言显得非常落后。这些事实提示我们,中印两国 FDI 存在巨大差异的主要原因在于两国政府对 FDI 的欢迎程度和政策优惠不同。但进一步的问题是,为什么政策会不同? 这就涉及所谓的内生经济政策问题。

内生经济政策

在经济学中,传统的宏观经济政策分析主要是规范性的(normative),即给定一个外生的经济政策,经济学家们构建一个高度抽象和简化的理论模型作为思想实验室,分析该政策所产生

---

① 对于资本绕道回流问题的讨论,还可以参见 Huang(2003)。剔除绕道回流的资本以后,中印两国的 FDI 仍然存在巨大差异。

的客观的福利后果,然后对其依照某种标准进行比较,最后给出最优政策"应该如何"的建议。然而近十几年来,越来越多的宏观经济学家开始进行实证性的(positive)政策分析,即在现实中,不同的经济政策究竟"是什么",考察它是如何产生和变化的。这就不可避免地涉及经济政策的制定、修改以及推行等一整套政治过程,涉及政治与经济制度,涉及各社会阶层不同政治经济利益集团之间的博弈。这种研究无疑更加贴近现实,但分析难度也大大提高了。

从研究内容来看,经济学家们对内生经济政策的研究现主要集中在以下五个方面。

第一,几乎所有的经济学家都同意自由贸易是最有经济效率的,但是国际贸易却一直不是自由的。所有国家仍然对本国的企业采取不同程度的保护主义政策,至今各国之间仍然在进行着艰难的多边谈判。即便是在非常崇尚经济自由的美国,保护主义也得到了很大的政治支持。美国前总统经济顾问委员会主席、经济学家曼昆教授就是因为坚持推行自由贸易政策而被迫提前卸任的。这些都促使国际经济学家们不得不认真地去考察现实世界中与贸易政策相关的政治过程。[①]

第二,对于计划经济向市场经济的转型,经济理论家们曾形成了所谓的"华盛顿共识",一致认为转型应该一步到位。但是奉行这种"休克疗法"的苏联却发生了持续而严重的产量下降、大量失业和社会动荡。而遵循渐进改革路径的中国却稳步地实现了经济

---

① 关于这方面的精彩综述与详细介绍,可参见 Grossman and Helpman(2001)和 Dixit(1996)。

增长和社会的基本稳定。这促使制度与宏观发展经济学家们不得不重视经济改革的经济与政治的可行性问题。①

第三,经济学家们发现,世界各国的经济绩效存在巨大差异的最重要原因在于全要素生产率(TFP)。可是为什么很多落后国家就是不引进和吸收现有的、更加先进的生产技术呢?这促使宏观与发展经济学家们不得不认真思考,究竟是什么经济与政治力量阻碍了很多穷国对先进技术的引进,我们将在后文对此做更加详细的讨论。②

第四,跨国比较的另外一个重要发现是,不同的发达民主国家在收入分配的平等程度以及政府开支占总 GDP 的比重上居然也存在着持续的巨大差异。研究发现,收入再分配政策以及政府的财政政策都与选举制度相关,比如议会制国家平均要比总统制国家有着更激进的再分配政策和更高的政府开支比重。这些促使宏观与公共经济学家们去系统地考察选举制度和政党制度等政治制度对宏观经济政策的影响。③

第五,新制度主义代表人物诺斯认为,物质资本与人力资本的积累和技术的进步,其实是经济增长本身而不是增长的根本原因,经济增长的根本原因在于制度的效率。那为什么很多落后国家的非效率的制度能够长期延存?制度惯性与动态的微观机制是什么?法律作为社会契约究竟如何影响制度效率?民主程度与经济

---

① 这方面的具体讨论可参见 Roland(2000);Lin(2007);Lau et al.(2000);Murphy, Shleifer and Vishny(1992);Sachs et al.(1995);等等。

② 可参见 Hall and Jones(1999);Parente and Prescott(2000);Krussell and Rios-Rull(1996);Acemoglu et al.(2005,2007);等等。

③ 这方面的精彩论述包括 Persson and Tabellini(2002,2003);Alesina and Rodrik(1994);Benabou(1996);Myerson(1997);Djankov et al.(2003);等等。

增长之间究竟是什么关系？这促使制度与宏观经济学家，包括演进博弈论者，都不得不审视社会各阶层不同利益集团对政策与制度的不同偏好与需求，不得不探求社会的法律起源以及其他因素对制度动态的影响。①

从分析方法上来看，在经济政策与制度形成的政治过程中，几乎不存在显性的市场价格来引导政治力量与资源的均衡配置。该过程几乎总是各利益集团之间的策略性的互动。这就使得博弈论在内生经济政策的分析中大有用武之地。因此很多博弈论学者近年来纷纷转入研究政治过程中的投票、选举、政党、民主等问题。当然，如今博弈论在产业组织与公司治理等领域的应用已经非常成熟，要做出新的突破也许更难了。

内生经济政策的分析受到越来越多的重视，也许联系宏观经济学的整体发展图景来看会更加清楚。基于完全信息下的动态一般均衡模型，作为当代宏观经济学的基准范式已经日趋成熟。该模型的制度结构以市场竞争与交易为核心特征，在给定偏好、禀赋和技术假设的条件下，市场制度以均衡价格的形式来协调各优化主体之间的选择以满足相容性的资源约束。但是还有很多宏观经济现象涉及不完全信息、不完备市场、不完备契约等问题，我们在分析时就必须将这些新的制度特征与信息结构在模型中做得更加丰满。事实上，我们的确看到，在近二十年来的宏观理论发展中，国内与国际金融中介市场(financial intermediation)以及政府国际债务问题(sovereign debt)、不完全信息下的动态税收问题、动态

---

① 可参见 Acemoglu *et al.*(2006,2007)；Glaeser *et al.*(2003)；Barro(1996)；Knack and Keefer(1995)；培顿·扬(2004)；等等。

货币政策与财政政策的时间一致性问题、风险分担（risk sharing）和失业保险设计问题、非共同知识（uncommon knowledge）条件下的各分散经济主体之间的投资和汇率攻击等协同问题（coordination game），以及理性的"羊群行为"（herding behavior），等等，都开始考察非价格协调下的博弈均衡行为。在这一趋势下，对内生经济政策的政治经济制度进行数理建模也就显得不那么突兀了。尤其是对于很多发展中国家来说，市场经常是缺失的，而作为规则制定者、修改者与执行者的政府在经济体中还经常充当直接参与者的角色，因而价格信号经常是失真的，导致各优化主体不得不基于其他非价格信号来决定经济行为。因此我们经常无法完全撇开政府而以标准的市场一般均衡框架来探讨发展问题。

制度政策分析与市场行为分析还有一个很大的不同，那就是科斯定理的适用性。科斯定理指的是，只要产权界定清楚，市场完备，那么经济资源的配置就一定能够实现帕雷托效率，而与产权如何配置无关。然而，在政治过程中，政治权利的清晰界定却并不能保证一定能够达到具有经济效率的制度安排和经济政策。另外，法律上的（de jure）政治权利与实际的（de facto）政治权利往往是不一样的，比如政治地位低下的社会阶层有可能通过暴动或者政变来获取更多的政治权利。这种潜在的对政治权利与结构进行再分配的能力，尽管没有制度保障和法律的明确承认，却也会对经济政策形成的政治过程产生重要影响。

地方政府竞争与实际产权保护

现在让我们回到中国的例子。中国地方政府官员之所以这么积极地争取外资,一个最直接的解释可能就是外资的吸收量是考核地方官员政绩的重要指标之一,但为什么会有这样的考核指标?换个角度问,为什么中国没有像其他国家那样,形成有效的政治联盟对政府施加足够大的影响以抵抗外资进占中国市场?从外资的供给来看,为什么境外投资者相信社会主义中国的各级政府会从法律上严格保护而不是没收和国有化他们的产权?① 这些都很难讲是纯粹的经济学问题,但的的确确是经济学家们为理解现实经济现象而绕不过去的问题。②

从近年来中国的外资来源构成来看,来自美欧国家和日本的比重越来越高,很多主要是瞄准了中国巨大的国内市场,比如房地产、汽车与电子信息产品。在这些行业中,外资企业与本国企业形成了争夺市场的替代性关系。国内企业,包括很多国有企业,为了最大化自己的利润,自然会形成一个特殊利益集团,有激励联合起来动用一切资源给中央政府施加压力,使其通过制定关税和企业各税率等来遏制外来投资者的竞争。

对于地方政府官员而言,经济增长与财政收入是极为重要的政绩考核标准,这是因为中国对地方政府的财政分权形成了实质上的财政联邦主义(fiscal federalism)。钱颖一和 Roland(1998)分析了这种财政联邦主义对国有企业"预算软约束"问题的克制作

---

① 根据 OECD 在 2000 发布的一个关于在华投资的外资企业的产权保护的系统性报告,自 1978 年以来,中国没有任何一篇关于外资企业被国有化或者直接没收的报道。限于篇幅,本文略去关于 FDI 产权保护的详细讨论。这方面的文献梳理,可参见 Wang(2007a)。

② 其他社会学科对经济学的"帝国主义"曾有不少的批评。但在我看来,很多情况下经济学家是不知不觉地被所研究的经济问题和好奇心"诱拐"到其他学科范畴的,"帝国主义者"有时真的也很无奈!

内生宏观经济政策、技术引进与经济发展 | 279

用。Shleifer and Blanchard(2001)则指出中国比俄罗斯的财政联邦主义更为成功,主要原因在于中国有一个强有力的中央政府来协调各地方政府的行为,而这一点也保证了中国的渐进式改革的可操作性和效率(Murphy *et al.*,1992)。为便于分析,让我们先忽略地方间的转移支付。地方政府的财政收入主要来源于该地的国内企业和外资企业的税收,这些税收收入按照事前比例与中央政府分享。因此,如果国内企业,尤其是很多国有企业,由于各种原因导致总体经济效益不好,那么外资企业就更会受到地方政府的扶持与青睐。①

但是地方政府又有哪些政策变量可以使用呢?面对强大的中央政府调控,中国的地方政府在法律上没有太多的政策自由度,比如无法像美国州政府那样可以通过立法来直接改变税率以争取FDI,但是却有着很多其他途径来影响外来投资者的商业利益,比如可以通过对土地转让的控制权、各种商业承包的拍卖权、卫生质量检测、交通通信等基础设施公共品的提供、涉及外资企业的司法裁定与执行、有关商业行政管理的手续、国有金融机构的服务等对外资企业进行歧视,以增加其商业成本。我们把这些笼统地归纳为影响外资企业的实际的产权保护成本,因为这些是外资企业为

---

① Wang and Hu(2007)在 Wang(2007a)的基础上结合不完全契约理论发展了一个同时包含促进出口政策的理论模型,分析了内生经济政策对 FDI 和出口结构的影响。该模型试图解释为什么江苏吸收的 FDI 是浙江的两到三倍,而且浙江的出口主要是一般贸易但江苏则主要是加工贸易,尽管两省具有很多相似之处。该模型揭示了由于外生原因,浙江具有一个活跃的私营企业部门,而江苏则有大量的国有企业,企业的平均利润前者要高于后者,这种本国企业的盈利能力的差别导致了这两个省政府在引进外资企业方面存在激励的差别。比如江苏省具有七个主要的外资企业经济区,而浙江省只有三个。而这种生产成本和契约的内生不完全性还导致了两省出口结构的差异。实证结果也验证了模型的结论。

了维持正常的商业运作,而不得不支付的本不应当承担的制度成本。① 这与目前中国的法制不够健全、信息不完全透明、相关制度供给不足或者不配套有着直接的关系,也为部分官员个人的寻租行为提供了制度土壤。但是由于中央政府对地方政府官员进行着同指标的量化考评(yardstick competition),而且具有绝对的人事任免权,因此如果政治激励与经济激励同时促使各地方政府对外资进行激烈争夺,那么就会在很大程度上遏制官员的机会主义行为,竞争性地降低外资企业的实际产权保护成本,从而在客观上促进制度补漏过程,优化相关政策的经济效率。②

作为潜在的境外投资者,他可以选择通过出口的方式进入中国市场,也可以选择绕过贸易壁垒到中国进行直接投资,当然还可以选择既不出口也不投资,这取决于对利润的比较。如果中国的进口关税较高,外资企业的税负、实际产权保护成本,以及劳动力成本较低,那么投资者就更愿意进行直接投资。反之,则更愿意通过出口而不是直接投资来进占中国市场。作为国内普通的居民户,他们一方面作为劳动力供给者,在竞争性的市场上工作赚钱(有一部分居民还拥有国内企业的产权,因此他们的收入中还包括企业的利润分红),另一方面作为消费者,在垄断性竞争的产品市场上购买各种国内外的消费品,自然希望低物价(从而低关税)和消费品多样化。

---

① 这种实际的产权保护成本还有一个重要特征,即它对于国外潜在的投资者而言经常是非共同知识(uncommon knowledge)。Wang(2007a)的初稿中运用全局博弈(global game)分析了这种不完全且非对称的信息结构对均衡 FDI 的影响。

② 与苏联那种以部门为单位的"U"形政治管理构架相比,中国的以地方为单位的"M"形政治管理构架要比前者更有利于促进有效的政治竞争与考核,而且还有利于推行地方性的政策试验,使渐进式改革也更为可行。可参见 Maskin *et al*.(2000)等。

作为中央政府,它不仅关心来自企业税收和关税的财政收入,也关心全体国民的平均福利水平,同时也受到各利益集团的游说与压力。中央政府必须在这些目标之间做出权衡,制定相应的关税税率与企业税率。给定关税水平,如果所制定的外资企业税率相对于国内企业税率过高的话,那么一方面,会提高地方政府对FDI的需求,从而诱使地方政府降低其实际的产权保护成本,但另一方面,却会降低潜在投资者的FDI供给;相反,如果外资企业税率相对过低的话,那么地方政府的税收收入则主要依靠国内企业,而国内企业与外资企业又是竞争性的,这就使得地方政府对FDI的需求下降,从而诱使其提高实际的产权保护成本以达到遏制外商进入的目的,尽管低税率有利于提高潜在投资者的FDI供给。因此,税率过高或者过低都会使均衡FDI为零。最后均衡的实际产权保护成本和FDI水平取决于内生于各政治经济力量博弈的关税税率和企业税率。如果本国企业利益集团足够强,或者平均国民福利水平在实际的中央政府目标中不够重要,或者中央政府足够弱(体现在与地方政府的企业税收分成比例足够低),那么就会使得政治过程中所决定的外资企业税率过高,而且关税税率也过高,FDI供给为零。反之则反是。另外,对于既定的经济政策,如果国内企业相对于外资企业的经济绩效越差,则越有利于降低地方政府对外资企业的进入壁垒,从而引进更多的外资。

可见,关于FDI的政治经济学分析要涉及多级政府、境外潜在投资者、国内居民、本国企业等多个利益集团之间的交互行为,既有市场价格的指导配置作用,也有影响经济政策的政府博弈行为。实际上,上述讨论正是对我(Wang,2007a)数学模型主体部分的语言复述。在那里,我们构造了一个具有单个中央政府和两个对称的省政府的经济模型,考察了中央政府在特殊利益集团的影响下,是如何决定最优的关税税率和对 FDI 的利润税率,从而诱使地方政府对 FDI 采取欢迎或者抵制的态度的,体现为外国投资者实际产权保护成本的大小以及最终决定均衡的 FDI 水平。为此,我们严格定义了一个同时满足市场出清和纳什均衡的政治均衡,证明了这个均衡的存在性。我们还证明,这样的均衡只出现了两种极端的情况:要么实际的产权保护成本很低(即政府对 FDI 持非常欢迎的态度)而吸收的 FDI 总量很高;要么实际的产权保护成本很高(即政府对 FDI 持非常抵制的态度)而吸收的 FDI 总量为零。我们希望这个模型能够帮助我们更好地理解为什么具有很多相似之处的发展中国家,像中国和印度,虽然都是财政联邦主义,但政府对 FDI 却有截然不同的态度和经济政策,从而具有迥然不同的 FDI 水平。根据模型的提示,我们认为,印度的中央政府没有中国的中央政府那么强势(体现在与地方政府的企业税收分成比例更低),而且印度的国内企业与外资企业的平均相对经济绩效要高于中国,这两点导致了两国均衡的分岔(bifurcation)。我利用中国和印度的数据进行校准实验(calibration),所得到的结果证实了这一理论结果的有效性。这个模型也许还有助于我们理解为什么在很多正式制度缺位的条件下,竞争仍然可能导致政府对外资产权进行实际有效的公共保护并且能够吸引大量的 FDI。[1]

本文之所以选取发展中国家的 FDI 作为例子,是因为它不仅

---

[1] 当然,投资者也可以通过选择不同的产业组织方式,比如与国内企业合资等,来规避政治风险,降低实际的产权保护成本。最近的文献主要是集中在不完全契约理论框架下的讨论。限于篇幅,我们这里就不做深入讨论了。

是资本流入问题,更是生产与管理技术的引进问题,这些都是宏观与发展经济学中与政治经济制度密切相关的重要问题。事实上,Borensztein *et al.*(1998)的实证研究表明,FDI 对发展中国家经济增长的作用主要体现在生产率的提高而不是资本投资率的提高上。对于中国来说,总的 FDI 在固定资本投资中所占的比例也只有 10% 左右。另外,数据研究表明,1994 年以后,在中国的经济增长中,TFP 的增长主要来源于制造业,也就是中国吸收 FDI 最多的部门;而印度 TFP 的增长主要来源于服务业,也就是印度吸收 FDI 最多的部门。这些证据都支持了 FDI 对中印两国 TFP 的促进作用。

技术引进与经济发展

粗略地说,发展中国家的技术引进分为两种:一种是由于知识技术或者人力资本的正外部性而通过贸易交流、学习培训等渠道自然实现的生产力的提高①;另一种是有意识地采纳选择新的生产管理技术。在这里我们只讨论第二种情况中与政治过程有关的假说。

Parente and Prescott(2000)认为,很多落后国家之所以没有采纳更有效率的生产技术,是因为这些国家原有的企业主,或称为在位者,为了维持其原有技术的经济垄断利润而阻挠对新技术的采纳。但是 Acemoglu *et al.*(2006)提出:如果在位者有足够强的

---

① 可参见 Lucas(2001);Klenow and Rodriguez-Clare(2004);Wang(2006);王勇和楚天舒(2002);等等。

政治力量的话，他们完全可以允许别人采纳新的技术，从而生产更多的产品，然后只要对其征税就可以了。所以在位者不采纳新技术的根本原因不是为了避免经济垄断力受到威胁，而是为了避免政治垄断力受到威胁。他们进而讨论了民主制度和威权制度对先进技术的采纳的阻力大小。Krusell and Rios-Rull(1996)构造了一个有限期的动态政治经济学模型，指出有些人之所以抵制新技术的采纳是因为他们不想让他们以前积累的人力资本过时。还有些文献专门研究了为什么工业革命发生在英国而不是其他生产力与技术也都很成熟的国家，经济学家们发现，这主要是因为当时英国社会的政治力量分布使得工业革命在英国最为可行。另外，Acemoglu et al.(2007)证明了如果一个发展中经济体的契约制度不完备，则它倾向于吸收低端的技术。

林毅夫(2007)认为，很多发展中国家之所以经济效率低下，问题不是采纳的技术太落后了，恰恰相反，而是太"先进"了！比如，毛泽东领导下的中国和尼赫鲁领导下的印度都认为，富国强兵的要务在于尽快发展重工业，因为他们观察到最发达的西方国家都具有庞大的重工业，但是这种与要素禀赋结构不相称的重工业企业是不具备自生能力的，所以这些劳动力丰富而资本稀缺的发展中国家就只好通过政府行政干预的方式，将经济中的剩余尽量地往重工业转移。这种赶超型发展战略必然导致承担政策性负担的国有企业效率低下，而信息不对称又导致了"预算软约束"的存在，从而形成了一系列严重的价格扭曲、经济管制和国有银行呆、坏账。因此，他主张发展中国家应该遵循比较优势，采用与要素禀赋结构相一致的生产技术，先生产在国际市场上具有成本优势的劳动密集型产品，然后通过出口等各种方式最有效率地积累资本并实现产业结构的不断升级。①

在我们的数学模型中,吸收 FDI 就意味着本国可以以较低的成本生产原来不能生产的产品,因此这完全可以看成是关于发展中国家技术引进问题的一个政治经济学模型,该模型突出了财政联邦主义下的科层式政府内生政策问题和在吸收国外先进技术方面的激励相容性问题。

几个重要的政治经济学模型简介

与其他很多社会科学不同,经济学中的思想需要有好的数学模型来刻画和传递。因此,作为本文的结束,我们将扼要地介绍三个关于内生宏观经济政策分析的经济学模型。② 我认为,它们是具有工具性意义的重要分析范式。这不但有助于我们理解前面所提到的文献,也许还有助于其他学科的读者从方法论意义上了解经济学家们是如何将从政治学和社会学那里所获得的支援意识(subsidiary awareness)做正式的经济学表达的。

第一,共同代理人模型(common agency)。这个模型将政府作为共同代理人,而影响政府决策的有数个利益集团(special interest group)。这些利益集团相当于多个委托人(multiple prin-

---

① 鞠建东等(2005)回顾了最近的关于比较优势与国际贸易的文献,发现比较优势仍然是决定国际贸易的重要因素。另外,Basu and Weil(1998)也讨论了先进技术向发展中国家的传递与条件收敛之间的关系,指出应该引进适合本国实际情况的适宜技术。

② 关于内生微观经济政策方面的政治经济学模型,比如产业垄断和规制,一个通俗却又精彩的综述是 Laffont(2000)。该书重点讨论了在委托代理框架下由于信息不完全或者契约不完备而产生的政治过程中的激励问题。

cipals)。不同利益集团之间常常会有不同的政策偏好和利益冲突。每一个利益集团都同时向政府递交一份政治献金计划表,承诺在不同政策组合下给予政府的献金数量。当然,最符合集团利益的政策组合则对应着最多的献金数量以诱使政府采纳他们最偏好的政策。然后政府根据收集上来的政治献金计划表,选择一个最大化其目标函数的政策组合,该目标函数通常不仅包括得到的总献金收入,还包括其他独立的政治目标,比如社会福利。这种模型本质上属于菜单拍卖(menu auction),这方面的系统性介绍和讨论,特别是关于贸易政策方面的应用,可以参见 Grossman and Helpman(2001)以及 Dixit(1996)等。虽然这个模型在现有文献中主要应用于像美国这样的发达民主社会,但是我认为,这个模型框架也比较适用于像中国这种具有强势政府的威权的发展中国家,因为不需要考虑选举问题。而政治献金计划表可以理解为利益集团与政府之间各种隐性或者显性的讨价还价。在第三节所讨论的模型中,我们就运用了共同代理人模型。

第二,中间投票者模型(median-voter theorem)。这个模型主要用于分析民主国家中通过投票进行的政策制定过程。在宏观经济学中的一个经典应用是关于收入不平等与经济增长的问题。Benabou(1996)对此做出了十分精彩的阐述。社会上投票者的收入分布一方面影响着再分配政策,另一方面也被再分配政策所影响。如果是一个精英化的或者是右倾的社会,那么中间投票者则是富人或者是支持富人的人,因此政治均衡中的资本与收入所得税比较低,失业保险金等也比较低,投资率和就业率都比较高,经济增长比较快。与之相反,如果是一个像法国这样"左倾"色彩比较浓重的国家,那么中间投票者可能是穷人或者是同情穷人的人,因此资本与收入所得税以及失业保险金等都比较高,进而投资率和就业率就比较低,经济增长就相对比较缓慢。当然,中间投票者模型只是众多投票模型中最为常用和简单的一个,对于其他投票理论的经济学介绍可参见 Myerson(1997)、Grossman and Helpman(2001),在宏观经济学中的应用可参见 Persson and Tabellini(2002)。

第三,社会冲突模型(social conflict)。前面两种模型都是有秩序的政策决定过程。但是对于制度相对混乱的特别是私人产权保障不力的社会,各集团就有可能通过直接或间接掠夺的方式控制资源分配。一个精彩的模型是 Benhabib and Rutsuchini(1996),在纳什-马尔可夫均衡中,由于公共的悲剧造成过度消费和投资不足,导致了低经济增长率。① 这个模型与宏观经济学中近年来广为应用的单边或者双边无约束力的动态契约(dynamic contract lack of one-sided or both-sided commitment)理论也有非常密切的联系。Acemoglu *et al.*(2006,2007)也构建了精英与普通大众的两阶层冲突模型,讨论了内生的产权保护制度、因承诺问题(commitment)而引起的选举权利制度化,以及民主与非民主制度之间的切换等一系列的制度与内生经济政策问题。

参 考 文 献

Acemoglu, Daron, and James Robinson, *Economic Origins of Dictatorship and Democracy*, Cambridge, Cambridge University Press, 2006.

---

① 王勇(2004)将该模型推广至更高维,从而可以分析发展中国家社会各阶层的内生性联盟(endogenous coalition)等问题,后来他又着重分析了异质性社会集团的生产率分布和政治力量分布对这个内生性联盟以及经济发展的影响(Wang,2007b)。

Acemoglu, Daron, and James Robinson, "Persistence of Powers, Elites and Institutions", *American Economic Review*, 2008, 98(1), 267—293.

Acemoglu, Daron, Pol Antras, and Elhanan Helpman, "Contracts and Technology Adoption", *American Economic Review*, 2007, 97(June), 916—943.

Acemoglu, Daron, Simon Johnson, and James A. Robinson, "Institutions as the Fundamental Causes of Long-run Growth", *Handbook of Economic Growth*, Philippe Aghion and Stephen Durlauf (eds.), 2005.

Acemoglu, Daron, Simon Johnson, James A. Robinson, and Pierre Yared, "Income and Democracy", *American Economic Review*, 2005, 98(3), 808—842.

Aghion, Philippe, Alberto Alesina, and Francesco Trebbi, "Endogenous Political Institutions", *Quarterly Journal of Economics*, 2004, 119, 565—612.

Alesina, Alberto, and Rodrik Dani, "Distributive Politics and Economic Growth", *Quarterly Journal of Economics*, 1994, 109 (2), 465—490.

Barro, Robert, "Democracy and Growth", *Journal of Economic Growth*, 1996, 1, 1—27.

Basu, Susanto, and David Weil, "Appropriate Technology and Growth", *Quarterly Journal of Economics*, 1998, 113(4), 1025—1054.

Becker, Gary, "A Theory of Competition among Pressure Groups for Political Influence", *Quarterly Journal of Economics*, 1983, 98 (3), 371—400.

Benabou, Roland, "Inequality and Growth", in Ben, S. Bernanke, and Julio Rotemberg, *NBER Macroeconomics Annual*, Cambridge, MA: MIT Press, 1996, 11—74.

Benhabib, Jess, and Aldo Rustichini, "Social Conflict and Growth", *Journal of Economic Growth*, 1996, 1,125—142.

Blandchard, Oliver, and Andrei Shleifer, "Federalism With and Without Political Centralization: China versus Russia" (with O. Blanchard), Transition Economies: How Much Progress: *IMF Economic Review*, 2001, 48(1),

8—8.

Borensztein, E., J. De Gregorio, and J-W Lee, "How Does FDI Affect Economic Growth?" *Journal of International Economics*, 1998, 45, 115—135.

Bosworth, Barry, and Susan Collins, "Accounting for Growth: Comparing China and India", *NBER Working Paper*, 2007, 12934.

Dixit, Avinash, *The Making of Economic Policy: A Transaction-Cost Politics Perspective*, Cambridge, MA: MIT Press, 1996.

Djankov, Simeon, Edward Glaeser, Rafael La Porta, Florencio Lopez-De-Silanes, and Andrei Shleifer, "The New Comparative Economics", *Journal of Comparative Economics*, 2003, 31(4), 595—619

Grossman, Gene, and Elhanan Helpman, *Special Interest Politics*, Cambridge, MA: MIT Press, 2001.

Hall, Robert, and Charles Jones, "Why Do Some Countries Produce So Much More Output Per Worker Than Others?", *Quarterly Journal of Economics*, 1999,114, 83—116.

Huang, Yasheng, *Selling China-Foreign Direct Investment During the Reform Era*, Cambridge: Cambridge University Press, 2003.

Klenow, Peter J., and Andres Rodriguez-Clare, "Externality and Growth", *NBER working paper*, 2004, 11009;

Knack, Stephen, and Philip Keefer, "Institutions and Economic Performance: Cross-Country Tests Using Alternative Institutional Measures", *Economics and Politics*, 1995, 7, 207—227.

Krusell, Per and J. V. Rios-Rull, "Vested Interests in a Positive Theory of Stagnation and Growth", *Review of Economic Studies*, 1996, 63, 301—329.

Laffont, Jean-Jacques, *Incentives and Political Economy*, Oxford: Oxford University Press, 2000.

Lau, Lawrence, Yingyi Qian, and Gérard Roland, "Reform Without Losers: An Interpretation of China's Dual-Track Approach to Transition", *Journal of Political Economy*, 2000, 108(1), 120—143 27.

Lin, Justin Yifu, "Marshall Lectures, Introduction, Manuscript", CCER Peking University, 2007.

Lucas, Robert E., *Lectures on Economic Growth*, Cambridge: Harvard University Press, 2001.

Maskin, Eric, Yingyi Qian, and Chenggang Xu, "Incentives, Information, and Organizational Form", *Review of Economic Studies*, 2000, 67(2), 359—378.

Mitra, D., *Interest Groups and Trade Policy*, Princeton: Princeton University Press, 2002.

Murphy, Kevin M., Andrei Shleifer, and Robert W. Vishny, "The Transition to a Market Economy: Pitfalls of Partial Reform", *Quarterly Journal of Economics*, 1992, 107(3), 889—906.

Myerson, Roger, "Economic Analysis of Political Institutions: An Introduction", in Kreps, D., and K. Wallis (eds.), *Advances in Economic Theory and Econometrics*, Cambridge: Cambridge University Press, 1997.

Myerson, Roger, *Game Theory: Analysis of Conflict*. Cambridge, Mass: Harvard University, 1991.

Parente, Stephen, and Edward Prescott, *Barriers to Riches*, Cambridge, Mass: MIT Press, 2000.

Persson, Torsten, and Guido Tabellini, *Political Economics: Explaining Economic Policy*, Cambridge, Mass: MIT Press, 2002.

Persson, Torsten, and Guido Tabellini, *The Economic Effects of Constitutions*, Cambridge, Mass: MIT Press, 2003.

Qian Y., and G. Roland, "Federalism and the Soft Budget Constraint", *American EconomicReview*, 1998, 88(5), 1143—1162.

Roland, Gerard, *Transition and Economics: Politics, Market and Firms*, Cambridge, Mass: MIT Press, 2000.

Sachs, Jeffrey D., Andrew Warner, Anders Aslund, and Stanley Fischer, "Economic Reform and the Process of Global Integration", *Brookings Papers on Economic Activity*, 1995, 1—118.

Wang, Yong, and Weijun Hu, Political Competition, Contract Incompleteness, Export Pattern, and FDI: Theory and Evidence from Two Chinese Provinces, Mimeo, 2007.

Wang, Yong, "Endogenous Policies and Foreign Direct Investment under Federalism: Theory and Evidence from China and India", Mimeo, University of Chicago, 2007a.

Wang, Yong, "Endogenous Social Infrastructure and Economic Development", Mimeo, University of Chicago, 2007b.

Wang, Yong, "Institutional Barrier, Learning Externality, and Catching Up", Mimeo, University of Chicago, 2006.

〔美〕盖瑞·米勒,《管理的困境:科层的政治经济学》,王勇等译,韦森校对,上海:人民出版社,2002年。

鞠建东、林毅夫、王勇,"要素禀赋、专业化、贸易的理论与实证——兼与杨小凯先生商榷",《经济学季刊》,2005年第1期。

林毅夫,"潮涌现象与发展中国家宏观经济理论的重新构建",北京大学中国经济研究中心讨论稿,2006年。

〔美〕培顿·扬,《个人理性与社会结构:一个制度演化的博弈理论》,王勇译,韦森校对,上海:上海人民出版社,2004年。

王勇、楚天舒,"不确定性下的创新、技术传递、人口政策与经济增长:一个动态随机一般均衡模型",《经济科学》,2002年第5期。

王勇,"内生性联盟、收入分配与经济增长",《世界经济文汇》,2004年第4期。

韦森,《社会制序的经济分析导论》,上海:上海三联书店,2001年。

后　　记

今年是林毅夫教授从美国学成归来从教三十周年。5月12—13日在北京大学新结构经济学研究中心将举办庆祝林毅夫教授回国从教三十周年学术研讨会。值此佳期，谨以本书向林毅夫教授致敬！

本书得以顺利出版，我首先要特别向从百忙之中抽出时间来为本书撰写序言的林毅夫教授、韦森教授、文一教授，以及热情提供推荐语的鞠建东教授、魏尚进教授、张军教授、姚洋教授、袁志刚教授、黄益平教授致以谢忱。非常幸运，在我的学习与研究道路上，这些老师都曾给过我非常巨大的帮助与指导，而且还在继续给我无私的帮助与指导。感谢合作者华秀萍教授的校对工作。我也要特别感谢北京大学出版社经济与管理图书事业部林君秀主任的大力支持，以及郝小楠与任京雪两位编辑细致入微又极其高效的专业精神，感谢北京大学国家发展研究院博士研究生沈仲凯自始至终的有力协助,感谢北京大学新结构经济学研究中心所有的同事们。

本书收集的文章大多都曾得到诸多学界前辈师长、同辈学友与后辈学子的反馈与修改意见。人数太多,请原谅我实在无法一一列举。但我必须感谢两个实名制的微信学术讨论群的群友们。

第一个微信群是产业升级与经济发展群,该群以经济学博士、教授为主体,也有政治学、社会学、医学、数学等专业的学者,除学者之外,还有不少在国际政策机构与国内各级政府部门工作的政策制定与操作者、在金融与实体部门工作的商界精英,以及少数在财经媒体工作的朋友。群友们遍布世界各地,包括像 Barry Naughton 教授这样能懂中文的外国学者。大家一起讨论和分享关于产业升级与经济发展的学术、政策及实践问题以及相关信息。在过去两年多的时间里,我写过的所有与新结构经济学有关的杂文和随笔几乎都曾在这个微信群里讨论过,有好几篇文章甚至是我根据自己在该群的零散发言直接整理串联而成的。在这里,我们无数次讨论产业政策、有为政府、国企改革、中等收入陷阱、中国经济增长、中国宏观经济政策、城市化、土地问题、改革的政治经济学问题、金融问题以及中国的经济学研究与教育等一系列的问题,尤其是对于新结构经济学中有为政府与产业政策的问题,更是长期反复地进行讨论甚至争论。林毅夫教授也经常亲自参与该群的微信讨论,授业解惑。以 2005 年第一届新结构经济学冬令营为基础编辑而成的《新结构经济学新在何处》一书出版以后,林毅夫教授不仅将其带到了"两会"现场,而且还向这个微信群里所有提供自己邮寄地址的无论国内还是国外的群友每人免费赠送了一本。在 2016 年 12 月第二届新结构经济学冬令营期间,我们除了组织了多个关于产业政策、产业园区的学术专场以及产业升级智库实践专场,还特意安排了一个有为政府的讨论专场,并让平时在这个微信群里非常支持新结构经济学的努力方向同时却又强烈批评有为政府这个提法的群友郭强教授担任了组织者,邀请韦森、鞠建东、文一、唐世平、朱恒鹏、顾昕、高奇琦、王红林、华秀萍、朱富强、刘明兴等群友进行了现场大辩论,这场大辩论对我的启发也很大。

第二个微信群是结构、宏观、增长、制度群,该群群友则是清一色追求在国际上发表学术成果的大学经济学与金融学教授。事实上,林毅夫与田国强两位教授之间关于有为政府与有限政府的争论最初就是发生这个微信群里的,后来半途中,相关争论的不完整记录不知被谁透露了出去,还被某微信公众号刻意以吸引眼球的标题炒作了一番。这些"乱为"引起了数位群友的不满,要求作为群主的我不能"不作为"。于是,我被迫"有为"地重申了该群的保密纪律。那段时间,"林田之争"是如此密集频繁,以至于加拿大多伦多大学的朱晓冬教授决定退群。彼时,晓冬正好在北京大学新结构经济学研究中心访问,与我一起合作研究,他告诉我说,如果不退群自己就会忍不住要看双方的争论,可是看的话却又实在太花时间,纠结。直接参与辩论的林毅夫教授与田国强教授又何尝不忙呢?还有些群友不太参与群里的发言,但在私下里和我讨论这些学术问题时,也经常把其他群友的发言作为例子。

事实上,北京大学新结构经济学研究中心的很多学术活动都得到了这两个微信学术讨论群里的众多群友的大力支持。在这两个讨论群里,学者们之间即使辩论得唇枪舌剑,言语间有时难免会有些尖刻,但是我相信,双方都是本着求真的态度,批评也是对事不对人。对于任何这样的学术批评,无论批评得对不对,我觉得被批评者都应该心怀感激之情,因为大家的时间都是宝贵的。无论是作为新结构经济学研究中心的学术副主任,还是作为这两个微信群的群主,请允许我借此机会向这些群友们表示感谢。

关于新结构经济学的问题,经常有人在微信上@我,要与我讨论。我当然很乐意,可是经常是相同的问题被不同群里的人反复问,在同一个群里也会被不同的人反复问,对于相同的误解我澄清了一遍又一遍,重复三十遍以后,我自己也逐渐失去了耐心。有一次,我私下向林毅夫教授抱怨,我们都澄清这么多遍了,怎么还是会被误解!

林毅夫教授说:"一个新的理论被提出来,如果真正是新的,就必然会出现很多批评,也经常会被误解。但是提出新的理论,不怕被误解,就怕被忽略。"

一席话让我醍醐灌顶。这是胸怀、气度,更是智慧。

好在,下次若再被问及这些被重复问过多次的问题时,我就可以在回答之后再添上一句:请不妨参考我写的书——《新结构经济学思与辩》。这个感觉有点酷。

王　勇
2017 年 4 月 25 日于北京